汉语初级
口语教材语篇结构研究

本书主要依据会话分析理论对汉语初级口语教材中的
会话课文的语篇结构进行实证性的研究
会话课文的语篇结构的合理安排是会话课文编写的重要基础
重视会话课文语篇结构是提高会话课文编写质量的重要途径

王丕承　著

知识产权出版社
全国百佳图书出版单位

图书在版编目(CIP)数据

汉语初级口语教材语篇结构研究 / 王丕承著. —北京:知识产权出版社,2015.3
ISBN 978-7-5130-3400-5

Ⅰ.①汉…　Ⅱ.①王…　Ⅲ.①汉语—口语—对外汉语教学—教材—研究　Ⅳ.①H195.4

中国版本图书馆CIP数据核字(2014)第055774号

内容提要

本书主要依据会话分析理论对汉语初级口语教材中的会话课文的语篇结构进行实证性的研究。语料主要选自最近出版的汉语口语教材中的会话课文。目的是发现会话课文编写在语篇结构方面具有汉语特点的规律,以便使汉语教材会话课文的编写在结构上有据可依,避免编写过程中出现此方面的问题,提高会话课文的编写水平。本书结合课文实例主要从两个角度对会话课文的语篇结构进行了研究:微观角度,从语篇结构的基本单位和一些基本结构对会话课文的语篇结构进行了研究;宏观角度,从语篇的开头和结尾、语篇结构中的衔接与连贯等方面对会话课文进行了研究。本书可作为对外汉语教学参考用书。

　　责任编辑:许　波

汉语初级口语教材语篇结构研究

HANYU CHUJI KOUYU JIAOCAI YUPIAN JIEGOU YANJIU

王丕承　著

出版发行:知识产权出版社 有限责任公司	网　　址:http://www.ipph.cn
电　　话:010-82004826	http://www.laichushu.com
社　　址:北京市海淀区马甸南村1号	邮　　编:100088
责编电话:010-82000860转8380	责编邮箱:xbsun@163.com
发行电话:010-82000860转8101/8029	发行传真:010-82000893/82003279
印　　刷:北京中献拓方科技发展有限公司	经　　销:各大网上书店、新华书店及相关专业书店
开　　本:720mm×1000mm　1/16	印　　张:16.5
版　　次:2015年3月第1版	印　　次:2015年3月第1次印刷
字　　数:258千字	定　　价:48.00元

ISBN978-7-5130-3400-5

前　言

　　汉语教学研究应当走向教学本位，这是学科建设的需要，更是对汉语教学实践进行有效指导的需要。这也必然会带来汉语教学研究观念的转变。

　　汉语教学研究之中，有许多问题不能纳入对于语言本体的研究之中。研究观念和对研究的认识应当改变，对研究的要求也应当转变。汉语教学研究也应当分为基础研究和应用研究，两个方面均不能偏废，既应重视理论研究，更应重视应用研究，这是学科特性所决定的。汉语教学作为应用研究起步较晚，水平不高，积累不够，空白点较多，而且大规模、整体性的研究做得少，局部的、经验总结式的研究比较多。在后者的这种研究中，缺乏理论的应用和指导，也是造成研究水平徘徊不前的原因。

　　应用研究有自身的规律和特性，但一定要上升到理论的高度，则必然走回基础研究，或者说走不出基础研究。这样的话，应用研究仍然无立身之地，无自身独存的价值。有学者就提出质疑："真的应用研究就是现成理论的应用吗？我个人的学术研究和许多人的学术研究证明不是这样。"（杨自俭，2003：Ⅵ）该学者还提出了自己对此问题的回答："那种认为应用研究比理论研究简单、把学的理论拿出来套上就行的观点应该放弃了，不然应用研究无法发展到更高的层次。"实际上，人们对应用研究的认识随着中国的社会经济发展和学术发展已经有了新的认识，应用研究有自己的理论体系和研究价值，而且绝不能用理论研究的评价标准来衡量。

　　对于语言应用研究，应当另有一套与理论研究不同的评价体系与认识角度。汉语教学的应用研究，其价值不在高深的理论，而在恰当的应用，具有实用性、指导性，因而可以以此之印证已有，探索未知。应用研究当然也有对规律的总结，也有自身的理论，但应用研究中的理论与基础研究中的理论有不同的特点。对应用学科研究价值的评估，如果用理论学科的单一视角和评价标准来进行评估，恐怕不会得出科学的结论和较高的评价。理论学科与应用学科有各自不同的特点和研究价值，当然应当有不同的评价标准。

在前言部分，本书作者还想声明，本书的研究和结论，并不是要否定语言本体研究在汉语教学研究中的重要性，而是针对具体学科特点和研究对象的特点提出研究的新路向和新方法。本书主要研究的具体对象是口语教材编写，依据口语课程的类型特点，有所侧重而不是整齐划一地提出对口语教材编写的一些新思考，并提出一些改进和提高口语教材的建议。本书的主要目的还是要提出针对汉语教学中口语教学和口语教材编写的特点，加强对交际能力培养的重视，以期使教学和研究回归或聚焦到汉语教学的根本目标之上。而交际能力的培养，当然要建立在对语言知识的教学和对语言本体研究的基础之上，但仅限于此又是远远不够的。本书只是希望在口语课堂教学和教材编写中，从对语言本体知识的注重，转向对语言本体知识和交际能力培养的同时并重。这并非是做研究、做论文的需要所决定的，而是由汉语教学的学科特点和口语教学的课程特点所决定的，这背后其实有着汉语教学观念和研究观念的重大转变。

对于汉语口语教材编写的研究，应当特别关注汉语口语的特点，重视语言的使用和灵活运用，关注汉语注重实用的特点，而不是把汉语通过反复仔细的分析，硬纳入到一个框架中，尤其是纳入到西方外来语言理论的框架中，那样会方枘圆凿，扞格不入。汉语有大大不同于西方语言的特点，这毋庸多言，但在研究时那种经常出现的忽视汉语特点的倾向还是要避免。汉语教学的研究也应根据汉语的特点，走向综合。而西方语言研究学术思潮的发展，也是在发现以往只重视分析所带来的弊病和研究方法上的偏狭之后，日益走向了综合性的研究。这样才能避免分析性研究的偏狭对研究结论的影响，避免得出片面的研究结论，从而能够得出较为全面的认识。

当然，走向综合性的研究，并不是要否定分析性研究的重要性。因为综合性的研究，是建立在充分分析的基础上，进一步关注整体，关注实际和实践中富有活力的整体，从已有的分析走向综合的。这样的研究是在大量的微观研究的基础上走向宏观的研究，进一步把微观的研究与宏观的研究结合起来。经过这样的一个"正、反、合"的过程，研究才能更上一层楼。因此，在进行汉语教学研究时，只局限于基础研究和理论研究，不注重应用研究，不面向汉语教学的实际，在汉语教学研究和学科发展上恐怕都会带来问题。汉语教学作为一个应用性的学科，如果不关注研究的实用价值，而只重视研究的理论价值，这实际上就没有把握住学科的特点，偏离了学科研究的主要目的和任务。

应用学科的研究，自然要吸取基础理论的研究成果，但是在研究的过程中，在吸取和应用基础理论的同时，要结合自身的学科特点和研究对象的特点，注重创造出新的研究特点从而得出新的研究结论，以便形成学科独立的特点。分属不同的研究领域，也给应用学科的创新和独立提供了基础和契机。这样还可以使应用学科不会沦为基础理论研究学科的附庸。应用学科对基础理论只是借助，其目的是要关注和解决自身学科的问题，而并非是对基础理论学科的有关结论进行实际验证。每一学科和每一研究领域，都要注重对自身的客观规律的探寻，这样才能保持自身的存在价值，独立存在的价值，而不仅仅只是其他学科的附属物，没有独立的地位。当然，对于基础理论的应用本身，也是可以成为学科建立的充分理由和基础，对学科的认识也要避免局限性，不能囿于只重视理论研究的狭隘视角。

新学科发展的起始阶段，对其他学科和基础理论的借鉴会比较多，这是由于许多研究者是从原有的基础学科或者其他学科抽身而出的，仍然会带有原有学科的影响。这也是由继承和创新关系的客观规律决定的。新学科并不能凭空产生，但在学科的发展进程不断向前以后，学科独立性特点的建立和探索，就应当成为研究的焦点和学科发展的重点。新学科的发展当然不能脱离传统学科，但是也不能单纯只依靠或依附于传统学科，否则创新也就无从谈起了。

语言教学研究作为应用学科是直接面对鲜活的语言教学实际，更易于得出有实际应用价值的学术见解，更接近于学术研究的本真目的：为人类的生产实践和实际的社会生活服务。

研究视角的改变，会带来研究结果的变化，甚至如果能够取得理想的、有成效的研究结果，可能还会带来研究范式（paradigm）的创新。尽管本文的研究不会带来研究范式的创新，但对于研究有所创新还是非常渴望的，也难免因急于达到此目的而带来研究的粗疏和不成熟之处。

应用性学科的研究成果难于"形式化"（formalizability），因而处于"非形式化"（unformalizability）状态。应用性学科的特点，也许就是如此。基础理论研究中的分析性学科易于得到形式化的研究结果，而综合性学科的研究成果则难于形式化。但是形式化并非是显示学科科学性的唯一途径，因此也不应当作为评价一个学科科学性的唯一标准。效用（实用性、适用性、应用性、有效性等）也是判断学科价值的重要方面。如果一个学科能够提供对客观现实新的、合乎规律的认识，从而有助于人们认识与改造客观现实，就应当判定该学科为人类、为社会提供了"新知"（对现实的新认识），该学科同样具有认识建构的价值、知识建构的价值和理论建构的价值，而这些价值的最终判定是要以为提升人类活动而服务的质量和水平为标准。非形式化的知识，同样也是知识，尽管难以作形式化的验证，但并非就没有存在的价值。例如，史蒂芬·霍金的"宇宙理论"，固然尚未得到充分的验证，但其提高和推进人类对于宇宙现象的认识，有着不可磨灭的贡献。

一个学科的研究成果如果解决了实际的问题或者推进了对问题的认识，就是一种验证该学科价值和水准的最为重要的标准和途径。为汉语教学学科发展作出一点贡献，是本书研究和写作的最高目标和宗旨。

本书实际上是我的博士学位论文扩展和修改的结果，博士论文能够完成，我要深深地感谢我的恩师许嘉璐先生，和我的副导师朱小健教授，有了两位导师悉心和耐心的指导，我的博士论文才得以顺利地完成并且通过论文答辩。在博士论文答辩期间，答辩小组的各位老师提出了宝贵的修改意见，在这里我要特别感谢论文答辩小组德高望重的组长陈章太先生，以及李宇明教授、陈绂教授、王魁京教授、王若江教授、丁崇明教授。

虽然作为本书写作基础的博士论文是我在7年前完成的，虽然在这7年里汉语教学的研究突飞猛进、日新月异，但是与本书研究课题相关的系统、全面的研究成果尚未出现，所以本书依照老师们的修改意见，又加上了一些本人新的思考和所读到的近年来新的有关研究成果而成书，我冀望通过此书的出版填补汉语教学的研究空白、推进对这一领域的深入研究。

　　本书出版的另一个目的既是为了向许先生和其他老师们汇报一下我的学习成果，也是为了与同行交流，衷心期待着专家学者的批评指正。

作者

2014年12月

目 录

第一章

绪　论

1.1　本书课题的研究意义和价值

　　本书的研究主要关注的和所要解决的问题，是汉语口语教材会话课文的编写问题。语言教材编写及对教材编写的研究涉及的方面是非常广泛的，而且教材地位重要。"教材在汉语作为第二语言的教学中起着非常重要的作用，是课堂四大教学环节的纽带。"（丁安琪、吴思娜，2011：105）本书无法对与教材相关的所有课题都进行研究，因此，就选择了汉语初级口语教材的会话课文进行研究，主要是从语篇结构的角度进行研究。

　　汉语教材的编写目前虽然已经取得了很大的成就，但是也存在着许多尚需进一步提高和改进之处。随着对外汉语教学和汉语国际教育的不断发展，教材的发展也应当跟上，但是教材发展由于编写和试用的周期较长，通常会滞后于教学理论和方法的发展，所以容易形成"瓶颈"现象。但这并不等于说教材编写只能被动地滞后，对新型教材的迫切需求也是促进有识之士反思和主动创新的契机。目前，汉语教学界已经越来越认识到教材建设是汉语教学（特别是海外汉语教学和汉语国际教育）发展的"瓶颈"问题，急待解决。教材编写质量不高的问题，随着汉语教学在世界范围内的不断发展而日益放大和凸显出来，也引起了有识之士解决此问题的不断呼吁。但是，解决这一问题却并非易事。

教材编写水平不高，形成"瓶颈"的原因是多方面的。

第一，最重要的原因是受传统教学观念的影响，教材编写观念陈旧。

传统的汉语教学观念侧重语言知识的传授，而不太注重交际能力的培养。尽管教学观念的更新已经被许多有识之士注意到了，但是要真正使新观念发挥作用、达到效果，还需要在汉语教学的各个方面和各个教学环节落实。这自然也包括在教材编写方面更新观念，以编写出适应新的教学需求的汉语教材。以旧理念编写汉语教材，既无法编写出新型的教材，更无法开展新型的教学；而新型的教材必然能够引导及强化对传统教学观念和方法的更新与改造。

汉语教材编写的新突破，观念的转变最为根本。教材编写观念和教材评估观念有了转变，产生的编写成果和评估结论才能有所不同。例如，在教材适用性的问题上，追求"大而全"，寻求普遍而广泛的适用面，试图编写出一种所有人觉得完美并在世界各地都通用的教材，是不符合教材编写和使用的科学规律的一种观念，也是对教材编写的苛求。当然，这并不意味着教材编写要放弃适用性。

目前的教材编写在适用性方面，还有许多需要研究的问题，以及很多需要填补的空白、必须改进的缺陷和可以改善的余地，但是对于适用性的认识必须先进行改变。首先，是要在观念上重视教材的适用性。在教材编写的科学性、趣味性等方面都已经有所提高，教材适用性的问题就变得越来越突出，但目前的汉语教材在适应已经细分的多样化需求方面，恰好是薄弱环节。其次，改变追求教材大范围普遍适用性的观念。如果再固守一本教材通行世界的汉语教学初创期的做法和期望，将会寸步难行。"对外汉语教学50年，我们一直希望能够通过开发所谓'通型教材'包打天下。但是对外汉语教学市场的细分，海内外学习者需求的多样化，通型教材的市场会越来越小。"（王建勤，2008：71）一本教材走天下的局面，正是初创期汉语教材编写主要受教学市场狭小等诸多因素的限制，不成熟而且贫乏的表现，而非汉语教材真正的辉煌。在汉语教学已经有了很大的变化和发展的新形势下，如果还抱持着这样的教材编写观念和期望值，教材编写将走入误区。再次，面对细分的教材使用市场，应当加强教材的针对性。针对性增强了，各种不同教材组合在一起所形成的丰富性、多样性也就出现了。只有繁荣的、丰富多样的汉语教材，才能够适应汉语教学大发展的多样化需求。教材编写的观念和评估标准，也还有许多需要适应新情况而重新厘定之处。例如，针对性与适用面的矛盾等。

第二，教材编写水平不高，也因为目前尚未制定出成熟的适应汉语教学新发展的，具有科学性和权威性的有关大纲和标准。[1]这些大纲和标准包括教学大纲、课程大纲、教材编写大纲和测试标准等，可以用来确定语言教学的目标和标准，成为教材编写的指导性纲领。教材编写如果缺乏科学和权威的指导，教材编写的水平必然无法得到保障。教学大纲的制定也是一种繁难的工作，目前汉语教学大纲和标准的建设已经取得了一些成绩，但面对汉语教学的新发展、新情况，对大纲的建设又提出了新任务、新要求。在加强教学大纲的指导性、针对性和实用性等方面，还需要下功夫；在大纲的细化和"成龙配套"方面，还需要进一步努力。

第三，教材编写水平不高的另一个重要原因是，研究和总结以往的教材编写经验不够充分。对教材编写经验的总结和研究远远不够，就会因此带来其后教材编写的许多盲目性。教材编写的研究，有着相当大的难度，再加上以往对此重视得不够，因而与汉语教学全过程其他环节的研究相比，对教材的研究不够充分，成果较少，起步也较晚。在第二语言教学研究起步较早的国家，对教材编写的研究，进行得也不是很充分、全面，研究成果也并不多，这也就充分说明教材编写研究的难度。但即使是这些其他语种有限的一些教材编写经验和研究成果，目前汉语教材编写的研究和实践也都借鉴得极少。相关的研究进行得不够充分，必然影响教材编写的水平。即使能够开展充分的研究，研究成果最终落实到教材编写的实践中去，也需要有一定的条件，需要有一个过程，所以这也是汉语教学研究急迫的任务。而且，教材编

---

[1]虽然在制订有关大纲和标准方面已经取得了长足的进展，但是由于汉语教学的急速发展和编写的时限相对较短，其成熟度还无法与美国的《21世纪外语教学标准》（*Standards for Foreign Language Learning in the 21st Century*）和《欧洲语言教学共同参考框架》（*A Common European Framework of Reference for Languages：Learning，Teaching，Assessment*）相媲美，因而其对汉语教材编写的指导性就受到了一些影响。

写水平的提高，也需要有一个反复实践、逐步积累的过程。因而，应当提早加紧开始进行对教材编写的研究和以往教材编写经验的总结。

第四，与教材编写有关的相关基础研究，对教材编写的有效支持不够，也会影响教材编写的水平。例如，对汉语特点的研究还不够充分、实用❶，与教材编写有关的汉语本体的许多方面描述得不够详尽、全面，已有的研究成果归纳、总结得不够充分，还有许多方面的研究是空白点或刚刚起步。汉语本体研究支持和服务汉语教学的意识不强，造成其研究成果无法直接应用于汉语教材的编写。而教材编写是一项"系统工程"，也是一项应用性的工作，离不开多方面基础研究的支撑。

第五，对教材编写本身的一些核心问题，缺乏研究或研究得不够充分。例如，课文的编写方法和编写规律、练习的编写方法和编写规律等问题，目前还没有成熟的、有权威性的成果可供教材编写者参考，尤其是教材编写操作层面的许多具体的问题，尚未得到细致的研究。而目前教学手段（特别是新技术手段）的发展带来教学方式的改变（广播、电视、多媒体、网络、移动通讯等），会吸引教材编写和研究的注意力，同时也会掩盖一些尚未研究和解决的教材编写的基础性核心问题。既要重视教材外在形式的变化，研究教材编写适应新的教学手段发展的途径和方法；更要在教材编写的一些核心、本质问题的研究上下功夫。因为"万变不离其宗"，尽管新型教材的外在形式有变化，但其基本构成要素与传统的纸本教材是一致的，基本特性也是相同的，汉语和教学这两个核心因素没有变化。只是在编写时要依新的教学形式，对这些基本构成要素进行调整和增减。如果这些教材编写的基本构成要素研究得不够充分，同样也会影响这些新教学形式教材的编写质量，不进行基础研究，只试图依靠教学形式和手段的改变并不能解决以往教材编写和研究的不足，不能真正提高教材的编写水平。

在汉语教学发展的新形势下，汉语学习者的学习需求在变化，汉语教学

---

❶ 尽管所有的汉语本体研究都是对汉语特点的研究，因为这些研究毕竟研究的都是汉语，但是其首要目的并不是首先明确针对汉语特点的揭示，所以其研究结论并不能直接明确汉语的特点。从揭示汉语特点的角度衡量，这些研究就有些间接，那么在汉语教学的研究中进行应用时，因其间接就有些吃力。

也要随之调整以适应这样的变化。如果教材编写不随着学习需求和教学的变化而发展，则必然会形成"瓶颈"。新的教学模式、教学形式比较容易在课堂教学中引入，可是进入教材的编写则要有一个较长的过程。但是教材如果不发展或者变化缓慢，则会制约新的教学方法、教学模式的创立和在课堂教学中的引入，教材就必然会成为滞后环节、制约因素。教材编写的发展创新，要在教学过程其他环节（总体设计、课堂教学和测试）的发展之后。在处于这种不利的情况下，如果不抓紧提前进行研究和准备，教材编写的滞后是必然会出现的。

教学观念和教材编写观念的转变，固然是教材编写水平提高的第一步，最为重要的一步，但仅仅停留在这一步并无益处。要把新观念落实在教材编写内容和操作方法等层面，也需要在许多相关的其他方面有具体的实质性的转变才行。因此，要深入地进行研究，探索适应观念转变的新的教材编写方法和途径。提高对于教材编写规律的认识，加强对于重要的核心问题的研究，是目前比较可行的提高教材编写水平的基础性工作，也是能够产生广泛而持久影响的基础性工作。

目前教材存在的诸多问题，但教材编写实为一项艰苦、艰巨而繁难的任务，亲历者皆有体会，而且要编写出水平较高的教材，还与时间、精力和财力的大量投入等许多方面的复杂因素有关。实际上，编写出在科学性、适用性和趣味性等各方面都十分完美、令各方面使用者都满意的教材，即使不说是奢望，也是极难达到的目标。虽然如此，我们可以通过不懈的努力、认真的研究去提高教材的编写水平，而逐步趋近于这一目标。值得庆幸的是，汉语教材的编写问题已经受到了广泛而持续的关注。例如，在同济大学2007年6月举行的"世界多元文化架构下的汉语国际推广论坛"上，与会专家的共同看法是，"目前在汉语国际推广过程中，对外汉语教材和对外汉语教学人才是两大瓶颈。"❶尽管受到如此的重视，但若想真正突破教材编写这一"瓶颈"，还需要对其加大投入和研究，并通过具体

---

❶ "新华网"：《突破教材和人才两大瓶颈　让更多海外群体喜爱中文——记同济大学"世界多元文化架构下的汉语国际推广论坛"》，2007年7月10日。

的编写实践而不断提高水平。

1.1.1　口语教材课文研究的重要性及意义

第二语言教材编写的难度，其实还远远未得到充分的认识。语言教材是反复诵读、背诵、模仿和操练的对象，在人类所创造的文字作品中，可以反复诵读并且能够经得起反复诵读的。由此可见，语言教材要能够经得起反复诵读的考验，也是造成教材（特别是教材的课文）编写难度大，对教材编写要求高的重要原因。

目前汉语口语教材编写的研究已取得了多方面的成果，涉及教学法、话题、语法点、词语、口语成分、语域风格、功能项目的选取和练习的设计等许多方面。关于口语教材课文的编写已经进行了一些研究，取得了一些有益的成果。例如，课文形式的多样化（王若江，1999）、课文的作用（刘晓雨，2001）以及课文语言特点（刘德联，1997）等。但是，口语教材课文的编写并非易事，而是一个复杂的系统工程，要涉及许多相关的方面，并且许多有关问题尚未研究或研究得还不够充分。

课文作为语言学习中反复诵读、背诵、模仿与操练的对象和基础，是语言教材的核心内容，课文的编写质量决定着整部教材的质量。在课堂教学的整个过程中，课文也处于重要的地位。课文既是学习者课前、课上与课后学习的主要对象和语言知识输入及技能操练的主要基础，也是教学者进行课堂教学的核心内容和讲解操练的主要依凭。课文的编写质量与教材使用者（学习者、教学者）的学习和教学效果关系极大。"我们知道在学习者、教师和教材这三项教学要素中，教材是整个教学活动的依据。没有好的口语教材，教师在口语课堂上的教学活动就不能很好地展开，学习者的口头交际能力就无从提高。"（戴悉心，2000：20）课文编写得不理想，就会使语言点的展示、讲练和练习的设计、编排都失去了依托和指向，尤其会影响到学习者模仿课文生成句子和语篇并进行交际练习，及其进一步展开实际交际的能力。

口语交际能力的培养，是口语教学课程设置和口语教材编写的主要目标，而口语交际能力是一种"程序性的知识"，需要通过反复的操练才能够达到训练目标。"依照克拉申的理论,这就是所谓的'程序性知识'。它必须靠反复练习,反复实践,不断修正的'习得'方式来获得,而不像所谓的'陈述性知识'仅仅靠老师讲,学生听,听懂了,就会了。"(翟汛,2002)口语教材的课文作为目的语(target language)口语交际的书面记录,可以反复言说,反复操练,与实际交际中真实口语的稍纵即逝有所不同。依靠口语教材的会话课文,可以有效地提高口语训练的质量和效率,帮助教材的使用者(学习者、教学者)顺利完成训练任务。因此,其作用应当引起重视,认真地对其编写进行研究。课文编写的质量高,就为口语训练目标的完成提供了可靠的保障。会话课文对于汉语口语交际特点的呈现,是进行交际能力训练的基础,通过训练进而掌握口语交际能力正是进行这种呈现的主要目的。

初级阶段的口语教学与中高级阶段相比,在教材内容和训练形式等方面都有所不同。在内容方面,初级阶段的口语教学更关注日常性的言语交际互动;在话题方面,更多地涉及学习者近身性的内容,这与中高级口语教学更多关注社会性话题有所不同;在训练形式方面,初级阶段更注重交际中的言语互动,中高级阶段更为注重成段的口语表达能力的培养,而高级阶段的口语表达训练更多地是为了一些特殊的交际目的,如演讲、讨论和辩论等,更突出学习者对自身观点的系统表达与论证。有学者指出,"初级阶段以后,口语教学的重点逐渐从简单句子会话过渡到成段表达。到了中高级阶段,学生口语表达能力出现一个相对停滞的阶段。学生中存在的问题是,他们不能较好地进行成段表达,不能正确、完整地表达更为复杂的思想、观点和态度,甚至不能较好地说明现象和叙述事件。"(刘荣、刘娅莉,2009:14)可见,中高级阶段的口语教学与初级阶段有着很大的不同。

当然,在初级口语教学阶段,也并不排斥训练学习者对自己观点的表达,因为这也是交际能力的一个重要的组成部分。但是这种类型的口语表达训练在整个初级口语教学中的地位以及训练比重,与中高级口语教学是不能相提并论的。

对初级阶段的口语教材而言,会话是较好的口语交际能力的训练方式和训练途径。"初级阶段话语操练的最佳方式是会话,因为会话是所有的交际方式中最简单、最有效的话语操练方式，可以作为其他形式的操练的基础。"（田原，1996：27）而且，会话是每一种语言的交际中最根本和最重要的形式。所以，会话课文在初级口语教材中居于更为重要的地位，在口语交际能力的培养过程中，具有更为重要的范例作用。

会话课文在初级阶段口语技能训练中的作用至为重要，是因为：①初级阶段的口语教学，处于学习者口语交际能力培养的起始阶段，会话则是交际最原初、最基本的形式，因而可以作为口语交际技能训练的开端。②会话课文是学习和教学的主要内容，更是学习者课上和课后反复诵读与模仿的范本。"课文中的'说'，给了学生以说的内容和说的语言形式，供他们模仿，是一种有效的语言训练活动。通过这样的训练活动，学生可以熟悉词语，熟悉句子，把课文中所获得的陈述性知识转化为可以辨析、选择词语和产生句子的程序性知识，从而提高口语表达的能力和水平。"（徐子亮，2000：205）课文是口语学习和训练的基础，没有课文的教材使学习者的学习失去了依托。③在初级阶段，学习者初步接触目的语，模仿性的操练要更重于灵活运用的操练，而会话课文正是可以让他们方便地进行模仿的主要对象。"还有课文的作用是范例、话题引入还是仅提供表达框架？我们认为，各种作用并不冲突，也不应取一而排他，应根据教学需要进行有机地融合。通常初级教材课文范例的作用更大，课文中出现的语句基本上就是要求学生掌握的。"（刘晓雨，2001：275）口语教材的课文需供学习者模仿和复诵，是其突出的特点。对会话课文并不是仅仅要求学习者理解了就达标，而是要求他们掌握。这种掌握是复用性的掌握，是要求学习者会使用课文中的语句、语篇等。④会话课文也是对教学内容的一种选择、一种控制，使教与学都有了依据和目标。因为教学活动主要是在课堂中展开的，必须要在有选择、可控制的情况下进行。特别是在初级阶段所进行的口语教学，更需要依赖教学者的指导，更需要依据教材所提供的训练内容与基础，首先进行有控制的交际训练，然后才是突出强调灵活运用。⑤会话的交际方式是双向互动的，而初级口语教学也更加强调和突出这种互动性交际能力的培养，所以课文以会话的形式出现，才能够有效地达到这样的培养目标。

　　尽管目前口语教材的编写现状有了许多改善，但仍然存在着许多问题，不能令人满意。许多学者都不约而同地指出了这一点，"综观现有的口语教材，大部分的口语课文都着眼于交流的内容，没有切中口语课的要害。也就是说，没有抓住口语教学的语言点。我们认为贯穿于口语教学的语言点，应概括为三种话语：承接性话语、施为性话语和叙述性话语，训练的重点应放在这几种话语的搭配和协调上。"（徐子亮，2002）"目前的课程设计一般是听、说、读、写分技能进行，口语课以培养学生语言表达能力和交际能力为目的，教学上要求'以学生为中心'，强调学生在口语课堂上的开口率，教师尽量少讲，学生多说多练。在有限的课堂时间里，要使教师少讲，教材的语料选择及编排方式起着重要作用，假如教材里的词汇、语法过多过难，教师势必要多讲，否则课就难以进行，因为成年人的学习特点是理解基础上的练习。减少难点并不意味着不要新的内容，关键是要控制数量和难度，从学生实际需要出发精心组织语言材料。"（李海燕，2001：18-19）改进口语教材课文的编写状况，解决教材课文编写中存在的各种问题，提高其编写质量和教学的适用性，就成为今后口语教材编写的重要任务和有关研究的重要课题。

　　就其重要性和编写难度、所存在的问题和研究的现状而言，会话课文的编写都应当引起我们的重视。会话交际就其实质而言，是一种使用话语表达意义的过程。也可以说，意义表达是使用语言的目的之一，但必须通过语言的实际使用，也就是形成话语，完成话语的交际互动，才能达到这一目的。意义在语言使用的过程中才能够真正形成，而意义表达的目的，其实仍然是为了交际。

　　基于对汉语初级口语教材会话课文重要性的这些认识，本书集中研究初级阶段口语教学所使用的口语教材会话课文的编写问题。

1.1.2　本书对口语教材课文编写研究的角度及意义

　　对口语教材会话课文的研究，可以从多种角度来进行。本书选择从会话语篇结构的角度进行研究，主要是考虑到语篇结构在会话课文的编写中的重要意义和作用，以及在会话课文语篇结构方面存在的一些编写问题尚未引起关注，可正是由于这些问题影响到教材的编写质量，因此应当对此加以研究，以便有助于提高教材的编写水平。

汉语初级口语教材的会话课文作为言语作品，是对实际交际中自然会话（natural conversation）的模仿，但并非是原样地照搬，而是为教学的目的由编写者对自然口语交际进行加工而编写的。汉语初级口语教材的会话课文具有汉语口语语篇的特质，作为研究对象具有特殊性，是以往的语篇分析研究所未涉及的，但这种分析研究对于会话课文的编写有实用价值和指导意义，对汉语日常自然口语交际的分析也有辅助和印证的作用。

尽管研究汉语初级口语教材会话课文，并非是语篇分析研究领域通常所进行的对自然口语的研究，而且研究的结果也并不能直接用于编写教材课文（会话课文的编创是复杂的写作过程），但是，本书的研究会有助于改进课文的编写情况，研究的结论有理论价值也有实践意义。尽管本书的研究不一定能直接有益于编写者创编课文时的最初构思，不一定能完全解决课文的构思和生成问题，但可以使课文的构思和生成获得更加理性的指导。

本书的研究并非要否定对语言结构的关注在教材编写中的重要作用，因而摈弃对于话语表达准确性的追求，而是要在语言准确性的基础上，进一步有针对性地提出一些口语教材课文编写值得改进和提高之处，使之能够更充分地满足学习者的需求，达到更好的教学效果。同时，也希望由此能够促进汉语口语教材编写水平的提高，为学习者的学习提供更多方便，使之在学习汉语的初始阶段就能够打下良好的基础。本书借鉴和参考语篇分析的有关理论和分析方法，也是认为语言学研究应当开拓视野，而不能仅仅把研究的目标局限于语言的本体研究，应当关注与语言有关的更多因素，在更为宽广的范围和视域研究语言，这样也可以使语言研究"更上一层楼"，更加全面、深入，而不是"固步自封"。世界范围内的语言学研究，也在不断拓宽着研究的视野和领域，我们的研究也应当跟上这一发展趋势。

本书所涉及的这一研究领域，有待探索的空白之处较多。这在一方面给后来的研究留有较大的空间，但另一方面可借鉴的成果有限，因此本研究课题存在较大的难度，需着力开拓与挖掘之处甚多。对于这一有较大难度又十分重要的研究课题，本书力争在借鉴相关领域研究成果的基础上，结合现有的汉语初级口语教材编写成果中的实例，探索口语教材会话课文语篇结构的特性和编写规律。本书的研究意在能够深化这一领域现有的研究，填补一些相关的空白，有助于汉语口语教材会话课文编写水平的提高。

1.1.3 语篇分析在语言教学研究中的意义和作用

对于语篇分析的意义，韩礼德提出，"语篇分析的目的不是理解语篇表示什么（what）意义，而是说明对于读者或受话者来说语篇是如何（how）并且为什么（why）表达它所表达的意义，以及读者或受话者是如何并且为什么以某种方式来评价语篇的，这一点与布朗和尤尔（Brown & Yule，1983：ix）的观点基本上是一致的，即语篇分析的目的是说明语言形式如何用于交际。后来，韩礼德（Halliday，1994：XV）又进一步指出，语篇分析的目标总是有两个可能的层面。在较低的层面上，语篇分析有助于对语篇的理解……在较高的层面上，语篇分析有助于对语篇的评价。"（张德禄等，2005：224-225）显然，语篇分析并不仅仅是为了进行语言形式的分析，一方面要注重语言的意义表达，另一方面要联系社会实际。

关于语篇分析的作用，有学者指出，"正如一个单词在不同的句子中可以有不同的意义和不同的句法功能一样，一个句子在不同的语篇和语境（linguistic context）中也会有不同的表意作用和交际功能。如果不把句子放到一定的语言环境中去考察，那就无法确定其真正的意义。离开了语言的使用场合，离开了特定的语言环境，就很难确定语言单位的交际功能，语言单位也无法充分起到交际的作用。"（黄国文，1988：5）这虽然主要是说明语篇分析在语言结构单位研究中的作用，但是也昭示了语篇分析理论更为重要的作用，就是提出不同于传统语言学研究的新视角：从语篇的角度来研究语言现象。

语篇分析不同于传统的句法分析，绝不仅仅是语言研究单位的扩大，除了语言观和语言研究观的变化外，在语言研究方法论的变革和拓展方面，也有着重要的意义。有学者指出，"以前适用于句子的抽象方法和纯化方法对语篇行不通，构成语篇的因素比句子远为复杂。"（胡壮麟，1994：5）并且一再对此强调，"要说明的是语篇范围的句子间理解不仅仅是句子范围间的小句连接的放大，它有自己的法则……在语篇范围内，句子语法的规则有时不能起作用。"（胡壮麟，1994：95）研究对象的特性大为不同，就必然要求创造新的研究方法，才能够胜任对其的研究。语言研究方法论方面的创新，也必然会扩展到语言教学研究的领域。

有学者以十分肯定的话语断言性地指明了语篇分析对于语言教学的重要作用。"语言教学就是以语篇为中心，在具体的社会文化语境中运用语言实施各种功能，并以此培养学习者的语言交际能力。从某种程度上说，语言教学其实就是语篇教学。"（张德禄等，2005：218）为什么可以有如此的断言，他们是基于这样的认识："语言交际不是通过孤立的句子来实现的，而是通过语篇去实现的。存在于意义潜势中的各种意义只有通过一定的语篇才能变得有意义。"（张德禄等，2005：218）这种突出语篇在语言教学中重要地位的观点，实际上基于对语言意义表达的新的认识，在语言教学观上也与传统的以句法分析为代表的局限于句子之内的语言教学有着重大的区别。

语篇分析理论对于语言教学的研究也具有重要的作用。这是因为从语篇的视角来研究语言教学，与语言学习的目的和语言教学的主要目标有着密切而一致的关系。学习语言的目的主要就是学会使用这种语言，语言教学就是以培养学习者达到此目的为主要的教学目标，而语篇分析正是从交际互动和语言使用的角度来分析语言现象的。

语言教学经常需要重视前文所引文献中言及的语言的"表意作用和交际功能"，而侧重于输出表达的口语教学就更是如此。对语言教学进行研究必然涉及语言的使用，因此研究不能仅局限于词语和语句，也要进入语篇的层面，从语篇的角度考察语言在语言教学中的作用和功能。同样，编写口语教材会话课文时，必须注意从语篇的角度考虑各个会话语句的编写以及整篇会话课文的安排，使课文中的各个语句和整篇课文能够充分发挥其表意作用和交际功能，由这样的会话语篇所构成的口语教材课文，才能将其培养学习者交际能力的作用和功能在教学中充分发挥出来。由此可见，语篇分析理论在语言教学研究和口语教材编写研究中，是可以大有作为的。

语篇具有可分析性，是因为尽管语篇的内容千变万化，但其结构类型是有限的，因而其结构规律是可以分析、总结的。语篇结构类型的有限性与人类的思维模式的特点有关。"语篇是按照一定的思维模式（thought patterns）

组织起来的，语篇的内容决定了语篇的结构；尽管语篇的内容千变万化，但语篇的结构是有限的，思维模式也不是无穷无尽的。"（黄国文，1988：142）作为语篇一个组成部分的会话语篇，其形成和类型特性也同样与思维模式相关，其结构模式也同样是有限的，因而是可以进行分析研究的。

对语篇进行分析可以有多种角度，"对一个语篇进行分析，可以在语音、书写形式、音位、拼写形式、词汇、语法、语义、语篇结构、语篇指向性等各个平面（level）上加以全面考虑。"（黄国文，1988：37）但在具体进行研究时，应当根据研究对象的实际类型和特点，集中、突出地分析与研究课题相关的一些方面。"由于语篇的交际功能不同，语篇的体裁有异，语篇的表现形式不一样，所以不同的语篇有不同的'突出'（foregrounded）特点。在实际分析中，在各个平面上对每个语篇进行分析往往是不经济的，甚至是不可能的……因此，在语篇分析中，切实可行的办法是根据具体情况，抓住要点，在几个最突出、最有代表性、与语篇的交际功能关系最密切的平面上进行分析。"（黄国文，1988：37）语言教学研究中对于语篇的分析，也应当寻找与语言教学特性相关的分析角度。对于会话语篇的分析研究也同样是如此，不必也不可能面面俱到，而只能根据会话语篇本身的特点，并且结合研究课题的研究目的和研究方向，在研究时抓住重点，有所侧重。由于本书所进行的是关于口语教材会话课文编写的研究，因此根据研究对象的特性，选择了与研究课题相关的语篇结构问题这一角度进行分析。

对于语篇分析在汉语教学和教材编写中的重要作用，有些学者已经认识到，并加以论述："话语分析从调查实际会话入手，注意语境、文化、共有知识对会话的影响，分析会话的结构等，所以这些对我们编写口语教材、进行口语教学都是有指导意义的。别的不说，如果我们能通过口语教学让学生学会在某种情境下如何开口说话，这就是很大的收获——外国人在中国生活（我们在国外也是一样）最伤脑筋的就是这特定环境下的第一句话。我们教口语就是要教这样的说话'规则'，而不是背课文。"（杨石泉，1984）其实，这段论述同时既显示出语篇分析在口语教材编写和口语教学中的指导意义，也透露出口语教材会话课文研究的重要地位和作用。

1.1.4　对会话过程进行分析的研究价值

口语交际中的会话交谈，是人类交际中最基本、最普遍的语言运用形式。"会话之所以获得一个特殊的地位是因为它是语言活动的原始形式，在语言发展史上先于语言所有的其他形式。因此，似乎完全有理由把会话看作是人的一切语言活动的原本形式。"（钱敏汝，2001：320）在这里，会话过程被认为是"原始形式"、"原本形式"，并非等于认为会话过程是一个简单的语言运用过程。实际上，会话过程是一个涉及面很广、牵涉因素很多的复杂过程。交际社会语言学就认为会话过程具有复杂性。"交际社会语言学的最重要发现是，会话过程绝不是一个简单的罗列语词的过程。人们在会话过程中既要利用语法词汇知识，也要了解语义框架和解读话语的线索，包括各种各样的语用知识。"（陶红印，2001：3）会话过程的复杂性目前尚未受到重视，这既说明了对会话过程研究不够充分的原因，也说明了研究的难度。

会话过程的复杂性，还因为会话是在人际之间展开，是一种社会性的行为，而且带有互动性的特点。有学者就指出，"会话是语言互动行为的最佳体现形式，是会话参与者在一个具体的场景中直接作出互动行为的形式，是一种需要协调和合作的活动。"（钱敏汝，2001：320）社会性、互动性等因素也增加了会话的复杂性。"交际活动是一种针对对象的社会性活动，它由具体的行为组成……与其他人类活动不同的是，交际活动总是针对人的，所以交际活动从它产生开始就是一个合作性的互动行为，并且以社会状况和在同一社会中共同生活的他人相互之间的关系为基础。这种互动性是交际活动的重要标志，交际活动也就成为一个社会中种种关系和因素相互影响和共同作用的一种特殊形式。"（钱敏汝，2001：230）会话过程的这些特殊性质，尤其是互动性的特点，实质上是会话作为人类一种主要的言语交际活动的本质属性的显现，也标示出会话过程在人类行为和人类社会活动中的特殊重要地位。有学者甚至认为，正是互动性的特点，使会话"有规可循"。"互动，在大多数时候，都是些有序的事件。"（肯顿，2001：1）正是因为会话的"有序性"才使对其的研究成为了可能。

对会话互动性特点进行研究而发展起来的会话结构分析，就是由于其对会话话语之间互动性的关注而带来了研究观念和研究视角的转变，开启了语言研究的新天地。"会话分析充分考虑具体的社会活动在互动中的完成情况，而这些活动体现在具体的社会行为以及社会行为的先后次序之中，因此会话分析的研究重点是在某些情境中发生的具体的行为、行为背后的社会组织以及这些行为和由行为组成的活动得以实现的各种方式（Drew & Heritage，1992：16–17）。"（王彦，2007：74）

由于会话过程是人类语言使用的典型范例之一，研究语篇分析的学者也把会话视为最佳的研究对象。尽管语篇分析更多地是研究实际交际中的自然会话，但这也从一个侧面说明，会话过程无论在人类的交际实践还是语言研究中，都具有重要的地位和价值。本书研究的对象尽管并非是会话分析通常所研究的日常自然会话而是汉语口语教材中的会话课文语篇，但是实际上会话分析的研究也并不都局限于日常会话。"会话分析这个说法并不是一个准确的表达，而实际上是一种分析方法，它并不仅仅局限于对日常会话（ordinary conversation）的研究；相反，它可以被用来研究所有类型的言谈应对，而这些类型的言谈应对并不一定是以会话的形式展开的，如出庭作证、参与谈判、讲授课程，等等，因为会话分析对于言谈应对的序列组织（sequential organization）的关注，同样适用于日常会话之外其他的交际方式或语体。"（于国栋，2008：3–4）会话分析的广泛适用性，也是本书采用这种分析理论和研究视角分析汉语口语教材课文的可行性的坚实基础。

语言教学中的会话活动虽有特殊性，与自然会话不尽相同，但也必然带有自然会话的普遍共性，也应当受到重视，使之成为语言研究的对象。当前的语言学研究，有日益关注语言具体运用过程的趋势，对会话过程的研究，实际上就是这一发展趋势的一个组成部分。"在'乔姆斯基革命'后不久，越来越多的语言学家认为语言学研究的不是脱离特定语言交际环境的理想的说话者的语言能力，而应是处于特定社会文化条件下生活的特定的说话人的语言交际能力。"（左思民，2000：5）对会话过程的研究，也是语言教学研究创新发展的一条重要途径，体现了对语言教学关注交际能力培养这一本质属性的回归。会话分析重视对语言交际的实际进行研究，与语言教学的培养目标不谋而合。"会话分析的研究无论从对象和方法来看，都体现出如下的特点：语言和交际活动是密不可分的，对语言的研究离不开对交际活动的分析。"（刘运同，2007：107）实际上，会话分析的研究也回归到了对语言作为人类交际工具的本质的关注。

1.1.5　口语教材会话课文语篇结构分析的作用

口语教学在第二语言教学中，特别是对培养学习者的交际能力而言，具有重要的地位和作用，而会话能力的培养，又是口语教学中最为基础和基本的。一种语言的会话有其自身的特点和规律，"Hymes（1972）认为，说话规则（rules of speaking）是一个群体所共有的对说话方式起支配作用的规则：这些规则规定对话者开口说话的时机、说话时的内容、开始和结束对话的方式等。"（郭宏丰，2008：9）对这些"说话规则"要通过教学使学习者掌握，首先要使学习者有机会接触到这些"说话规则"，这就要在口语教材中把它们呈现出来。

这些"说话规则"实际运用的成果所形成的会话语篇，必然有其一定的结构。俗语云"东一榔头西一棒子"，所言即是语篇表达的结构散乱，但还不是"零"结构。零结构则是无组织性了。说话者对语篇结构组织特性（或"组篇机制"）掌握得不好，多为没有受过教育或受教育较少者，其表达使接受者理解时很困难，认知负担加重。这说明会话语篇的表达是要经过一定的训练才能够掌握的，是掌握语言不可分割的组成部分，更是口语学习和训练的必要内容。

口语教材中的会话课文，正是培养语言学习者交际能力的重要范本，因此具有重要的研究价值。虽然编写会话课文不是对目的语自然会话的原样照搬，但教材编写者也不能凭空臆造。

目前，汉语口语教材会话课文本身的编写，没有受到足够的重视。因为口语教材的课文（尤其是初级口语教材的课文）通常都是编写者自己编写的，而不是目的语口语交际的实录，所以编写者必然需要对会话课文有所设计，但这并不是一个很容易就能完成的任务。因为口语教材的编写，往往因担负着多方面的语言教学任务而涉及许多方面。例如，语言点的展示和说明、词语的选择和覆盖面、课文的话题与内容、练习题的编纂等。编写者不能只把注意力集中于课文本身的编写，就可以完成编写任务。在教材编写的过程中，编写者主要致力于课文内容和语言点的编排，因而不太关注会话课文在语篇方面的构成，或者无暇过多地致力于组织会话语篇。所以，会话课文的语篇构成，往往不能得到较多的关注，不能列为主要的编写议题，不仅编写时不能得到重视，而且相关的研究也比较少。这就会给课文的编写带来许多问题。会话课文在语篇构成上编写得不理想，就不能充分体现出汉语会话交际的特点，也影响学习者很好地理解和掌握汉语口语的特点，导致进行实际的口语交际时，在话语组织和话语运用方面出现问题。这也会进而影响到口语教材的教学使用效果和编写质量的提高，带来对口语教材较多的负面评价。

对会话语篇的编写进行分析和研究的途径，除了关注会话语篇的具体内容和语言结构单位（词语、句子）等方面的问题以外，更重要的是应当重视语篇结构的维度，因为从这一维度进行研究，其成果与语言交际、语言运用有直接的关系，如此才能使研究能够针对口语教学的特性，研究成果易于落实到课文的编写操作上，对会话课文编写具有可操作性的指导作用。

对会话语篇进行结构分析，可以为研究汉语会话的结构框架提供理论和方法上的指导，为探索汉语会话语篇的结构规律提供研究方法上的新途径。会话语篇结构是会话语篇生成的最基本层面，只有分析清楚话语表达的组织结构规律的特点，才能对口语教材会话语篇的组成有切实的指导作用。而且，从这一途径进行研究的成果，也可以使评价汉语口语教材课文的编写情况有一个切实的依据。

如何才能组成一篇较好的会话语篇，从而更好地体现出汉语口语交际的特性和口语教学的特性，是编写口语教材时值得关注的一个问题，因而口语教材的编写不能只关注词语、句子方面的问题。如果口语交际是处于一个双向互动的过程中，就必然会形成互动性的会话语篇。分析会话课文语篇的结构特点，有助于编写出更能体现口语交际特点的会话课文来。而且初级口语教材课文中的会话语篇，在教学中有十分重要的示范作用，因此，更应当对汉语会话语篇的结构特点进行深入研究，以便在编写口语教材时，在相关研究成果的指导下，通过目的更为明确、操作更为有效的编写设计，从结构上控制与把握课文的编写，更好地在课文中呈现出汉语口语交际的特性，从而编写出充分体现汉语会话结构特性的课文。

由于本书的研究目标是初级口语教材课文的编写问题，因此论述时所涉及的并非是话轮内的语篇结构，即研究所关注的对象并非是长篇口语话语内部的语篇结构，而是着眼于分析由会话交谈者不断互动形成的会话语篇。本书的研究力求通过对会话课文语篇结构的研究，帮助口语教材的编写者在编写会话课文时，能够形成互动性强、充分体现汉语口语交际特点的会话课文语篇。通过对会话过程的结构进行分析，可以使会话课文的编写减少盲目性和随意性，提高互动性和实用性，使编写出来的会话课文形成一个有序的、系统性和结构性强的口语交际语篇，这对学习者在实际的汉语口语交际中提高互动应对能力从而形成汉语口语交际能力也会有所帮助。

1.2　相关研究现状

目前，与本研究课题相关的会话语篇结构的研究及汉语口语教材编写的研究，已经取得了许多成果。尽管与本课题直接相关的研究成果并不多，但许多相关领域的研究成果，对本书的研究还是有很高的参考价值。

1.2.1　与汉语教学相关的汉语语篇分析研究

汉语语篇分析的研究成果对于揭示汉语口头话语的特点有重要的作用，因而对口语教材课文的编写也有很重要的指导作用。与汉语教学相关的汉语语篇研究，已经取得了许多成果，涉及汉语语篇的许多方面，对本文的研究有借鉴和启示作用。

1.2.1.1　有关话语分析与会话分析的关系的研究

（1）对话语分析与会话分析的区别的认识

对于话语分析和会话分析之间的区别，学术界已经有了比较明确的认识。区别主要在两个方面：一是两者研究的范围有所不同。话语分析研究的范围大，会话分析研究的范围小。话语分析对口头语篇和书面语篇都进行研究，会话分析尽管有广狭义之分，但都是只对会话进行研究。二是两者的研究内容有所不同。话语分析的研究内容更广。话语分析主要研究话语结构形式、话语规则、言语行为和话语模式等内容，其定义主要包含两个方面内容："一是话语分析是对超句单位结构的静态描写；二是话语分析是对交际过程意义传递的动态分析。"（李悦娥、范宏雅，2002）广义的会话分析是任何对会话的研究，狭义的会话分析则只是对会话的结构进行分析，重点是研究会话中反复出现的一些模式（刘虹，2004）。

（2）话语分析与会话分析的关系

对于话语分析与会话分析的关系，学者们存在不同的认识。有的学者认为会话分析是话语分析的一个分支（刘虹，2004），有的学者认为会话分析是与话语分析相对立的研究方法（吴平，1999）。

1.2.1.2　对汉语会话中一些特有现象的研究

目前对于汉语会话中的"话头"、问句连用现象、反馈信号等一些汉语特有的语篇现象，已进行了一些研究，取得了一些成果。

对于汉语话语中经常位于句子开头以引出某种观点的"话头"，李芳杰（1992）从语言形式的角度对其类型、特点和作用进行了研究，认为"话头"的主要作用是引出观点或议论。

汉语交谈中的问句连用现象，是指说话人连续给出两个问句，听话人只对后一个问句作答。对于这一现象，王志（1997）分析了两个连续问句的形式组合规则、语义关系和表达功能，认为由于两个问句在语义上密切相关，尽管听话人只回答了第二个问题，但答句与第一个问题往往在意义上产生关联。

对于汉语会话中的反馈信号，吴平（2001）用会话分析的方法进行了研究，在采集汉语口语实际语料的基础上分析了反馈信号的类别、使用频率、形式和分布及功能之间的关系、与语篇类型的关系，认为反馈信号对于会话的"互动过程"（interaction）会产生直接的影响，是使会话参与者的共同活动过程得以顺畅进行的重要因素。

1.2.1.3 对汉语会话中特有的一些话语使用规则的研究

目前对于汉语会话中的，如"亲近表现"、称呼语、打招呼的限制因素等汉语会话中特有的一些话语使用规则，也都进行了一些研究。

"亲近表现"是汉语会话中礼貌语言的一种运用形式，即会话中发话者积极接近交际对象的表现。卢万才（2001）分析了汉语表达这种"亲近表现"的运用心理和称谓语、应酬语、副词和詈骂语等语言表达形式。掌握亲近表达运用心理和语言形式，对汉语学习者正确地理解和运用汉语特有的礼貌表达方式是十分有益的。

对于汉语会话中的称呼语，李经伟（1999）从语用分析的角度进行了研究，从会话结构、语码转换和礼貌策略的研究视角分析了称呼语的作用，认为"称呼语的使用范围极广且语用功能极强。"（李经伟，1999）称呼语可以用于转换话题，保持、打断、维护和抢占话轮，常被用来传递感情、建立友谊和协调关系，还可以用来缩短或扩大与谈话对象的社会距离。

对于汉语日常口语中打招呼的限制因素，黄河从留学生用汉语打招呼的不得体出发进行了分析，认为："汉语打招呼实际上要受语用、语境、语言多重因素的制约，其中隐含着复杂的规律和习惯用法。"（黄河，2003：59）文中详细分析了这些限制因素，特别是从时间、地点、身份、熟识度和心态等角度细致分析了语境方面的限制因素，对于掌握汉语打招呼的得体表达方式很有帮助。

1.2.1.4 对汉语会话的语篇结构形式的研究

对于汉语会话的结构形式，钱冠连（1997）把汉语对话的结构形式和可能出现的各种情况分析为5种。左思民（2000）把汉语的会话结构分为总体结构和局部结构两大类："总体结构指一个完整的会话活动在其展开过程中依照交际要求所形成的功能模式。局部结构则指交际者交替发话这一合作活动所形成的轮番说话的功能组合方式。"还分析了汉语会话结构和篇章结构的异同以及异同产生的原因。

刘虹（2004）对此问题进行了较为系统、全面的研究。在《会话结构分析》一书中，借鉴国外会话结构分析的有关理论和方法，在采集了大量的汉语会话实际语料的基础上，对汉语会话的话轮、话轮交接、对答结构、开头和结尾都进行了系统而全面的研究，并结合汉语会话的实际情况，对国外的有关理论进行了部分的修正和补充。

1.2.1.5 从语篇结构的角度对一些言语行为的研究

从语篇结构的角度对一些言语行为的研究，目前开展得不多。

值得一提的是，对于汉语环境下请人帮助的言语行为，单力真（2004）在语言调查的基础上从对话结构的角度分类进行了实证性研究，分析出了8种结构类型，认为汉语中这种言语行为的语列特点是"请求——回应"的表达方式出现得最多，说明合适的结束在这类对话中是非常重要的。

1.2.1.6 对语篇分析在汉语教学中的作用的研究

（1）对于语篇分析在汉语教学中的作用的总体评价

有学者对于语篇分析在汉语口语教学中的作用进行了积极的评价。语篇分析理论在汉语教学中的作用，较早就引起了学者们的关注。

杨石泉（1984）对语篇分析在汉语教学研究中的作用进行了积极的评价，认为："话语分析是从调查实际会话入手，注意语境、文化、共有知识对会话的影响，分析会话的结构等，所以这些对我们编写口语教材、进行口语教学都是有指导意义的。"这是较早论及语篇分析在汉语口语教学中起到积极作用的文献。

（2）对会话结构分析在汉语教学中的具体作用的分析

对于会话结构分析在汉语口语教学中的作用，刘虹（1995）认为会话结构分析所研究出的组句成段规则，对于学习者掌握在具体的交际环境中开口说话的能力有帮助。徐子亮（2004）在研究口语教学法时，认为对会话结构的训练应当加以注重，但目前对这方面的研究还较为薄弱，应当结合汉语教学继续进行具体研究，许多领域的研究工作还有待开拓。还把口语话语分为承接性话语、施为性话语和叙述性话语三种，认为"会话实际上是这三种话语的灵活运用。"

对于会话结构分析在口语教材编写时的重要性，刘虹（1995）认为如果归纳出了各种类型会话的结构框架、话语的功能类型、语句的表达形式，"那么我们在编写汉语口语教材时，就不会是按编写者意愿随意编写，而是按照实际归纳出来的不同类型会话的结构框架和具体表达语句的相对使用频率，按学生的不同情况加以客观地、系统地、科学地编排，从而避免口语教学存在的一些问题。"

1.2.2　对汉语口语语篇中的衔接和连贯的研究

1.2.2.1　对汉语口语中连贯机制的研究

对于汉语话语的连贯机制，李晋荃（1993）描写了话题连贯和述题连贯的主要连接方式，认为话题连贯和述题连贯是凭借话题、述题之间相同、相类和相对等语义联系来连接话语的语用连贯手段。钱冠连（1997）也探讨了对话的连贯机制，认为对话的连贯问题可以通过话题和磋商两种方式加以解决。

1.2.2.2　对汉语会话中省略的研究

对于汉语会话中省略的规律，杜道流认为，"会话省略中保留成分一般是以焦点为中心，有时同时受到焦点控制原则和句法语义作用的影响。"（杜道流，2000：37）"焦点控制原则"，指距会话中的核心成分越近保留的机会越大，否则省略的机会就大。发现汉语会话省略的规律，对于汉语会话教材的编写和汉语口语教学都有指导意义。

1.2.3　有关汉语口语语篇教学和口语教材编写的研究

对于汉语语篇教学的研究，以往较多地侧重对书面篇章教学的研究和篇章语言形式的分析。虽然口语语篇教学较早就引起了研究者的关注，也有不少文献涉及，但研究者们认为还有许多问题有待深入研究（翟汛，2002；郭颖雯，2003；彭小川，2004）。而且许多研究对语篇的认识局限于成段的叙述、说明、议论等的表达，而不是会话当中的互动交流，研究比较侧重的是前者，对会话语篇研究较少。

1.2.3.1　对汉语口语成段表达教学的研究

（1）对于进行口语成段表达教学，有学者较早就予以了关注，取得了一些研究成果。杨石泉（1984）认为，"只有在语段中，每一个问句、答句才是合理的，有存在价值的。口语教学以语段教学为好，不要把口语拆成单句教。"吴晓露（1994）也研究了口语语段训练的问题，在分析了语段构成要素和语段训练的目标、内容及原则的基础上，提出了语段表达训练的两种主要方法：构思训练框架化和组合训练具体化。对于系统地进行具体化训练，提出应从四个方面入手：放在框架中练、集中归纳后练、循序渐进地练和灵活多样地练。

（2）对于口语成段表达的训练，近来研究有所增加，研究的内容更加广泛，研究也更为具体、深入。

对于口语成段表达中的偏误问题，有学者进行了研究。田然（1997）通过对中高级阶段留学生口语语段表达的一些偏误问题进行分析，区分了自然语段与复述语段，认为留学生成段表达时突出的问题是词语贫乏错用、句式混乱、连接词不能使用、语义不连贯、指称混乱不明、书面与口语语体不分等，这些语用偏误问题在教学和教材编写时应引起重视。

对于在初级阶段进行口语成段表达训练，也有学者进行了探讨。李小丽分析了初级阶段进行成段表达能力训练的必要性和可行性，认为："语言在交际中一般不可能以单个句子出现，而是由一个以上的句子或语段构成一个语言整体"，因此"成段表达能力的训练可以训练学生掌握目的语的思维方式"。"在初级阶段进行成段表达能力的训练有助于语言教学从相对的机械性操练逐步向创造性的自由运用过渡，为中、高级阶段的语言教学打好基础。"（李小丽，2001：38）对于在初级阶段进行口语成段表达训练的教学操作可行性，也从学习目的和动力以及教学内容和效果方面进行了论证。

（3）对于口语成段表达的训练方法和训练模式，学者提出了各自不同看法。

李小丽（2001）提出了在初级阶段口语表达训练的扩展、描述、听述和讲述等方式，其中扩展法就是从会话、句子和词语等不同的语言片段扩展为语段进行表达。翟讯（2002）分析了汉语口语成段表达训练的重要性，以及教学研究和教材编写在这个方面的缺失，提出了任务模式、视听说模式、辩论模式等三种训练模式。郭颖雯（2003）从衔接、连贯、主述位结构和篇章总结构等方面分析了篇章偏误的情况、教学现状及存在的问题，提出构建口语语篇教学模式的四个方面的途径：发现汉语篇章表达模式、引入篇章语言学的相关理论、加强篇章层面相关语言要素的教学和设计大量的配套练习。

1.2.3.2　与口语语篇教学相关的教材设计研究

对在教材编写时安排口语语篇教学的有关问题，只有较少的研究。

有些学者分析了当前存在的问题，提出了加强语篇教学的呼吁。彭小川（2004）认为现有的教材缺乏语篇训练的内容，在教材编写时应当关注语篇的问题，应当从语篇的角度考虑教材的编写，将语篇教学的内容编写进教材。

对于教材编写为培养口语成段表达能力服务，有的学者提出了一些原则和方法。陈晨（2005）从培养初步的成段表达能力的角度分析了初级口语教材编写的原则、课文语料的编排和练习的编写等问题，在课文内容的编排上提出兼顾会话体语料和叙述体语料，体现交际性和针对性的教材编写原则。

在为培养口语成段表达能力而在教材结构设计创新方面，有学者提出了新思路。杨翼（2000）认为在教材语言单位的推进策略上应与以往的思路相反，采取从语篇到词这种从大到小的分解式的语言单位编排思路，在教材语言材料的输入方式上把感性的课文素材输入与语篇知识的理性输入结合起来，还提出了训练成段表达的许多新的练习题型。

从对以上有关文献的概述可以看出，与本书论题相关的研究领域已经取得了一些成果，但是与汉语口语教材会话课文编写直接相关的语篇结构研究成果目前还不多，而系统、全面、深入的研究更有待进一步展开。

1.3　研究方法和语料选取

1.3.1　研究方法

本书主要是从语言学的角度对会话课文进行研究，而不是分析课文内容方面的编写情况。本书的研究主要是从语篇结构的角度进行分析，而不是从语法结构的角度进行形式分析。韩礼德与哈桑在其研究语篇的专著中一再强调了语篇结构与语法结构的不同。"无论语篇中各部分之间有什么关系，句子之间、段落之间还是对话中的话轮之间的关系，都与一般意义上的结构不

同，即与句子或小句组成部分之间的关系结构不同。"（Halliday & Hasan，2007：5）

　　由于不是从语法结构形式的角度进行研究，所以本书对所采集的语料不是进行分布研究，没有采取对语料进行量化统计的研究方法，而是以语料为例证来论证的本书涉及的问题。尽管本书没有采取定量分析的研究方法，然而，在本书研究的过程中尽量选取较大数量的语料，并且本书的论述所依靠的这些语料都是选自有代表性的汉语初级口语课本，是汉语教材编写实践中所真实存在的语言材料。

　　本书主要采取定性研究的方法。采取这种研究方法的原因是由研究对象的特性所决定的。本书主要探讨会话课文语篇结构的特点和有关的教材编写规律，因此，对于语言现象的分析，并不采取定量的方法进行分布方面的统计，而是着重分析其特性和规律，所以采取了定性的分析方法。有学者提出，"会话分析作为一种定性分析方法可以在一定程度上弥补第二语言习得领域偏重定量数据的缺陷。"（刘运同，2007：102）"会话分析的方法可以提供不同的新视角。特别是对破除第二语言习得领域中认为定量的方法更科学、更有用这样的观念会起到积极的作用。"（刘运同，2007：103）定性分析的研究方法在会话语篇的分析中是得到了学者们的肯定和认同的。

　　本书的定性研究是以分析从汉语初级口语教材课文中选取的实际例证为基础的，这也是会话分析所通常采用的"事例分析法"。"我们的描写和分析是一种所谓的事例分析方法（method of instance），只需要满足'个体充分性'（unique adequacy）即可（Garfinkel & Sacks，1970）。事例分析方法认为（Psathas，1995：50）一个事例就足以吸引研究者的注意力和研究兴趣。事例本身就是一个事件，我们可以通过审视其特征和结构来发掘它的组织特征。这个事例是否会再次发生对于研究该事件的这种结构和产生机制来说是没有意义的。"（于国栋，2008：46）毕竟有发生的情况出现，即不能否认其存在，即使是偶然发生的事例，背后也有其必然的规律，也就有研究的价值。

对于语篇分析的这种研究方法，有学者称之为"实证法"并论述了其客观性和科学性。"我们采用的是实证法，力求通过大量例证的分析，得出客观的结论。我们认为，只有通过实例分析，得出的结论才有可能具有科学性和可靠性。需要强调的是，我们所说的实例，指的是真实的语料。所谓真实，就是说它们不是本书作者或其他人任凭主观编织而成的内省语料，而是实际使用的口头语料或书面语料。"（朱永生等，2001：11-12）本书也是基于类似的认识，才采用了这种研究方法。

就其本质而言，会话分析所采用的方法和视角还是对语言现象从内部进行的研究，着眼点还是语言现象本身，只是与传统的分析语言句子内部的形式结构有所不同。对于会话分析研究方法的这种特点，也有研究者论及："会话分析的研究方法在一定程度上与 Kenneth Pike（1967）所提出的微观描述法（emic description）非常相似，因为会话分析研究者利用自己作为某个特定文化成员的背景知识来从系统内部研究言语交际，而不是利用现有的其他学科知识从交际过程的外部来探讨。"（于国栋，2008：40-41）可以看出，会话分析就是对语言本身的研究。有学者甚至提出，会话分析是一种"结构主义"的研究。"会话分析方法对互动的看法是一个结构主义的观点，比如 Schegloff 和 Sacks（1973）提出的邻近应对（adjacency pair）的概念，以及 Sacks，Schegloff 和 Jefferson（1974）提出的话轮转换（turn-taking）的概念，都是从会话的组织结构着眼的。"（王彦，2007：9）但是需要注意的是，这里所言及的"结构主义"并非是"结构主义学派"的研究，当然也显示出会话分析与结构主义观点的某种关联，但是这种相似是表面上的，因为 Halliday 和 Hasan 曾经言及语篇分析与结构主义学派的根本不同。

本书的研究不涉及对教材教学效果的评价。教材编写印行的主要目的是在实际教学中使用，因此，教材必然要受到教学实践的检验，教学的效果也是检验教材最有效、最重要的标准之一，但由于本书主要是对会话课文的书面文本进行分析，从已有的编写成果分析教材编写过程中语篇结构方面的处理问题，为把研究对象集中在一定的范围之内，从教学效果的角度进行的研究，暂不列入本书的论题范围。

　　之所以这样做，并非因为作者认为教学效果在教材编写的研究中不重要，而是因为对教材教学效果的评价是个十分复杂的问题，除了教材本身的编写水平会直接影响到教学效果以外，在教材使用的过程中还有诸多教材以外的其他因素（如教学模式、教学条件、教学者和学习者的个体情况等），也都会影响到教学的效果。❶教学效果是教材编写时应该重点加以考虑的，并且对教材的编写过程也会有重要的影响，但由于要涉及课堂教学中的很多可变因素，所以，教材教学效果的评估是一个复杂而艰巨的课题。由于本书作者能力有限，所以对教材使用效果对口语教材会话课文编写影响的研究，就未列到本书的研究范围之内。

　　本书的研究并没有脱离汉语教学的实践，因为教材编写工作本身就是汉语教学全过程的一个重要环节，也需要以汉语课堂教学的实践经验为基础。可以说，教材是汉语教学实践经验的集中体现，教材的编写也是汉语教学实践的一个重要环节。本书的研究正是建立在从汉语口语教材中选取真实语料的基础上，而这些教材正是编写者在积累了丰富的实际教学经验的基础上才编写出来的。实际上，无论是教材的编写还是对于教材的分析和评估，都不能脱离汉语教学实践经验而凭空进行。

1.3.2　语料选取

　　在汉语教学日益发展、教学对象日益多元化的今天，汉语教材的种类也日益丰富多样。本书无力对论题涉及的所有的汉语初级口语教材进行研究，只能选取最具有代表性的教材进行研究。因而，本书的研究对象定位为："在高校使用的、面向成人学习者、大多在目的语环境下进行教学（也包括

---

　　❶自然科学中通行的实验的研究方式是否适用于社会科学研究领域，也受到了学者们的质疑。"实验手段往往被认为是最科学的，但是对于社会科学研究来讲，影响我们研究的变量和因素有很多，研究者很难做到科学地把握自变量和因变量之间的关系，因而很难得到'科学'的语料；更糟糕的是，有的研究者为了得到与其研究假设一致的数据会操纵语料和研究结果，所以实验手段获得的语料难以是完美的。"（于国栋，2008：18）所以，一味地标榜研究方法的科学性和实证性是没有意义的，如果方法不适当，反而会扭曲研究的结论，甚至会使研究者为获取所谓"科学的"研究语料和研究结论而造假，研究者也不再可以称其为"研究者"，而沦为了造假者。

部分面向海外汉语教学）的汉语初级口语教材。"

本书主要分析汉语初级口语教材的会话课文，从语篇结构的视角把会话课文作为分析研究的样本。在口语教材其他的部分（如：练习等）中，有时也会出现会话体形式的语篇，但本书以口语教材的会话课文为研究对象，主要是因为会话课文在口语教学中居于重要的主导地位。因此，本书的分析样本只从会话课文中采集。

本书主要选取近期编写出版的汉语初级口语教材，以其中的会话课文作为分析的对象。虽然许多综合课教材的课文也以会话体形式出现，在听力教材中也存在会话体的听力课文，但是，由于这些课文的主要编写目的不是为培养口语交际技能，其形态和语言使用上与真正的口语教材的课文还是有些差别，所以本书只选定汉语口语教材作为语料来源的范围，从中采集分析样本。

对这些汉语初级口语教材会话课文中语料的选取，本书也没有采用其他语言研究领域通行的随机抽样的语料选取方式。这是由本书所采用的会话分析的研究方法所决定的，"会话分析把能够得到的语料作为研究对象的做法，与社会科学通常使用的通过随机抽样来获取样本作为研究对象的做法尽管是矛盾的，但Sacks认为，社会形式或社会组织的特征体现在交际的任何方面，这样我们不论是把什么材料作为对象来研究，都同样可以揭示其背后的社会形式或社会组织，所以使用手边可以得到的材料而不采用抽样来获得研究对象的做法没有什么不妥。再说，研究的信度并不取决于其语料的来源；相反，研究的质量才是决定其信度的关键因素。会话分析研究是一种描述性的研究而不是规定性的研究。"（于国栋，2008：19）本书所采集的作为分析样本的语料，既然都是真实地存在于汉语初级口语教材之中的，就有其研究价值，就有其作为会话语篇某个方面特性的典型性和代表性。

由于条件的限制，本书选取的教材以纸介质教材中的书面材料为限，语料的选取没有涉及音像教材、多媒体教材和网络教材等其他介质形式的教学材料。这些介质形式的教材也很重要，并且与纸介质教材特点不同，如将来有条件应予以关注。

本书主要研究的是口语教材会话课文里的语篇问题，因此就以教材的课文作为语料来源采集分析样本。当然,语料搜集的数量越多越好,但是可以作为语料来源的初级汉语口语教材太多,以作者之力难以全部搜集到。考虑到条件的限制以及本文的研究特点,本书语料的采集不是在全部教材的范围之内进行穷尽式的采集,而是只选择有代表性的教材,在此范围之内采集有代表性的分析样本。

对语料来源代表性的确定,本书作者从以下几个方面进行考虑:教材的编写质量、教材的影响力(使用的广泛性、出版再版的情况、受到好评的情况)、不同教学领域的代表(不同的课程设置、不同的教学法基础)等。

本书选取教材考虑到了多方面的因素,力争有较大的覆盖面和代表性。所选取的教材依教学模式分类有:主干课 + 操练课模式(如《汉语口语教程(一年级)》)、分技能设课模式的教材(如《初级汉语口语》〈上、下册〉);依课程设置分类有:本科系列(如《汉语口语教程(一年级)》)、长期班(如《初级汉语口语》〈上、下册〉)、短期班教材(如《说汉语》〈上、下册〉);依教学对象分类有:普通高校学习者、外交商务人员教材(如《交际汉语40课》、《基础商务汉语:会话与应用》〈上册〉);依教学内容分类有:普通口语、外贸商务口语教材(如《商用汉语会话》);依教材的教学法基础分类有:结构 + 功能法(如《汉语会话301句》)、情景法(如《汉语情景会话》)、功能法或交际法(如《汉语交际》)、任务式教学法(如《汉语口语速成〈入门篇、基础篇〉》),等等。

由于资料条件的限制,境外的汉语口语教材付之阙如。今后条件允许的话,对境外的汉语口语教材应该多加关注。

本书的语料采自汉语初级口语教材,尽管这并非是通过田野调查所获得的语料,但对于汉语教学的教材研究而言也是第一手的研究材料。对于研究材料是否都要通过田野调查来获取,有学者就提出了不同的看法:"社会科学领域的许多研究者都比较倾向于使用采访来获得研究的语料,然而这样的做法并不能保证被采访者在采访过程中在语言表现与其日常言语行为之间的一致性,也不能保证研究者的出现和交流方式会在多大程度上影响被采访者的表达方式和表达内容。也就是说,我们不能保证通过采访所获语料的真实性和可信度。"(于国栋,2008:18)本书作者尽量采用具有典型性、代表性的汉语初级口语教材之中的语料，可是对于典型性和代表性的认定带有一定的主观性，但本书作者可以确保的是这些语料的真实性和可信度。它们是本书作者通读了这些作为语料选取来源的教材之后才采选而成的，至少它们是真实存在于汉语初级口语教材中，是原形态复制的，没有进行过任何加工。

对于语料代表性的重视方是会话分析的研究在语料选取方面的特点和首要的要求。"在我们收录了足够多的语料后，我们要从其中选出能够代表我们所研究的题目/情景/现象的具体材料。记住，我们在这里的选择并不是统计学意义上的随机抽样（random sampling），因为在会话分析研究中，我们没有必要也不可能那么做，重要的是我们选择的材料能够在最大限度上代表我们的研究题目/情景/现象就可以了，也就是说我们选择的语料要具有代表性（representativeness）。"（于国栋，2008：43）随机抽样在语言学研究中并非不适用和不重要，而是在会话分析的研究中没有必要采取这样的研究方法，其他研究方法就足以达成会话分析的研究目标。

1.4 相关概念的界定

1.4.1 汉语教学

其实"对外汉语教学"这一学科名称本身就有很大的局限性，其命名的立足点主要是着眼于在中国国内进行的针对外国人的汉语教学。可是，实际上"对外汉语教学"只是世界汉语教学总体格局之中的一个比较大的部分。汉语教学还应当包括：国内的对少数民族地区学习者的汉语教学，以及在海外进行的汉语教学和汉语国际教育。这些不同种类的汉语教学，既有共同点，即都是把汉语作为第二语言进行教学；又有不同点，教学对象和教学环境等许多方面都有所不同。过去是以涵盖面不足的"对外汉语教学"来指称范围超于其内涵的对象，另外以"世界汉语教学"来指称在海外进行的汉语教学作为补充，但是两种概念之间又有一些交叉，在有些情况下后者似乎又涵盖了前者，造成两者之间的指称领域不清。实际上，汉语教学的总体格局在最近一段时间发生了很大的变化，无论是海外还是国内，汉语教学的开展都发生了很大的变化，因此，重新厘定学科核心概念还是很有必要的。

汉语教学在国内的开展，面临着规模迅速扩大与教学观念陈旧相冲突的问题。教学规模的迅速扩大，要求汉语教学在教学观念、教学模式和教学手段等方面加快转变，以适应教学发展的需要。目前国内的汉语教学要较多依赖目的语环境来解决学习者交际能力提高的问题，课堂教学对交际能力的培养重视得不够，把学习者交际能力的培养推给了社会和依靠目的语环境来解决问题，这实际上是汉语教学的失职，因为交际能力的培养是需要引导和指导的。只依靠目的语语言环境和学习者自己自发的努力，学习者交际能力的提高将缺乏效率，也容易处于无序和低水平徘徊的状态。第二语言交际能力的培养要在一个广泛的面上取得教学的效果，是不能仅依靠学习者自身的努力自发、自动地就能够完成的。汉语教学和研究要承担起应负的责任，在教学规模迅速扩大的形势下更要注意完成提高教学效率、保证教学质量的责任。

汉语教学既要解决国内教学观念转变的问题，更要面向海外汉语教学的发展，在不完全依赖目的语环境和无法依靠目的语环境的情况下，扩大教学和研究的视野，注重教学实用性和交际能力的培养，提高教学的效率和质量，适应国内汉语教学的发展和海外汉语教学的环境。因此，对外汉语教学和海外汉语教学，不应当是分离的，两者之间有着紧密的联系，应当合二为一，这是因为所面对的问题和挑战是共同的，观念的转变也应当是同步进行的，所以，应当统一称为"汉语教学"。教学发展和观念转变，不仅要面向海外，同样要关注国内，两者之间只有教学环境的差异，而许多实质性的问题本质上是相同的，只是"汉语教学"这一大的学科之下的细分。名称的变化甚为重要，实质上也意味着教学观念的变化。

汉语教学应当整合而不是分化国内的"汉教"（"对外汉语教学"）和海外的"汉推"（"汉语国际推广"）两种工作、两种力量。从排他性的汉语教学观念，走向包容性的汉语教学观念。这样才能够适应全球第二语言教学发展和汉语教学发展的新趋势。

严格地说，"汉语教学"只是一种简称，它的全称是："汉语作为第二语言教学"。采用这样一种包容性更大的学科名称，可以在不失学科特性的情况下，使学科的覆盖面更广，可以包含境内和域外的各个方面、各个层次的汉语教学（既包括境外高层次的、学校的汉语教学和面向社会的汉语推广，也包括境内的对外国人的汉语教学和对少数民族的汉语教学以及境内境外的双语教学等），有助于拓宽教学领域和研究视野，促进各个方面汉语教学的交流和发展。

1.4.2　汉语教材

与对"汉语教学"这一重要概念的认识的发展变化相一致，本书的研究对象也力求面向所有的汉语教材，而非只是"对外汉语教材"。这样做也是为了力求适应教学观念的转变和教学发展的需要，扩大对汉语教材的研究视野。

扩大对汉语教材的研究视野非常重要。因为目前的许多所谓面向海外汉语教学的教材，编写思路和内容仍然沿用国内对外汉语教材的，编写出的教材并不适应海外汉语教学的需求。面对日益细分的汉语教学市场对汉语教材的需求，汉语教材的研究也应当跟上教学需求发展的需要，注重研究各种不同类型汉语教学的特点以及对汉语教材的特殊需求，以便使教材编写的针对性、适应性得到提高。强调培养交际能力，使教材适应海外缺乏目的语环境依托的条件，就是教材编写观念适应教学观念整体转变的一个组成部分，也是教材编写创新和适应新的需求的开拓和生存之路。

1.4.3　口语

本研究课题涉及的"口语教材"，是分技能教学模式和教材编写模式之下的一种教材分类方式所形成的概念和编写的结果。在这里，口语教材中的"口语"一词，已经说明了语体范围和语体特点。而本书研究中所涉及的口语概念，是语言教学中的口语概念，与通常意义上所理解的日常口语的概念有所不同。

语言研究的学者们对口语从不同的角度进行了研究，由于理论观念和研究学派的不同，所得出的结论也是各种各样的。"持口语言语观的学者居多，他们将口语定义为'日常生活的非正式场合所用的言语方式'，是'多种领域的日常口头交际的一种言语形式'。在功能修辞学家看来，口语更应是实现语体风格的言语形式。"（李建国、顾颖，2002：540）这种从言语的角度对"口语"这一概念的定义，对作为实际应用学科的汉语教学来说，也许更有实践意义和应用价值。

汉语教学界也已经对汉语教学所涉及的口语，进行了许多研究和辨析。"我们认为对外汉语教学的口语课应该始终把握言文一致的原则，口语的发展应该接受书面语的引导，口语语言也应该定位在具有中等以上文化程度的北京人在正式或非正式场合使用的口头语言上，而不应是简单的大白话。"（王若江，1999：40）"'口头语''口语''汉语口头交际语言'应该是三个不同的概念，在留学生汉语口头言语交际能力的训练中，我们提供给学生的主要的语言材料不能只是'口头语'和严格意义上的'口语'，而应该是口语与书面语交叉的中态部分，即'汉语口头交际语言'。明确了这一点，对教材编写者和教师来说，就明确了对留学生进行一般口头言语交际能力训练时的取材范围。"（戴悉心，2001：21）"过去，在对外汉语教学中，我们对何谓口语有一种根深蒂固的误解：所谓口语就是人们在日常生活的口头交际中使用的言语；其特点在语体上。于是，汉语课教授的主要是书面语，口语课教授的主要是口头语，包括大量俚语、俗语。在教材编写时，在初级阶段就出现大量超出留学生语言能力的特定表达方式、句式，既不适合留学生的现实交际需要，其中的'言外之意'又是这一水平的留学生所难以领会的。"（祖人植，2000）这些论述都有助于明确本文所论述的"口语"的概念。

在编写口语教材时，应当依照哪种"口语"概念选择可以编进教材课文的口语，是一个至关重要的基本问题。有学者认为，"在编写口语教材时，我们可以考虑编写不同年龄、不同性别、不同职业和不同社会地位的人的口语材料。他们说什么，我们就写什么，他们怎么说，我们就怎么编。这样可以使外国人有针对性地、恰当地和中国人进行交谈。当然也要适当的加工，如语病、过于粗鲁的话要剔除，但口语毕竟是口语，既不同于书面语，也不是文学作品，用不着过多地加工。所以只要是在人们之间使用的口头语言，我们就可以如实地把它编写进去。"（马欣华，1987：147）但是，我们认为，口语教材的课文是需要精心编写的，是需要对自然语言进行认真的选择和加工以后，才能够编进口语教材的课文，特别是初级阶段的口语教材。

本书所提出的"口语"概念与日常口语的概念有所不同，并非是要割裂两者之间的关系。尽管汉语初级口语教材会话课文中的口语并非是日常自然的谈话，但是是以自然的谈话为基础的，两者之间有着密切的关系。

文字文本的教学材料，固然是根本的，但在口语教材中，更为根本的是实际的口语交际。当然，实际的口语交际，是否能够直接运用到对外汉语教学之中，还有疑问，但是，教学及教材编写皆源之于此，教材的编写者和使用者，都离不开它。"我们不这么说"的语感，也是源之于此。没有实际的口语交际作为基础，口语教学和教材编写就都谈不上了。但是在把口语交际转换成口语教材的文字时，是要经过"提炼"，还是原样实录，是一个值得重视的问题。本书的研究也要对此进行一些探讨。

教材课文的编写，并不等同于口语谈话的书面纪录，而是为教学的需要而编写的，但依据的又是实际的汉语口语谈话。出现在自然口语交谈中一些常见的现象（如附属话轮、反馈信号、重复等话语现象），通常并不会编进会话课文中，因为不便于让学习者去模仿操练。汉语口语教材的编写者应注意在其他一些方面尽量体现汉语口语的特点，但在上述的这样一些方面只能"敬谢不敏"，这也许是造成汉语口语教材会话课文"不真实"的印象的部分原因。口语教材课文中的口语与实际交际有所不同，究其根本是教学的要求所造成的，在初级口语教材中尤其如此。其实，在任何书面文本中，都无法完全复制交际的所有方面。甚至就连录音、录像也无法记录交际的所有方面。所以，苛求口语教材是完全没有必要的。

教材中的口语交谈的方式也不一定都仅限于面对面交谈，可以在课文里安排一些电话交谈，但是绝大部分的课文会话还应该是面对面的交谈。在目前阶段，人机对话还没有充分发展和进入实际应用阶段，网上聊天等以新技术为依托的交际方式，还是近人际书面交际的形态。当然，这些交际方式还都不足以比拟和替代人际交谈的交际方式，后者仍然是人际交际的最主要的方式，因此口语教材中的交谈至少在目前仍然全部都是人际的口语交谈。

尽管汉语初级口语教材会话课文是教材编写者自己编写的，并非自然会话的记录，但不会脱离自然会话。尽管种种原因会使目前所编写的会话课文有一些问题，但一般是合乎于汉语会话的实际交际的，因为有编写者的语感来进行"监控"。至少中国国内编写者是母语使用者，不会发生学习者所出现的那样的偏误现象。所以，汉语口语教材编写研究不必把注意力放在偏离汉语自然口语方面，其更为重要的任务是，如何使编写出的会话课文能够更好地为汉语学习和教学服务。

1.4.4 会话

会话之所以能够成为研究对象，是因为它是一种有规律发生的社会现象和语言现象，这与通常人们认为的会话是杂乱无章的认识不同，会话分析也由此开启了自己的研究领域。"Schegloff 和 Sacks（1973：290）认为他们研究的素材所体现的有序性是在交际参与者之间自然产生的，这样的有序性是为了交际的顺利进行而出现的，决不是为了研究者开展研究而贡献的；会话分析的研究目的就是要明确说明交际者创造有序性的方式和方法。"（于国栋，2008：3）会话之所以具有有序性，是与其本身与其他社会现象具有共性的特点有关。"会话分析的基本假设就是社会行为的方方面面都会表现出具有组织性的模式，而且这些模式具有稳定、能重复出现的结构特征。言谈应对作为一种社会行为同样也具有这类特征；这些结构特征与其他任何社会规约一样，独立于交际者的心理以及其他因素，不以交际者的意志为转移。"（于国栋，2008：26）所以，会话作为一种有其规律性的现象，是可以进行分析研究的。而且会话的这种规律是结构性的："语言的系统可以看作一种可进行语义选择的网络，当有关系统的每个步骤——实现后，便可以产生结构。"（张德禄等，2005：44）会话中的这种结构性实际上是由语言系统本身的特性所决定的。

本研究只选取口语教材中的"会话课文"进行研究。在口语教材中，课文有多种口语语体形式，并不全都能够以对话体来概括。练习也有多种形式，涉及不同的语体表达能力的培养，例如，成段复述的表达，就不是对话能力的培养。[口语表达范围也比较广，其中对话（交谈）能力只是一个方面。] 对话体是从语体的角度进行的论述。"会话"是从课文形态的角度进行的论述。会话既不是叙述性的独白语篇，其所具有的非正式性也与讨论、辩论等正式的、有目的的交谈不同，从而区别于独白、演讲、讨论和辩论等。

可以说"会话"是话语的一部分，但是两者不能等同。"话语是指语义连贯的句列。它可以是独白或对话，也可以是众人交谈；可以是口头表达，也可以是书面文章；可以是寥寥数语，也可以是鸿篇巨制。"（杨石泉，1984）可见，话语的范围更为广泛。

本书所研究的"会话"是人际口语交际之中的会话，并不包括还不甚成熟的"人机对话"中的对话形式，以及在互联网上的通过书写进行的交谈。这不仅是因为这些"对话""交谈"都是对口语交际之中的会话的模仿，而且也是因其受限于交际工具的特性而带有与真正的口语自然会话不同的一些特点。由于作为本书研究对象的"会话"并不指涉及其他的领域，因此对此概念的含义范围无需特别加以说明。

会话是语言学和语言教学研究的术语，通常日常用语使用的多是"对话"这一概念，但对话这一概念也使用在其他一些特殊的领域，例如，外交谈判（"外交对话"）、戏剧创作和表演（"舞台对话"、"对白"）等。本书使用"会话"这一术语，既与语言学和语言教学研究的传统保持一致，也避免使用其他术语带来含义不清的问题。

对自然口语交谈中对话的研究，可以涉及的研究课题也是非常广泛的，但实际上具体进行的研究通常也都是有一定的范围的，因此本书对口语教材中会话的研究，也是圈定了一定的范围，本书把研究对象限定在汉语初级口语教材中的会话课文，而且只是研究体现在教材课文中的会话语篇的结构。

1.4.5 语篇

语篇概念的提出，实际上反映的是语言研究观念的重大转变。韩礼德和哈桑提出："语篇应该被视为一个语义单位，它表达的是意义而非形式。因此，它和小句或者句子之间并不是大小关系，而是体现关系，即一种符号系统在另一种符号系统中的体现。语篇不是由句子组成，而是体现为句子。如果我们从这个角度来理解的话，就不会用分析句子或小句结构的方法来在语篇中寻找各个部分之间结构的整合。语篇的统一性属于另一个种类的统一性。"(Halliday & Hasan，2007：1）他们在这里突出强调了语篇研究与语法分析的不同，也是突出强调了语篇研究的系统性与句法研究的分析性的不同，以及对语言研究的认识的根本改变。他们还特别强调："语篇概念的建立是为了用一种颇不同的方式来解释话语中的关系，但却并不意味着句子之上还有什么结构单位。"(Halliday & Hasan，2007：8）这里说得再明白不过了，他们反复强调语篇分析与句法研究之间差别的意图，就是尽力避免人们难以摆脱旧的观念，仍然从语法单位的视角看待语篇和对语篇的研究，而不能理解其间语言观和语言研究观的重大转变。有学者概括他们对语篇的观点："Halliday 和 Hasan（1976）认为语篇是指任何长度的、语义上完整的口头或书面的段落。语篇是一个语义单位，而不是一个大于句子的语法单位。他们认为语篇具有语篇结构、语言结果和语篇组织。"（赵雪，2006：12）语篇是语言中的重要现象，也是语言研究中的重要概念，对其的深入认识至关重要。

中国学者提出的语篇定义是："语篇指任何不完全受句子语法约束的在一定语境下表示完整语义的自然语言……目的是为了通过语言这个媒介实现具体的交际任务或完成一定行为。"（胡壮麟，1994：1）本书所论及的语篇实际上是引文提及的自然语言中语篇的一种特殊体现形式。

与"语篇"这一概念相关的近似概念还有，"话语"(discourse）和"篇章"(text)。对这些不同的术语学者们有不同的认识："Coulthard（1985）等学者认为语篇指书面语言，话语指口头语言。Steiner 和 Veltmen（1988）把话语解释为'作为过程的语言'，认为话语是动态的；篇章是'以词语编码的，并以言语、书面语或符号传递的语言活动的产物'，是静态的。"（赵雪，2006：12）有学者以"语篇"的概念来统辖"话语"和"篇章"的概念，❶并且这样认为："我倾向于以'语篇'统称两者。在使用场合确有所指

---

❶ 如胡壮麟在其编著的《语篇的衔接与连贯》中就采用了广义的语篇概念，把"话语"和"篇章"都包括在语篇之内。

的情况下才分说'话语'或'篇章'。"（胡壮麟，1994：3）本书也比较认同对于语篇的这样一种认识。

对于语篇这一概念，有学者认为，"它是语言单位没有问题，要准确地说它是一个交际系统。因为语篇要适应人交际的需要，比如要与人交谈，要演讲，要写论文，要创作小说等，是要完成一个较复杂的交际任务而做出的一个交际作品，这个作品可以是口头的，也可以是文字形式的。"（杨自俭，2003：Ⅷ）至于语篇形式的大小，"我想可以说，用一个词或一个句子完成一项简单交际任务的叫做一个交际单位，但还不是一个语篇，而语篇应是由两个以上的交际单位构成的一个较复杂的交际系统。"（杨自俭，2003：Ⅷ）由此可以看出，语篇是一种带有系统性和复杂性的语言作品，在构成形态上有其特点。

至于语篇形式的多样性，也是不难达成共识的。韩礼德和哈桑就论及，"语篇的形式多种多样，可以是口头的或书面的、散文或诗歌、对话或独白。从一句谚语到整部戏剧、从瞬间的一句求救到会议上一整天的讨论，无不属于语篇的范围。"（Halliday & Hasan，2007：1）而且，我们还可以由此体会到语篇的范围之广。

至于语篇的重要性，有学者这样认为，"在语言的社会交际中，作为一个符号系统，语言的基本单位是语篇。"（张德禄等，2005：49）这是从社会交际的角度对语篇重要地位的认识。

本书采用"语篇"的概念进行研究，也是与研究对象的特性有关。口语教材中的会话语篇具有特殊性，虽然是以书面的形态出现，但并不是实际发生的口语交际的直接转写，而是教材编写者根据自己的言语交际经验、适应教学的需要而设计编写出来的，因此不等同于口语会话交际的书面纪录。应该说，口语教材中的会话语篇，兼具口语和书面的特点，或者说，是带有跨类特点的一种特殊的语言现象。

本书研究的对象是初级口语教材中的课文部分，这些课文主要由会话形式构成，是口语语篇中的一种形式。从体裁分类的角度考虑，本书的研究对象应当命名为"会话体语篇"❶。但是本论文所论及的"语篇"有其独特之处：是为了教学的需要特别撰写的、反映汉语口语交际的实际，但又落实于书面的语篇。在体裁形态上，具有口语与书面交叉的特点，可以说这是一种写在书面上的口语。因此，本书把研究对象命名为比较简明的"会话语篇"也是为了区别于通常意义上的会话体语篇，因为会话体语篇包括的范围比较广泛，还可以包括对话体的小说和哲学论著、话剧剧本、电影台词脚本等，本书的研究对象显然与这些种类的会话体语篇有明显的不同。

本书的研究侧重语篇的构成形态，而这种构成形态的呈现是通过书面的形态表现出来的，必然要受到书面书写的限制，同时又带有书面纪录的一些特点。把研究对象命名为"会话语篇"，就是着眼于教材中的会话课文语篇的特殊性和本文特殊的研究方向，因而没有采用着眼于语体形态的"会话体语篇"的概念。

1.4.6 初级

对于"初级"的定位出现了一些复杂的情况，这是因为对语言水平的衡量有不同的标准。"初级"本应定位为学习者的语言水平，而目前比较权威的汉语水平评定标准，就是"汉语水平考试（HSK）"。但汉语水平考试中所确定的"初等"汉语水平，与汉语教学中通常所说的"初级"又有所不同。

汉语水平考试在"初等"之外，还设置了"汉语水平考试"（基础）等级的考试。该考试把语言水平定位为"接受过100~800学时现代汉语正规教育，掌握400~3000汉语常用词（甲、乙级常用词）和与之相应的语法项目（甲、乙级语法项目）"，并且在"基础"等级的内部又细分为A、B、C三级。语言水平测试的等级确定与教学有关联，但更多地是独立于汉语的语言教学。

汉语教学通常是以初、中、高三级来划分水平等级。初级阶段包括入门

---

❶采用"会话"这一术语而非"会话体"，也是因为会话体只是一种文体分类，而会话实际所包含的内涵和内容更丰富。虽然口语教材课文是已定型的书面语篇，但这个课文不是用来阅读的，而是用来教学的，也就是说，它最终是要呈现为课堂教学材料的形式的，并因此而与目的语口语表达中的自然会话发生着某种关联。

（基础）阶段，但并不等同于入门阶段。这样，汉语水平的定位就出现了复杂的情况。本书还是依照汉语教学的通常惯例，把教材的水平定位视为初级。因为教材的编写要着眼于教学，因此要考虑教学中的使用而确定教材内容的语言水平。

而且汉语语言水平测试进行水平定级时，只注重词汇、语法等语言结构因素，并不能真正衡量学习者的语言水平，特别是交际能力的水平。有学者就提出，"1988年中国对外汉语教学学会公布了我国第一部《汉语水平等级标准和等级大纲（试行）》；1995年国家汉办组织修订出版了《汉语水平等级标准与语法大纲》。这个标准的发布在规范对外汉语课堂教学、教材编写以及测试等方面起到了一定的作用。但是，这个标准仅仅是一个以语言要素为主要内容的标准，而且主要是语法大纲。虽然这个标准划分了'言语能力'等级，但语言能力等级的划分最终还是依托语言要素的等级划分。"（王建勤，2008：70）汉语水平等级的确定应当进一步关注到交际能力的培养，应当考虑到教学的实际情况。

初级阶段作为教学的基础阶段是非常重要的，因此要从一开始就培养交际能力，而非要等到高年级才进行，更非让学习者自学或推给社会。海外的汉语教学也不应当依赖将来到中国进修依靠目的语环境以提高交际能力这一条出路。交际能力的培养，是语言教学的根本性原则，而非是一种单一技能的训练。口语技能训练无此根本原则的指导，也会失去方向，成为语法教学的附庸。

在语言教学的开始阶段（初级阶段），不仅应当注重语言结构方面的偏误问题，也应当注意语言使用方面的偏误问题。因为这些问题同样重要，如果不及时纠正，也会出现语用方面的"化石化"的问题，到中高年级时再加以纠正，则难以达到较好的纠正效果。而且在初级阶段的使用偏误，同样会极大地妨碍交际的顺利进行，也是交际能力培养的不可忽视的重要课题。

语言教学的初级阶段的重要性显而易见，本书的研究定位于此，也是考虑到了这一点，更是期望能够有助于解决汉语教学研究中的重要课题。

第二章

会话课文语篇结构的基本单位和一些基本结构

本书所研究的语篇结构，并非是语法研究意义上的结构，而是语篇分析理论所言及的结构。两种"结构"的特点和含义都有所不同。"每个语篇都具有一定的结构。这种结构……是一种意义结构，而不是语法结构。"（张德禄、刘汝山，2003：49）也就是说，语篇的结构是从建立或表达意义的角度形成及分析出来的结构，而非语言的形式结构，尽管也会有形式方面的体现，但是从意义的角度确定是首要的，形式表现及其命名只是一种分析结果。●

语篇分析理论在对语篇进行分析的时候，建立了一些有关语篇结构方面的分析术语，以便可以比较方便地标明该理论的一些基础性的基本概念。这些基本概念所标明的，实际上就是语篇结构的基本单位和基本结构。

由于本书的研究对象是会话课文语篇的结构，因此在本章首先选择了一些具体呈现在会话课文语篇的有关基本概念。这些基本概念包括：话轮、话轮转换和相邻语对，也都是口头直接交流语类的语篇中重要的基本特征。这些基本概念，实质上是话语分析理论或会话分析理论建立的理论基础，是该理论新的语言研究观念和理论视角的具体体现，也可以说是进行理论研

● 语篇也是由层级单位组成的，而且这些层级单位有其构成模式，所有这些就组成了其结构。但是，对语篇的结构的认识以及对其结构的分析结果不同于对语法结构进行分析所建立的概念系统，而是另有适合其自身特点的结构概念系统。

究阐发和实际应用的重要基础，而且作为本书论题建立的基础也是有必要首先加以说明的，并且也需要研究这些概念在汉语初级口语教材会话课文中的具体表现。

由于本书的研究对象是汉语初级口语教材中的会话课文，与话语分析理论和会话分析理论通常所研究的自然口语会话有所不同，因此其在语篇结构方面与自然口语有相同之处，也有自身的特色，所以，有必要结合汉语初级口语教材会话课文中的实例，对这些基本概念及其特征进行探讨。

2.1 话轮和话轮转换

2.1.1 话轮

2.1.1.1 话轮的界定

话轮是口语交际互动话语最基本的单位。话轮是从话语结构的角度，对口语之中的交际互动话语进行分解，所得出的有关话语基本单位的结果。不同学者对话轮的定义基本上都差不多，例如，"笔者认为，话轮是指在会话过程中，说话者在任意时间内连续说的话语，其结尾以说话者和听话者的角色互换或各方的沉默等放弃话轮信号为标志。"（李悦娥、范宏雅，2002：22）。再如，"笔者认为，话轮是指会话过程中，说话者在任意时间内连续说出的一番话，其结尾以说话者和听话者的角色互换或各方面的沉默为标志。"（刘虹：2004，46）"Levinson（1983：295-296）认为'话轮是某一讲话人在一个典型的、有序的、有多人参加的会话中单独讲话的时间段'❶。"（于国栋，2008：59）这说明，由于"话轮"这一概念所指称的对象的特性简单明了，因而学者们比较容易取得一致的看法，达成了共识。至于话轮的实例，在汉语口语教材的会话课文中，则更是俯拾皆是。

---

❶ 原文为："A turn is a time during which a single participant speaks, with a typical, orderly arrangement in which participants speak with minimal overlap and gap between them."

例 2.1

A：您想买点儿什么？ T_1

B：你们有面包吗？ T_2

A：有。您要这种还是要那种？ T_3

B：我要这种。多少钱一个？ T_4

A：两块三毛钱一个。 T_5

B：我买两个，给你五块钱。 T_6

A：找您四毛。 T_7

在例 2.1 中，话轮符号[1]$T_1 \sim T_7$所标示的，就是这个会话语篇中的各个话轮，每一个符号标示着一个话轮，一般都是一个发话者一次发话连续所说的话语。

2.1.1.2　话轮的构成

构成话轮的组成部分，用语法结构单位来表示，可以是词语、单句，也可以是复句和句群。当然，如果单独的词语进入句子，可以成为独词句。但是独词句也还是完整的语句，而话轮中的一些由于被打断或重叠所形成的不完整语句中的词语，并非是独词句，但是又可以构成一个话轮。[2]这样的词语，已经不复是单纯的词语了，已经进入了语句，但是又不是完整的语句，作为话语的一个组成部分的单位，有其独立性和完整性，但是从语言结构形式上看，又不完整。[3]

---

[1] 会话语篇中话轮的表示符号，本书采用了比较简明清晰的标示方式，而没有采用通常话语分析研究在转写自然话语时所采用的转写符号。

[2] 对此，韩礼德和哈桑也提出了这样的认识："实际上，许多熟悉的语篇要小于语法结构上的一个句子。警告、名称、通告、碑铭及广告标语经常只由动词词组、名词词组、副词词组或介词词组组成……"（Halliday & Hasan，2007：266）

[3] 这里所体现出的完整性的错位或者说差异，实际上也就是语篇分析与语法分析对于语言单位的不同认识的体现。这个例证也从一个微小的方面说明了语篇分析对于语言研究的价值，其补充语法分析之不足之处，或者说其"别开生面"之处。"在语言运用的时候，相关的语言范畴不再是可在意义上进行整齐清晰地切分的类别。"（张德禄等，2005：248）所以，语篇分析实际上是推进了对于语言的认识和研究。

例2.2

（周六，杰夫碰见丽莎）

杰夫：丽莎，好久不见，去哪儿啊？　　　　　　　　　　　　　　T_1

丽莎：去书店看看，买点儿书。　　　　　　　　　　　　　　　　T_2

杰夫：买什么呀，想看什么书到图书馆去借多方便。　　　　　　　T_3

丽莎：新书哪儿能那么容易就借着？我最喜欢逛书店了，逛书店的感觉

可好了。　　　　　　　　　　　　　　　　　　　　　　　　　T_4

杰夫：我说，改天再去吧。　　　　　　　　　　　　　　　　　　T_5

丽莎：怎么？　　　　　　　　　　　　　　　　　　　　　　　　T_6

杰夫：你看今天天气这么好，还不如找几个朋友去划船呢。　　　　T_7

丽莎：这个……　　　　　　　　　　　　　　　　　　　　　　　T_8

　　　　　　　　　　　　　　　　　　　——戴桂芙等（1997：48）

在话轮 T_8 中，"丽莎"的话轮只是一个词语"这个……"，表示的是她对于"杰夫"的建议如何回应时的犹豫，形成了一个不完整的语句。话轮 T_8 在语言结构形式上是不完整的，但是就语篇分析的角度而言，作为一个话轮又是完整的。

话轮的构成成分，与语法结构单位，有重叠之处，也有不同之处。对话轮构成情况的认识，是在对语言形式和意义表达综合考察的基础上进行的。而且话轮作为会话过程中话语最基本的单位，其构成与话语的特性有关。有学者提出，"笔者认为，话轮只能由单句、复句或句群构成。在会话过程中，单独用词或短语构成的话轮已不属于静态语言系统中的单位。它们具有句调，在功能上表达一个完整的意思，所以从形式和功能两方面看，这些词和短语都是句子。"（刘虹：2004，47）实际上，单独的词语进入话语以后，就会发挥语句的功能，因而已经不能再视为是单纯的词语了。对话语结构单位的认识，与对语言结构单位的认识并不是一一对等的，也可以说是从不同

的研究视角所进行的观察。❶

有学者专门统计了汉语会话的话轮构成。"汉语会话的话轮有44.4%是由句群构成的，单句构成的话轮占54.4%，其中包括国外会话分析中所说的由词或短语构成的话轮，如果把这种非主谓句排除在外，由其他单句构成的话轮只占整个话轮总数39.8%。另外，结果显示，比较生疏的人之间的会话的话轮大多以单句构成，一般不会滔滔不绝，而熟人之间的会话的话轮由句群构成的较多。这是汉语日常会话的特点。"（刘虹：2004，52）可见，话轮的构成和使用，与会话交谈者之间的关系有关。而对于汉语交谈者之间关系的确定，也必然带有汉语交际的文化特性，反映着汉语母语使用者在交际时对人际关系的认知。

话轮不仅包括完整的语句，有些不完整的语句在特殊的情况下，也可以认为是话轮。实际上，在日常的口语交谈当中，有许多不完整的语句。在口语教材的会话课文中也有不少实例。

例2.3

珍　妮：您是李老师吗？　　　　　　　　　　　　　　　　　　　T_1

李老师：是。你是……?　　　　　　　　　　　　　　　　　　　T_2

珍　妮：我是法国大使馆二秘。我叫珍妮。我要学习汉语。

您教我好吗？　　　　　　　　　　　　　　　　　　　　　　T_3

……

——金乃逯等（1993：25）

"李老师"在话轮 T_2 中的问句不完整。因为他并不认识"珍妮"，所以对"珍妮"话轮 T_1 的问句里提到他本人感到疑惑，因而使得他在话轮 T_2 的表达，由于带有疑惑、辨认，出现了话语的迟疑，因而在没有形成完整语句之时，就被珍妮的话轮接替了，所以形成了不完整语句。

---

❶ 可以看出，话语分析与语言结构的研究，是两个特性不同的研究领域，但是要认识话语结构基本单位的特性，仍然需要借助于语言结构方面的一些概念。这也可以看出，语言研究之中进行创新与继承传统之间的某种必然联系。

例2.4

工　　人：这是格林先生家吗？　　　　　　　　　　　　　　　T_1

格林先生：是。你是……？　　　　　　　　　　　　　　　　T_2

工　　人：我是修理公司的。接到了你的电话，今天来帮助你安装空调器。

　　　　　　　　　　　　　　　　　　　　　　　　　　　T_3

……

——金乃逯等（1993：226）

　　这是与例2.3类似的例证，在话轮 T_2 中，"格林先生"对陌生人的突然来访感到疑惑，所以说出了不完整的问句。

例2.5

米　　勒：喂，李同先生吗？　　　　　　　　　　　　　　　T_1

李先生：我是。你是……？　　　　　　　　　　　　　　　　T_2

米　　勒：我是米勒。　　　　　　　　　　　　　　　　　　T_3

李先生：噢，你好，米勒先生。我正想给你打电话呢。很抱歉，昨天有急事没去参加晚会。　　　　　　　　　　　　　　　　T_4

……

——金乃逯等（1993：374）

　　这里出现不完整语句，是发生在电话交谈中。"李先生"的话轮 T_2 是不完整句，是在接电话时不知道对方是谁，而且对方已经提及了自己的姓名，因而产生的疑惑性询问。但是，"李先生"没有直接问对方是谁，而是留出了空白，给对方自我介绍的机会，让对方（"米勒"）主动填入这个空白，也给对方留出选择表达话语的余地。❶

---

　　❶ 这种汉语表达方式，实际上是一种比较礼貌的话语交谈应对表达方式，上面的几个例证（例2.3～例2.5）都说明了这一点，也体现出了这一表达方式在汉语中的具体运用形态，学习者可以照此模仿操练，以便在实际交际中理解和应用。

2.1.1.3 话轮概念的本质特点

话轮这一概念尽管类似于词语和语句，但是实际上它不是对语言现象进行分解而形成的概念，作为语篇分析或会话分析的最基本的概念与对语言现象进行解析的结构主义语言研究形成的句法分析中的概念是根本不同的，其最大的不同点就是：话轮的概念是从语言表达中话语不断动态发展的角度得出的概念，是话语表达的基本概念，但是并不与句法分析在语言形式方面形成的概念等同。"一句话语在执行它的施事行为（illocutionary act）的同时也在执行前面话语的取效行为（perlocutionary act）。但是每个言语行为不能孤立地看待，即每句话语不能作为单个的句子去理解，而应分析比句子更大的单位，这些单位被称为'活动的次序'（sequences of activity），构成这些次序的就是一个个话轮（Drew & Heritage，1992：18）。"（王彦，2007：98）可见，话轮不是孤立地看待语言现象而得出的概念，而是语言动态生成中不断发展而形成的概念。话轮不是孤立存在的，即使是单独话轮也与语境相联系，而且这种单独话轮是非常态的情况，大多数的话轮都是要不断地轮替和滚动发展，构成话语表达的序列次序。

2.1.2 话轮转换

2.1.2.1 话轮转换的界定及其构成系统

会话语篇实际上是由不断进行的话轮转换构成的。尽管有时在特殊的情况下，由于语境的作用，口语交际可以由单独的话轮构成。但在大多数情况下，如果要形成交际互动，必然会有不同的交谈者都发出话语，那么在这些不同交谈者的话轮之间就会形成话轮转换，从而构成了由话轮不断转换所组成的会话语篇。如果要形成交际互动的会话，话轮转换就是必须和必然存在的。有学者指出，"会话的一个特点是说话人的轮换（turn-taking），即参加会话的人在参加整个会话过程中轮流说话。这似乎是一个显而易见、毋庸多说的事实。但是如果再多想一想就会发现在这一极为普通的社会行为中存在一些令人吃惊的现象：在会话过程中很少会出现重叠的情况，也就是说很少会出现两个或更多的人同时开口讲话的情况。"（何兆熊主编，2000：308）这也说明话轮转换实际上存在着不为人们注意的一些内部机制。

如果要形成这种既不重叠又不中断的，在不同的发话者之间转换的会话交谈，就必然需要在话语内部有一种控制话语运行并使之能够顺利进行下去的机制。有了这样的一种机制，就可以保证话轮在不同的交谈者之间能够顺利地转换，从而形成会话交际的局面，而不会出现冷场或"一言堂"的情况。已经有许多学者在研究中揭示出了这一点。"会话之所以能够有序进行，一次只有一个人讲话，很少出现重叠和沉默，是因为在会话中存在一种控制话轮交接的机制，这个机制就是一套有序的选择规则系统，即一套控制说话权或分配说话权的规则系统。"（刘虹：2004，66；Sacks，Schegloff & Jefferson，1974）

话轮转换作为一个系统，实际上是由一些特殊的部分所组成的。有学者认为话轮转换系统包括三个组成部分。"萨克斯等人（1974：696-701）认为话轮转换系统对一切会话来说都存在，并且是一个基本的言语转换机制（speech-exchange system）。话轮转换系统包括话轮构造部分（turn-constructional component），话轮分配部分（turn-allocational component），以及话轮转换规则（turn-taking rules）。"（李悦娥、范宏雅，2002：22）只有当这些话轮转换系统的组成部分在会话运行时互相配合，才能够保障话轮转换的顺利进行。

也有学者提出了从两个方面进行研究（或者也是话轮转换系统主要包括两个方面的认识）的说法。"Sacks、Schegloff和Jefferson（1974）认为话轮转换机制的研究（turn-taking system）应该从两个方面着手进行：话轮构建成分（turn- construction component，缩称TCU）和话轮分配成分（turn-allocation component，缩称TAC）。"（于国栋，2008：59）本节所论及的主要是"话轮构建成分"，但是对话轮分配和话轮转换规则的研究也是十分重要的，所以话轮转换系统包括三个部分的认识更为全面一些。

2.1.2.2 话轮转换的各种复杂的情况

在实际的口语交际中，话轮的转换存在着各种复杂的情况。通常话轮的转换会有序地进行，但是也时常会因为各种意外而出现非有序性的话轮转换，因而形成了复杂的情况。

（1）有序性的话轮转换

在会话交谈中要形成有序性的话轮转换，最主要的是，交谈者要能够利用和服从在会话结构方面所显示出来的话轮转换的一些规则。

话轮转换中最为关键的，是话轮在一个会话语篇中进行转换的位置。对于交谈者来说，最为重要的也是掌握进行话轮转换在交谈中的位置，这样才能获得交谈中自己发话的机会，也才能使交际互动有效地进行下去。会话结构分析理论，对会话语篇中这样的话轮转换位置有专门的术语表达："转换关联位置"。"如果参与双方都有充分的计划性，那么都会认真提示话轮之间的转换关联，给对方提供接过话轮的机会，话对之间也有明显的转换关联位置（transition relevance place），很少出现重叠、打断、修正等。参与双方的计划特点、计划程度会相互影响。"（刘焕辉主编，2000：291）可见，转换关联位置对于成功的话语交际有着非常重要的作用。

转换关联位置在会话语篇的结构中有着显性的表现，使会话交谈者易于捕捉和把握。"对转换关联位置的判断要依赖话轮终止线索即放弃话轮信号。说话者在话轮结束时会采用言语和非言语手段，向听话者暗示自己的话已经说完，对方可按此线索接过话轮。"（刘虹，2004：69）可见，说话者结束话轮有两种线索标示手段：言语的和非言语的。❶"在会话过程中，说话的一方向听话的一方作出各种提示（cues）来表明'可能结束之处'是否出现。这种种提示包括句法方面的、语义方面的、语音方面的，也包括伴随语言和体动方面的。"（何兆熊主编，2000：312）提示线索是多方面的，对于语言学习者来说应当全面掌握。

汉语教学和教材编写应当首先关注言语手段的提示线索，即如何训练学习者掌握或理解汉语中通过言语手段显示的放弃话轮的信号。这一方面是因为语言教学的主要任务，就是帮助语言学习者掌握语言方面的表达手段；另一方面是因为，对于初学者来说，言语形式方面的表达手段是比较容易认识、理解和把握的。

1）放弃话轮的信号

在有些口语教材的会话课文中，很好地展示了汉语会话语篇中的放弃话

---

❶ 这两种"话轮终止线索"或者"话轮放弃信号"同时也是听话者可以接过话轮的线索（信号）。

轮信号。这种放弃话轮信号，通常最为明显的表现形成是当前的发话者指定下一个说话者。这种指定下一个说话者的情况，一般多出现在有多个交谈者进行交谈的场合。

①当前说话者主动选择下一个说话者

例2.6

A：明天你们有什么打算？	T_1
B：我想去买东西。	T_2
C：我要去飞机场接人。	T_3
A：玛丽，你呢？	T_4
D：我？	T_5
A：你想不想去公园玩儿？	T_6
D：不想去。我想在宿舍休息休息。	T_7
A：我也要去买东西。阿里，我们一起去，好吗？	T_8
B：好的。	T_9

——李德津、李更新（1999：147–148）

在例2.6中，发话者A两次指定下一个发话者。第一次，在话轮T_4中A是以直接点名（"玛丽"）并直接向说话者D提问的方式，指定D为下一个发话者。第二次，在话轮T_8中A先表明自己的打算与说话者B是一致的，然后，指定B为下一个发话者，话轮T_8是用建议式提问的方式来作出指定的。

在下文的例2.8中，也有发话者主动选择下一个说话者的情况。在例2.8的后半部分，"大伟"在话轮T_{12}又问"迈克"，"你想要相册，还是放大照片？"把冲洗胶卷小姐的问题转给了"迈克"来回答，也明确指定了下一个说话者。但是"迈克"在话轮T_{13}中没有提出自己在两种答案中的选择，不置可否。这样，"大伟"才在话轮T_{14}中真正回答了话轮T_{12}的问题。"迈克"最后也同意了"大伟"的选择结果，或者说他没有自己的想法，所以没有提出不同的意见。

这样来编写口语课文，也可以使所设计的会话语篇呈现出交叉问答的情况，避免了一问一答的单调枯燥，使课文可以变化多姿，但更为重要的是，可以在口语交际中，使课文中所学的内容有实际运用的学习价值。

②发话者并未主动选择下一个说话者

这种情况一般是发生在发话者没有明确指定下一个说话者，只是提供了话轮转换的关联位置。在这种情况下，由应答者自己主动作出选择，作为下一个说话者。

例2.7

（在课内）

王老师：同学们，你们知道商标和广告的重要吗？ T_1

杰　克：知道。商标代表商品的质量和信誉。 T_2

山　口：商标还是企业的财产和生命。 T_3

珍　妮：商标也是商品参加市场竞争的手段。 T_4

王老师：你们说的都对，可以举出一两个例子吗？ T_5

山　口：松下电器、奔驰汽车，可口可乐饮料，都是世界驰名的，这些商品的商标，就代表了很高的质量、信誉和很强的竞争力。 T_6

杰　克：我听说，可口可乐商标的价值达30亿美元，占可口可乐公司财产的四分之三。 T_7

珍　妮：人们购买商品时，常常先看商标，商标信誉越好，也就越容易赢得顾客。我买东西，就只冲着名牌货买。 T_8

……

——黄为之（1999：111-112）

"王老师"在话轮T_1中只是提出了问题，但是并没有指定下一个说话者，所以在话轮T_2、T_3和T_4中，"杰克"、"山口"和"珍妮"，分别自选作为下一个发话者。对于"王老师"话轮T_5中的下一个问题，他们也同样是自选作为下一个发话者，在话轮T_6、T_7和T_8中分别作出了回答。

例2.8

（大伟的朋友迈克是第一次来北京，觉得什么都很新鲜，所以照了不少照片。）

迈　克：大伟，里边还剩一张，咱俩照个合影吧？ T_1

大　伟：好。那边过来一个人，就请他帮帮忙吧。　　　　　　T_2

迈　克：（对过路人）您好！可以麻烦您给我们照张相吗？　　　T_3

过路人：好的。你们想怎么照？　　　　　　　　　　　　　　T_4

大　伟：照半身吧，最好能把学校的名字和后边的楼都照进去。　T_5

过路人：好。哟，这相机怎么用呀？　　　　　　　　　　　　T_6

迈　克：全自动的，按下快门就行了。　　　　　　　　　　　T_7

（照完相，大伟和迈克去冲洗胶卷儿。）

大　伟：我们想冲洗五个胶卷儿。　　　　　　　　　　　　　T_8

小　姐：好的。您下午四点以后就能来取。　　　　　　　　　T_9

大　伟：没有什么优惠吗？　　　　　　　　　　　　　　　　T_{10}

小　姐：冲洗五个胶卷儿，可以送您五本小相册，或者免费放大五张底片。

T_{11}

大　伟：你想要相册，还是放大照片？　　　　　　　　　　　T_{12}

迈　克：随便，怎么都行。　　　　　　　　　　　　　　　　T_{13}

大　伟：要相册吧。　　　　　　　　　　　　　　　　　　　T_{14}

迈　克：行。　　　　　　　　　　　　　　　　　　　　　　T_{15}

——戴悉心、王静（2001：72-73）

　　在这段会话课文的前半部分中，"过路人"在话轮T_4并非主动选择、指定了下一个答话者，要由交谈者（"大伟"、"迈克"）自己作出选择，成为下一个应答者，所以"大伟"在转换关联位置主动选择作为下一个说话者，取得了说出话轮T_5的话语权，回答了话轮T_4的问题。交谈者通常会根据发话者的提问与自己的关联性，作出成为下一个说话者的选择。

　　③在转换关联位置上出现的复杂情况

　　当然，例2.6中所出现的话轮转换的关联位置，是最为明显的一种。在有序性的话轮转换中，话轮转换关联位置也会有许多复杂的情况出现。

　　仅就当前说话者已经明确指定下一个发话者的情况而言，也会出现各种复杂的情况。"现在的说话者选择了下一个说话者后，入选的说话者不一定必须说话，可能由于某种原因（比如没想好措辞）没有接下去，而由现在的说话者继续说，或别的人插进来说。所以，话轮交接不一定出现在选定下一个说话者后的第一个转换关联位置。"（刘虹，2004：186）所以，转换关联位置在话轮转换的系统中，也会出现许多复杂的情况，造成下一个说话者的选择出现各种复杂的情况。

例2.9

（山田发现，这两个星期大伟上课的时候总是无精打采的，觉得很奇怪。）

山田：大伟，你最近怎么了？上课的时候好像没精神。　　　　　T₁

大伟：咳，别提了！自从我们来了新邻居，我晚上就没怎么睡好过。T₂

山田：怎么了？　　　　　　　　　　　　　　　　　　　　　T₃

约翰：我们的新邻居，总爱开晚会。又是唱歌又是跳舞，常常闹到夜里两三点。　　　　　　　　　　　　　　　　　　　　　　　　　T₄

大伟：约翰还好，他睡觉不怕吵。可我不行，他们一吵我就睡不着。真是没办法。　　　　　　　　　　　　　　　　　　　　　　　　　T₅

……

——戴悉心、王静（2001：108）

"山田"的问话T₃没有明确指定下一个说话者，"约翰"自己主动选择作为下一个说话者，以话轮T₄对情况进行了说明，回答了话轮T₃的问题。"大伟"在"约翰"之后，以话轮T₅又进一步补充说明。"约翰"的话轮T₄和"大伟"的话轮T₅，都是自己主动选择作为下一个说话者。也可以认为，"约翰"的话轮T₄，是他主动"插进来说"获得了发话权，主动回答了话轮T₃的问题。

2）保持或放弃话轮的表达手段

说话人不单应当具备放弃话轮的能力，也应当具有保持话轮的能力，以便能够充分表达出自己的交际意图和话语意义，并且能够防止在自己说话时被别人不适当地打断。会话结构分析的有关研究，已经对保持话轮的方式和手段进行了详细的分析。"如果说话人想越过一个'可能结束之处'而继续往下讲，他有几种技巧可以选用。最简单的是采用被Sacks称为'话语未结束语'（utterance incompletor）的一些词项，如 but，and，however 等从句或句子的连接词。……另一种技巧是用像 since，when 这样的'未完成标记'（incompletion marker）来向听话人表明在第一个可能的结束处出现之前至少还有两个分句……此外，在说话人一时没有考虑好说什么，但又不愿放弃说话轮次的情况下，他可以用所谓'搪塞语'（hesitation filler），如'er'、'Well'、'Um'、'You know'、'Let me see'等来为自己争取时间，保住说话的轮次。"（何兆熊主编，2000：311）尽管这是就英语会话而论的，但对于我们探寻汉语保持话轮的话语手段和话语标志也有一定的启示作用。对汉语话轮转换规律的探寻，是汉语研究者应当承担起来的任务。

在编写口语教材的会话课文时，保持说话者话语主动权的问题，在会话语篇的结构安排中也是十分重要的，应当受到教材编写者的关注。

例2.10

B：喂，阿里吗？　　　　　　　　　　　　　　　　　　T_1

C：对。　　　　　　　　　　　　　　　　　　　　　　T_2

B：玛丽在北京，你知道吗？　　　　　　　　　　　　　T_3

C：是吗？她在哪儿？　　　　　　　　　　　　　　　　T_4

B：在北京大学教英文。　　　　　　　　　　　　　　　T_5

C：星期天去她那儿玩儿，好吗？　　　　　　　　　　　T_6

B：好。上午八点我在北大门口等你。　　　　　　　　　T_7

C：一言为定。　　　　　　　　　　　　　　　　　　　T_8

B：不见不散。　　　　　　　　　　　　　　　　　　　T_9

——李德津、李更新（1999：133）

话轮 T_6 中的建议性的话语内容，应当由说话者 B 提出比较好，因为 B 是主动发话者，是主动打电话者，一直掌握着话语的主动权，所以由 B 提出建议，提出具体的设想较为合理。通常应当由主动发话者掌握话语的主动权，而对方只有在主动发话者放弃了话语主动权之后，才可以主动发话，这样比较符合话语交际的规律。

在保持或者放弃话轮的手段方面，汉语口语的表达有自己的特色。这些手段可以分为三个方面：语言形式手段、交际方式手段和话语结构关系等。

①语言形式方面的手段

中国学者也已经对汉语在会话中放弃话轮的语言形式手段，进行了一些研究和总结。有学者提出，"根据对汉语会话的分析，放弃话轮线索主要有11个：第一，在完成句尾使用升调或降调；第二，某一语法序列的完成；第三，某一语义序列的完成；第四，话轮构成单位完成时的停顿和沉默；第五，末尾音节和句内重读音节的延长；第六，附加具有响度的语气词，伴随语气词元音拉长后的停顿；第七，语速减慢；第八，音高和音强的降低；第九，语义重复的语句；第十，总结性语句；第十一，手势停止，身体姿势的变化，身体各部分紧张的放松。"（刘虹，2004：74-75）据这位学者说，在这里所总结的，与国外的研究者的总结论断有所不同，第六、第九、第十是汉语"线索"的特有之处。这里所总结的，也可以说是汉语放弃话轮线索在语言的显性结构方面的表现，应当在教学和教材编写中予以关注。这样，才可以使汉语学习者了解和熟悉汉语在这方面的形式线索，适应汉语口语在保持和放弃话轮方面的表达习惯，以便能够使学习者顺利地进行交际。

保持和放弃说话权，在汉语的口语表达中，有一些可以利用的形式标志和语言表达手段。例如，在话轮的末尾用"了"字这种表达手段，来保持或者放弃说话权。有学者对此已经进行了分析："处在话轮末尾的'了'一般不能省略，而处在话轮中间的'了'一般可省去。也就是说，如果说话人想保持说话权，句尾可用省去'了'的方法实现，而想放弃说话权，则可用'了'表示煞尾。"（赵燕皎，1998）同样是一个"了"字，在语句中的不同位置，不同的使用方式，就可以达到保持或放弃话轮的不同效果。

另外，在汉语的口语交际中，要进行放弃话轮的表达时，还可以使用一些固定的话语表达式。这些固定的话语表达式，在汉语中是比较多样、丰富的。"汉语中一些比较凝固的格式常表示放弃或结束话轮。比如：那就是这样啦、就这么办吧、要不先这样、那就按你说的办、就这样吧、就这么着吧。"（赵燕皎，1998）在编写口语教材时，应当特别关注这些固定的话语格式（表达式），尽量在教材的课文中展示这些带有话语表达功能（放弃或结束话轮）的话语表达式，以便学习者有机会接触、练习和掌握。

②交际方式方面的手段

第一，提问。在交际方式方面，提问是比较直接的放弃话轮的手段。如在例2.11中就展示了以提问的方式放弃话轮的情况。

例2.11

A：今天你吃了晚饭做什么？　　　　　　　　　　　　　　　　T_1

B：我想看一场话剧。　　　　　　　　　　　　　　　　　　　T_2

C：我要去散步。　　　　　　　　　　　　　　　　　　　　　T_3

D：我想看电影。　　　　　　　　　　　　　　　　　　　　　T_4

A：我也要看电影。丽达，你呢？　　　　　　　　　　　　　　T_5

L：我要复习语法。你复习了吗？　　　　　　　　　　　　　　T_6

A：没复习。我看了电影再复习。　　　　　　　　　　　　　　T_7

——李德津、李更新（1999：133）

发话者A在话轮T_5中，以称呼"丽达"和直接提问"你呢？"的方式，明确指定了下一个说话者是L，放弃了自己的发话权。同样，说话者L在话轮T_6也以提问的方式，明确指定说话者A为下一个发话者，从而放弃了自己的发话权。

第二，称呼。相对于提问而言，称呼这种话语表达方式，在表示放弃发话权时，使用得较少。"用称呼的方式作为选择下一个说话者的手段，这在汉语日常会话中不太多见。一般是在不能用注视方式来选择下一个说话者时，才会使用称呼。比如，在听话者没有注意到别人要跟自己说话时，说话者往往会用称呼提醒对方注意。"（刘虹，2004：77）在前文的例2.6中，虽然首先发话者A在指定下一个说话者时也使用了称呼（"玛丽"、"阿里"），但是并不是单纯只用称呼，而是用称呼引起提问对象的注意，明确指示出了提问问题的应答者，选择他们作为下一个说话者。在这里，主要还是依靠提问作为指定的手段，但称呼作为一种辅助的手段，也有其重要的作用。

例2.12

（在一家饭馆里）

杰夫：两位小姐，喜欢吃什么？　　　　　　　　　　　　　　　T_1

安妮：我喜欢又酸又甜的。　　　　　　　　　　　　　　　　T_2

杰夫：你呢，丽莎？　　　　　　　　　　　　　　　　　　　T_3

丽莎：我喜欢辣一点儿的。　　　　　　　　　　　　　　　　T_4

——戴桂芙等（1997a：85）

在话轮T_3中，"杰夫"以直接的称呼选择下一个说话者（"丽莎"）。在这里可以直接使用称呼的方式来指定下一个说话者，主要是因为话轮T_3与话轮T_1有关，话轮T_3是接续着话轮T_1的表达而提出问题，因而说话者可以用直接称呼的方式选择下一个说话者，同时也就放弃了自己的发话权。

称呼这种表达手段，常常与其他话语表达手段结合起来使用，以表示放弃话轮。选择下一个说话者同时放弃自己的发话权的汉语表达手段，其使用也与具体的使用场合有关。"根据笔者对汉语日常会话的观察，在会话过程中，很少发现把称呼语单纯作为选择下一个说话者的手段，它们一般都同时伴有吸引对方注意力的功能，或者为了表示亲昵、加重语气等其他表达功能。单纯用称呼选择下一个说话者，往往出现在会议、课堂这样比较正式的场合。"（刘虹，2004：78）由于称呼单纯使用作为选择下一个说话者的手段，要有特殊的场合条件，所以在多为表达日常生活中交际的口语教材中较少出现。

③话语结构关系

有时候，放弃话轮也可以取决于话语交际中往来交谈所形成的会话语篇的结构关系。由会话语篇的结构关系来显示放弃话轮的线索，并确定下一个说话者。"会话中的结构关系也会对选择下一个说话者起作用。比如，一个听话者对所听到的话觉得不理解或未听清，或者需要追加信息，那么当他要求进一步解释、澄清、重复或者补充时，所选择的下一个说话者就是上一个话轮的说话者。"（刘虹，2004：79）这样，上一个话轮的说话者，由于有义务澄清对方所没有听懂的部分，必然要加以解释或说明，因此就被确定为下一个说话者。

例2.13

（在校园里）

山　下：请问，留学生食堂在哪儿？	T_1
过路人：在那边。	T_2
山　下：哪边？	T_3
过路人：留学生宿舍的旁边。	T_4
山　下：谢谢。	T_5

——戴桂芙等（1997a：16-17）

在话轮T_2中，"过路人"回答了"山下"话轮T_1的提问，但是"山下"没有听懂或者没有听清楚，所以在话轮T_3中要求"过路人"再次说明，以澄清疑惑。这样"过路人"仍然被话轮T_3确定为下一个说话者，在话轮T_4进行话语表达。

例2.14

（在宿舍门口）

杰夫：安妮，这么早，去哪儿啊？	T_1
安妮：我去逛逛早市。	T_2
杰夫：早市？那儿都卖什么东西？	T_3
安妮：蔬菜、水果、衣服什么的，都卖。	T_4
杰夫：有水果？便宜吗？	T_5
安妮：便宜！比别的地方都便宜！	T_6

……

——戴桂芙等（1997a：86）

例2.13与例2.14有所不同。在话轮T_3中，"杰夫"已经知道"早市"一词的部分意思，但是不知道买卖的具体内容，还需要"安妮"进一步说明，所以"安妮"由于仍然需要作进一步的澄清，因而被指定为下一个说话者，在话轮T_4还要发话进行回答，这是由话语交际的结构所决定的。

(2) 非有序性的话轮转换

话轮转换有序地进行，就会按照正常的自选方式，不断有序地产生下一个说话者，进行话轮的转换。但是在实际交际中，话轮转换的运行情况是十分复杂的，比我们想像的和学者们初步总结的要复杂得多。因此，判断和确定话语结束，从而进行话轮转换，常常并不是一件简单、明确的事情。"正如Sacks所指出的，自选的说话人无法真正辨认正在说话的人是否说完，因为任何人都可以在自己好像已经结束的话之后再加上一句、甚至更多的话。因此，说得精确些，不存在绝对的话语结束之处，自选的说话人所寻找的只是话语的可能结束之处。"（何兆熊主编，2000：310；Sacks，1992）自选作为下一个说话者，对于母语使用者来说也要面临一些困难，那么对于第二语言学习者来说，学习和使用目的语时的困难程度就要更大。

1）由打断而产生的非有序性话轮转换

话轮转换并非都是有序地进行的，也有各种意外的复杂情况。有时就会出现有的交谈者采取非正常的自选方式❶，破坏话轮有序进行的情况。"打断"就是一种常见的破坏话轮转换有序性的非正常的自选方式。"打断是在当前说话人结束话轮前开始讲话，即说话人为了取得发言权而试图与当前说话人争抢话轮。"（李悦娥、范宏雅，2002：140-141）有学者对打断的各种情况进行了分类，总结出了打断的各种类型。"从打断的动机和效果两方面分析，笔者将打断分为如下类型：从动机看，可以分为故意打断和非故意打断；从效果看，故意打断又可以分为合作型故意打断和非合作型故意打断。"（刘虹，2004：82）可见，仅就"打断"这一言语现象而言，也有着多种情况。

各种不同形式的打断，在话语交际中有不同的表达功能。"有些打断是合作性的（cooperative），是对对方谈话的支持与协助，即便是干扰性的（intrusive）打断，也可能有不同功能，有的是为争夺说话权，有的是为改变话

---

❶ 对于"非正常的自选方式"有学者指出："非正常自选方式是指听话者在说话者的话轮未完成时介入的自选方式。这种情况一般发生在说话者的话未说完时，听话者想得到发言权，打断说话者的话轮，获得说话权。"（刘虹，2004：82）

题，还有的可能是借此表示不同意见。"（许力生，2006：128）这样，打断所具有的各种功能，就可以使交谈者利用丰富的话语表达手段实现其多种的表达功能。

①合作型故意打断

在合作型故意打断中，合作的基点是对于主动发话者的话语表达的理解，合作的指向非常明确，内容就仅限于发话者的话语。"合作型故意打断是指乙在没有听清楚或不理解甲所说的话时，打断甲的话轮，要求甲澄清或者重复所说的话。这种打断是为了更好地理解甲的话，帮助甲达到会话目的，是对甲的话感兴趣的表现，所以是合作型的。"（刘虹，2004：84）就合作型故意打断的作用而言，打断的主要目的是为了澄清和明确表达不清或难以理解之处，但是在客观上也使发话者的话语表达更为有效。

例2.15

A：玛丽，那儿有时装展销，咱们过去看看。 T_1

B："时装"是什么意思？ T_2

A：就是最新式的服装。你不是想买连衣裙吗？那儿准有好看的。 T_3

B：快走，你帮我挑一件。 T_4

——李德津、李更新（1989：98）

话轮 T_2 是合作型故意打断，是为了弄清交谈者B不明白的词语的意思。所以，发话者A在话轮 T_3 中又进一步进行了说明。可以看出，在话轮 T_4 中，经过发话者A的说明，说话者B已经理解了话轮 T_3 中的有关说明，澄清了其不明白之处。

②非合作型故意打断

就表达的动机和打断之后所表达的内容而言，非合作型故意打断与前述的合作型故意打断有明显的区别。"非合作型故意打断发生在转换关联位置以前，大多是由于听话者或者急于表达自己的想法，或者急于了解某种信息，或者急于对说话者进行反驳，强行打断说话者话轮。"（刘虹，2004：82）两种不同类型的故意打断，在会话语篇结构中的位置也有所不同。

例2.16

……

珍　　妮：刘先生，你刚工作三年就当经理了，是真的？　　　　T_1

刘经理：是真的。　　　　　　　　　　　　　　　　　　　　T_2

杰　　克：珍妮，你也想当酒吧经理？　　　　　　　　　　　T_3

珍　　妮：怎么，不行啊？我还想当老板、总裁呢！　　　　　T_4

杰　　克：行，当然行！不过……　　　　　　　　　　　　　T_5

珍　　妮：不过什么？　　　　　　　　　　　　　　　　　　T_6

杰　　克：你得先到这儿来当服务员。　　　　　　　　　　　T_7

珍　　妮：为什么？　　　　　　　　　　　　　　　　　　　T_8

杰　　克：先学走，再学跑啊！　　　　　　　　　　　　　　T_9

……

——黄为之（1999a：115）

话轮T_6是对话轮T_5的非合作型故意打断。固然有说话者"珍妮"急于了解"杰克"的意图，但也对"杰克"的话语表达了一些不满。

③非故意打断

例2.17

A：啊，好漂亮的鲜花！　　　　　　　　　　　　　　　　　T_1

B：给你！　　　　　　　　　　　　　　　　　　　　　　　T_2

A：送给我？小姐，你……　　　　　　　　　　　　　　　　T_3

B：这是我替你买的。　　　　　　　　　　　　　　　　　　T_4

A：我没叫你买花啊？　　　　　　　　　　　　　　　　　　T_5

B：喂，噢，是钱太太。他在，您等等。经理，你的电话。　　T_6

……

——黄为之（1999a：94-95）

话轮T_6是电话打断，是非故意的打断。由于突然来了电话，因此说话者B不得不接电话，这样就打断了说话者A的话语，或者说电话打断了说话者B对A的问话的回答，转而让A接电话，使A的话语被打断了。

打断作为一种话语运用的手段，其使用当然不仅取决于表达的需要，而且还与交际功能、交际文化等许多复杂的因素有密切的关系。有学者指出，

"打断不仅仅是对话轮转换规则的违反，还是对语言和社会行为规范的违反，会因说话人的目的和个人交际策略不同而有所不同（Brown，1980）。所以对打断的研究应与其功能联系起来，研究表明它与支配、权势和社会地位有关：男性打断女性，成年人打断孩子，医生打断病人（除非医生为'女士'），家中夫妻占主导地位的一方打断另一方等（Smith-Lovin，L. & Brody，C.，1989）。这些对话轮转换规则的违反的研究表明有权势的、地位高的说话人显然比地位低的一方更易取得发言权。"（李悦娥、范宏雅，2002：141；Brown，Curries & Kenworthy，1980；Smith-Lovin & Brody，1989）可见，打断的使用除了决定于话语交际的意图以外，还与交际双方的地位、关系等文化与社会因素有关，这就要涉及一种语言的交际文化特点，所以语言的使用与该语言所代表的文化有密切的关系。"在不同文化语境中，对打断的态度与解释可能是不一样的。有的文化中通常欢迎并鼓励交谈中相互之间的打断。所以，有些学者认为应使用更为中性的'交叠'（overlap）来指称打断。"（许力生，2006：128）可见，对于同样一种言语交际现象，不同的语言文化中有不同的理解。

2）由他人突然插入而产生的非有序性话轮转换

在正常的话轮转换情况下，本来不应该发话的人，突然插入发话，抢过了发话权，使话轮产生了非有序性的转换。

例2.18

（一天晚上，大伟在校门外的小酒吧里，跟他的几个同学聊天儿。）

大伟：棒球我喜欢看，可打得不好。你们都打得很好吧？　　　　T_1

山田：松本打得很好，我只是喜欢打，可是打得不好。　　　　T_2

大伟：这没关系，喜欢不喜欢是一回事儿，打得好不好是另一回事儿。

　　　　T_3

松本：上次比赛，我们队就全输在他手里了。　　　　T_4

山田：那可不怪我！我说过我不行，是你们偏让我上的。　　　　T_5

约翰：下次你们再打，也叫上我吧。　　　　T_6

山田：你也爱打？　　　　T_7

大伟：他不光爱打，打得还不错呢。　　　　T_8

约翰：在英国上大学的时候，我参加过校棒球队。 T_9

……

——戴悉心、王静（2001：80）

"大伟"的话轮 T_8 是插入话轮。"大伟"急于表达出他所了解的"约翰"的情况，所以就抢过了发话权，在本该由"约翰"来回答"山田" T_7 话轮提问的话轮 T_8 的位置，代替"约翰"回答了问题。由于"大伟"已经在话轮 T_8 回答了话轮 T_7 的问题，已经提供了有关回答的主要信息，因此"约翰"在话轮 T_9 的回答，尽管也是对话轮 T_7 问题的回答，但已经只是对问题的补充回答了。

例2.19

张母：大伟，听张勇说你是第一次来北京，在这儿生活习惯吗？ T_1

大伟：还可以，我这个人适应能力比较强。 T_2

张母：你们学习紧张不紧张？ T_3

大伟：不太紧张，就是作业比较多。 T_4

张母：来北京以后想不想家？ T_5

大伟：有点儿想，我每个星期都给家里打电话，还常常发E-mail。 T_6

张母：你家里人都好吧？ T_7

（这时，张勇插话了。）

张勇：妈，您的问题怎么那么多呀！ T_8

（张母和大伟都笑了。）

——戴悉心、王静（2001：8）

"这时，张勇插话了。"这句说明可以不用。因为"张勇"当时也是在场的谈话者之一。在"大伟"还没有回答"张母"话轮 T_7 中的问题之前，他在话轮 T_8 抢过了话语权。"张勇"的突然插入，占据了本该由"大伟"占据的发话位置，因此使话轮发生了非有序性的转换。"张勇"的插入在会话语篇的结构中，明确地显示了出来，可以比较容易地得到理解，不用专门说明学习者也是可以理解的。

例2.20

（在服务台前，外宾甲在办住房手续）

服务员：请问您是哪国人？ T_1

外宾甲：我是美国人。 T_2

服务员：您是从什么地方来的？ T_3

外宾甲：香港。 T_4

服务员：（指外宾乙）她也是美国人吧？ T_5

外宾甲：不是，她是泰国人，我的太太。 T_6

服务员：（向外宾乙）你好。你们是坐飞机来的吗？ T_7

外宾甲：不是，是坐火车来的。 T_8

外宾乙：你会说英语吗？ T_9

服务员：会一点儿。 T_{10}

——陈如、王天慧（1991：44-45）

"外宾甲"在话轮 T_8 突然插入，回答了话轮 T_7 中"服务员"的问题。但话轮 T_7 的问题本来是问"外宾乙"的，"外宾甲"抢过了发话权，自己主动代为回答了话轮 T_7 的问题，使会话发生了话轮的非有序性转换。这样一来，由于"外宾乙"的发话权被"外宾甲"抢了过去，在话轮 T_9 再回答话轮 T_7 的问题，已经没有机会，也没有意义和必要了。"外宾乙"只有在话轮 T_9 中另外选择交谈内容，向"服务员"提出另外一个话题的问话，但是，明显可以看出话轮 T_9 与前面对话的衔接性受到了影响，这是由于"外宾甲"在话轮 T_8 抢过发话权的结果。通过编写教材时的调整，也许可以改善这种由于不合理地安排非有序性的话轮转换所带来的衔接性差的局面。

例2.21

山口：珍妮，你们美国的传销业不是很发达吗？你先说说。 T_1

杰克：这种经营方式，有优势，但也确实为不法商人非法经营提供了机会。

T_2

珍妮：有的名为传销，其实它传销的不是自己生产的产品。 T_3

……

——黄为之（1999a：254）

"山口"在话轮 T_1 中，本来已经明确地用称呼指定了下一个说话者是"珍妮"，但是"杰克"却在话轮 T_2 中突然插入，抢过了发话权，使得"珍妮"只好在话轮 T_3 才回答话轮 T_1 的问题。这样的会话课文中的话轮安排，似乎有些不妥，使"杰克"显得鲁莽而没有礼貌。

2.1.3 话轮和话轮转换的有关内容对于教材编写的意义

由于话轮转换存在着 2.1.2.2 中所述的许多复杂的情况，本书对于话轮转换的研究，并不能描述实际口语交际中每一种可能发生的情况，能概括地总结出一些基本的规律。这些基本的规律，尽管只是一些粗线条的结论，但是对于语言学习者会有较大的帮助，至少可以增强他们对汉语会话中话轮转换这一难以把握的问题的初步认识和体会，使他们能够有意识地关注到这一点，有助于他们有意识地在学习目的语交际的过程中提高对话轮转换的掌握和控制能力。鉴于话轮转换系统有这样重要的作用，对其的掌握在汉语教学中又是如此重要，因此在编写汉语口语教材时应当予以重视。

2.1.3.1 汉语学习者掌握话轮转换的必要性

固然，学习会话语篇结构中的话轮转换标志，只是学习者在学习的初始阶段掌握目的语话轮转换能力的一种途径。在语言学习的过程中，特别是在已经掌握了话轮转换在话语结构方面的标志以后的中高级学习阶段，学习者还可以从话语意义的角度，判断话轮转换的关联位置，这时他已经进入了对目的语话轮转换系统掌握的熟巧阶段，可以比较自动地进行判断。"实际上，在一个听话人判断说话人是否到达一个'可能结束之处'时，他所依靠的并不只是句法标志，在很大程度上，他是从语义上来判断对方的话是否到了可以告一段落的时候。"（何兆熊主编，2000：311）但是，在第二语言学习的初级阶段，帮助学习者掌握目的语话轮转换关联位置在话语结构形式方面的特征，还是很有必要的。

第二语言学习者对话轮转换系统的学习和掌握，在达到熟巧的程度以后，最终可以形成一种"语感"，用这种"语感"来控制话轮的转换。学习者在进行话语交际的时候，当然不必时时刻刻都要有意识地刻意注意进行话轮转换，话轮转换的能力可以凝聚和存在于下意识或潜意识之中，自动地、内在地对话轮转换进行控制。但是，这种"语感"却是要经过具体交际实践中的不断积累、不断凝聚，才能够最终形成。在第二语言话轮转换"语感"积累的过程中，则不能只是依靠学习者自然习得，要经过训练才能够达到比较好的效果，才能够使学习有效率并且减少偏误的发生，因而这种训练就需要有意识、有计划地进行。应当在课堂教学和教材编写之中，注意呈现出汉语会话中话轮转换的各种具体情况，以便学习者有机会接触到目的语话轮转换的各种情况，获得具体的感受和训练实践的机会，了解和掌握话轮转换的技巧和技能，最终形成话轮转换的"语感"，达到运用自如、得心应手的自动化反应的程度。

在第二语言口语会话的学习过程中，学习者掌握目的语的话轮转换系统至关重要，因为不同语言的话轮转换系统的特性会有所不同。即使学习者对目的语的话轮转换系统有所了解，但如果仍停留在理性认识的阶段，不与感性的话语实践训练相结合，就可能会由于不能掌握和利用目的语的话轮转换系统，而出现在实际的交谈中无法获得发话机会的情况。因此，汉语课堂教学和教材编写，要注意帮助学习者获得对汉语的话轮转换系统的感性体验，给他们提供进行实际体验的训练机会。

尽管学习者拥有对其第一语言的话轮转换系统的掌握，即使第一语言与第二语言的话轮转换系统相同，也仍然需要把其已掌握的话轮转换系统的经验移置到第二语言之中，而且要与对第二语言的实际运用相结合，这样的"移置"才能够实现得顺利。至于属于第一语言与第二语言的话轮转换系统不同的情况，那么训练的重要性就更自不待言。

2.1.3.2 在汉语教材中呈现话轮转换各种情况的必要性

汉语口语教材的编写，要注意提供给学习者体验和训练汉语话轮转换系统的机会。有学者认为由于各种语言在结构上有所不同，必然会带来话轮转换标志的不同。"然而由于不同的语言具有结构上的差异，所以在不同语言的会话中还会具有独特的放弃话轮的特征。如在汉语日常会话中的话轮结束时，在一个语法和语义完成句的结尾常常会附加语气词，更确切地说，主要是响度较大的语气词非平调拉长，然后伴随停顿，以此作为放弃话轮的信号。"（刘虹，2004：72）由此可见，对于具有汉语特色的话轮转换的有关内容，在口语教材中应当着重展示，以便提供机会帮助学习者来掌握。

在教材编写中，要求把话轮转换的有关内容编写进教材之中，这就对口语教材的编写者提出了更高的要求。汉语口语教材的编写者，不再只依靠自己对话轮转换的"语感"，下意识地完成会话语篇的编写，完成教材编写的任务，而是要有意识地在教材编写的过程中，有目的、有计划地全面呈现汉语话轮转换系统各个方面的话语特点和各种复杂的情况。这种对口语教材编写的更高的要求，其实也是汉语口语教材编写水平提高的重要契机，同时标示出了提高教材编写水平的重要路径。

目前的教材编写，在有意识地展示汉语话轮转换特点方面，还有许多缺失和不足，这是汉语口语教材编写今后需要努力的方向。教材编写者处理好话轮转换系统在口语教材中的展示，也可有助于改变会话课文编写在语篇结构方面失序、失范的情况，有助于教材编写者有意识地安排和控制课文会话语篇结体的组织与结构，使课文会话语篇的整体性和教学目的性更强。

尽管话轮转换有各种复杂的情况，但换一个角度考虑，也可以认为有序性并非话轮转换的全部内容，各种"非正常自选方式"所造成的意外的非有序性的话轮转换情况，也正是话轮转换本来应有的情况，也是话轮转换系统的有机组成部分，因为话轮转换本身就是一个复杂多变的系统。这种复杂性，也可以使话语的使用更为灵活，满足话语交际的各种需求，使之有了更为广泛的适用性。但这种情况也会加剧第二语言学习者学习和掌握目的语话轮转换的难度，增加课堂教学和教材编写的难度。如果汉语教材编写者能够积极面对这种有难度的编写任务，解决了这些编写难度大的问题，也可以使教材的编写水平"更上一层楼"。有些汉语口语教材的编写者，就已经注意到利用汉语交际中的各种话轮转换的复杂情况，充分展示出汉语交谈话语多样化的表达方式和交际功能。

例2.22

（张勇的全家在一起吃晚饭，张雨连主食都没吃，只吃了几口蔬菜就说吃饱了。）

张母：怎么了，不舒服还是不好吃？　　　　　　　　　　　　　T_1

张勇：妈，这您还不明白，肯定又是减肥呢！　　　　　　　　T_2

张雨：就你多嘴。   T₃

张母：小雨，我说你好好的，减什么肥呀？   T₄

张雨：妈，夏天快到了，胖了连衣服都没法穿。您就别管了。   T₅

……

张勇：妈，您劝我姐没用，得劝李放。肯定是男朋友喜欢苗条，她才这么拼命节食的。   T₆

张雨：行了，吃你的吧。   T₇

——戴悉心、王静（2001：93-94）

"张母"的提问话轮 T_1 本来是问"张雨"的，但是"张勇"抢过了发话权，以话轮 T_2 代替本来指定的下一个说话者"张雨"说话。但是他并不是话轮 T_1 明确指定的说话者，所以这一话轮的插入并不令原来的发话者"张母"满意。而且也受到了话轮 T_1 本来指定的说话者"张雨"在话轮 T_3 的指责，同时话轮 T_3 也似乎否定了话轮 T_2 所揭示的情况。因此，"张母"不得不还要以话轮 T_4 再次提问，以求证话轮 T_2 中所言的是否属实或探询真实的情况所在。并且"张母"在再次提问时，以话轮 T_4 明确指定了下一个说话者，用直接指出下一个说话者称呼（名字"小雨"）的方式，明确指定和特别强调了下一个说话者是"张雨"，目的是避免受到其他说话者（"张勇"）有可能再次插入的干扰。"张母"的再次提问话轮 T_4 的提问内容，已经递进了，有了明确的提问语义指向，并且提问的含义也由关心，变为了劝告。可以看出，这是受到了话轮 T_2 的内容所提供的信息的影响。在话轮 T_6 中，"张勇"再次主动选择作为下一个说话者，其话语意图是为了弥补交谈话语的中断，打破"张母"、"张雨"交谈中出现的因"话不投机"而中断的尴尬局面，同时也说出了"张雨"在话轮 T_5 中没有说出而且也是难以说出的"实情"。所以，可以认为，话轮 T_6 有多重的交际作用。

在这篇课文的会话语篇中，话语在各个说话者之间往来交叉进行，话语的含义也因此而不断递进，使会话课文呈现出了多样的汉语话语的使用方式，充分展示了汉语话语多样化的表达功能，显示出了汉语话语交谈中人物之间的复杂关系和话语的复杂含义，编写得是比较成功的。这样的课文，当然也不是某些教材中出现的那种缺乏话语含义和交际功能的简单的一问一答式的会话课文所可以企及的。

2.2　相邻对

"相邻对"的概念是会话分析理论所提出的重要的分析概念，反映了对语言的研究超越句子内部研究局限的一种路径，是语篇分析研究发展的重要成果。

2.2.1　对相邻对概念的不同认识[1]

相邻对这一概念的提出，是由于在会话语篇中常常出现一些特殊的结构现象，学者们为了探求其中的规律，特意把这一会话语篇结构中的现象提出来，加以命名。这既是对语言中的语篇结构现象从语用学的新角度加以认识的结果，也是出于研究的方便，而对研究中所涉及的现象进行命名性的表达。对会话语篇结构中的这种特殊的现象，先给出一些汉语口语教材课文中的实例，再结合这些实例进行分析。

例2.23

（小李要到西安去旅行）

朋友：你去西安的时候，住我家吧。　　　　　　　　　　　　T_1

小李：不麻烦你了，我已经预订好饭店了。　　　　　　　　T_2

朋友：那到时候我带你去游览一下西安的名胜古迹。　　　　T_3

小李：不用了。你那么忙，哪儿有时间陪我啊？　　　　　　T_4

——赵金铭（2002b：98）

---

[1] 对"相邻对"的概念除了在定义方面有不同的认识以外，在分类方面也有不同的认识，但是对相邻对的分类多是基于对其表达内容的分类，而非从语篇结构的角度进行分类，例如，"首先从社会交际功能上，划分为人际性的和实质性的两大类……人际性毗邻对指只起礼节性和社会文化功能的对话，他们没有实质的语义内涵，不传递重要的新信息，包括问候、道谢、道歉、告别、祝愿等及其相应的回答。实质性毗邻对是以信息传递和获得某种利益为目的，谈话的语义内容有实际意义。"（张黎，2007：119）语篇结构所言及的内容不是本书的主要研究对象。

可以看出，在这段会话课文中，话轮 T_1 与话轮 T_2 的关系比较密切，而话轮 T_3 与话轮 T_4 的关系比较密切。尽管从内容上看话轮 T_1 和话轮 T_3，对话轮 T_2 和话轮 T_4 的建议都是否定性的回答，但是从语篇结构的角度看，这两组话轮之间的关系却是很密切的，也是很明确的。可是也可以看出，在话轮 T_1 与 T_2 和 T_3 与 T_4 之间，也是互有关联的，在话轮 T_3 中开始位置的"那"一词就指示了这种相互的关联性。所以，这样一种复杂的情况，就容易造成学者们对这样的语篇结构现象的不同认识。对这种"相邻对"语言现象的认识，主要有会话语篇结构的角度、语言意义和功能的研究角度以及从更大层面提出的"毗邻结构"的角度等。

由于话语表达要涉及多方面的因素，相邻对与话语表达相关联，因而对其的认识呈现出复杂的情况。因为话语表达要涉及的方面是比较多的，比单纯的语言结构和语篇结构都要复杂，涉及的因素来自多个方面，而且研究也是从不同的视角来考察同一话语现象，因此，对于相邻对这种复杂的话语现象的理解与认识，也会出现复杂的结果。由此也可以看出，话语表达是一种比较复杂的研究对象，涉及的研究因素和研究领域比较多，对话语现象的研究可以从多个角度进行，也只有从多个视角进行研究，才能够把话语现象研究清楚。但是在一定的时空条件下，研究只能侧重一个或几个重要的方面。而把各个方面的研究积累起来，可以形成比较全面的认识，但也可能带来由不同的认识所形成的研究结果的复杂性。这不一定是不好或不利的现象，也许是促进语言研究发展的必然途径。

2.2.1.1 从会话语篇结构角度提出的"相邻对"的概念

在一个互动性的会话交际中，单独的一个话轮常常是不能形成互动性交际的。一般是由多个话轮和话轮转换组成一段会话。在一段会话中，两个相邻的话轮常常会形成比较密切的关系。会话结构分析理论，把会话语篇中这种两个相邻而关系密切的话轮，称为"相邻对"。"一般由两轮话组成一个相邻对。"（卢伟，2002：164）

在交谈中，每一个首先发出的话语，都会有某种对于回应的期待，所期待的就是对方的反应。如果没有反应或反应不成功使对方不能理解，就会造成交际的失败，交谈者之间交流的意图无法实现，因此交谈能够进行，就必须形成话语之间的联系。"对于相邻对的两个组成部分之间的关系，Schegloff 介绍了'制约关联'（conditional relevance）这个概念来进行解释。一个相邻对的第一部分的产生必然会形成某种期待，需要得到满足，满足这种期待可以通过不同的反应，但如果这种反应不出现，那就会形成一种令人瞩目的空缺。"（何兆熊主编，2000：314）相邻对的确定主要取决于两个话轮之间的关系，这种关系就是相邻对研究的焦点。

相邻对关系的构成，并不体现在语言形式结构的层面上，而是取决于相邻对两个部分之间交际功能的关系，实质上是由两个话轮之间在实施言语行为时的关系所决定的。"当然，由于句法形式和句子的交际功能之间的差异，相邻对的第一部分和第二部分之间的相互关联并不体现在句法形式上，而体现在两部分的话语所施行的言语行为上。常见的第一部分所施行的言语行为包括致意（greeting）、挑战（challenge）、请求（request）、邀请（invitation）、评估（assessment）、抱怨（complaint）、威胁（threat）、宣告（announcement）等。"（何兆熊主编，2000：313）相邻对的第二部分，应当对第一部分里的这些言语行为有所回应。第一部分在某种程度上也限定着第二部分的反应。两个部分之间的这种关系就构成了相邻对。

2.2.1.2　从意义或功能的角度提出的概念

（1）"话组"的概念

也有学者不同意把相邻对作为口语交谈的基本单位，提出了"话组"的概念。"由于一次交谈至少包括双方各一轮发话，不少人据此认为相邻对（又叫话对）是口语交谈的基本运用单位。而我们认为，相邻对所关注的是发自不同说话人的前后两话轮之间的关系，并不涉及这两个话轮能否表达一个完整的交谈意义。因此，相邻对也不能成为口语交谈的基本运用单位。从交谈意义的完整性的角度考虑，我们提出'话组'是口语交谈的基本运用单位的观点。"（匡小荣，2006：26）"我们将这种由两个或两个以上话轮构成的、能够表达一个相对独立、完整的交谈意义的最小言语单位称为话组。"（匡小荣，2006：27）

（2）"对答"的概念

有学者对组成相邻对的两个部分（话轮）的相邻性特点提出了疑问，而另外提出了替代性概念："对答"。"对答是从话语功能角度研究会话时所使用的概念，是指日常会话中像'致意—致意'、'询问—回答'、'要求—接受'这样的相关语句成对出现的现象，Schegloff 和 Sacks（1973）用相邻对（adjacency pair）的概念来表示这种现象。"（刘虹，2004：103；Schegloff & Sacks，1973）

提出"对答"概念的学者并没有否定"相邻对"的概念，而是认为："但是在日常生活中，组成相邻对的两个语句常常并不相邻，而且有时这种结构由两个以上的部分构成。所以，我们不用'相邻对'而采用'对答'这一术语，把相邻对只看做是对答的一个基本类型。我们将这种相关语句的前部分称为'对答'的'引发语'，后部分称为前部分的'应答语'。"（刘虹，2004：103）从提出"对答"的概念的学者自身的有关论述可以看出，"对答"概念的提出，似乎比较多是从功能或意义的角度，而不是从话语结构的角度来考虑的。

2.2.1.3 从更大的结构层面提出的"毗邻顺序"的概念

还有学者提出了"毗邻顺序"的概念。"这种预期话轮的规律而循环的顺序被命名为'毗邻顺序'。毗邻顺序是能带来话语连贯的一种已知的、可预期的或规律的预期句型。这种规律而可预期的句型被视为某种认知图式或认知脚本，它们共同形成了话语连贯的第二大源泉。"（斯考伦、斯考伦，2001：62）可以看出，"毗邻顺序"这一概念，与话语的衔接与连贯有关，是对类似的语言现象从比相邻对更大的结构层面提出的概念。

在会话总体结构中，"毗邻顺序"有易于和经常出现的位置，有比较固定化的结构性特征。"绝大多数毗邻顺序用于话语重点的转移，是不足为奇的。它们用在开始（问候）、结束（告别）、话题转变（如'顺便说一下'、'另外'）及其他因交际参与者角色变化而可能破坏衔接的地方。"（斯考伦、斯考伦，2001：72-73）

毗邻顺序本身比相邻对在话语结构上要大，相邻对只是两个话轮，而毗邻顺序常常超过两个话轮。"在话语分析中，毗邻顺序给我们造成的问题是，经过几十年的研究，话语分析家们现在一致认为事实上毗邻顺序只有为数不多的几个话轮，四五个话轮可能就超出了常规毗邻顺序的界限。这意味着，虽然这些顺序在使话语衔接和了解如何诠释话语中的意义时相当重要，但却无法解释超出几个话轮之外的有关话语衔接的其他方面。"（斯考伦、斯考伦，2001：73）可以看出，毗邻顺序与相邻对有关系，但又有所不同。尽管如此，毗邻顺序对于研究相邻对还是有很多启发作用。

尽管有各种不同的概念提出，本文还是采用相邻对的概念来进行论述。这是因为"相邻对"是从会话语篇结构的角度提出的，而"话组""对答"和"毗邻顺序"等概念的提出，多是从意义表达和话语功能等角度着眼的。当然意义、功能的角度，也是话语分析的一个重要的方面，但是也会把问题复杂化。分析角度的不同，自然会带来分析内容和结论的不同。话语结构与话语意义常常纠缠在一起，难以离析清楚，这是我们在进行话语结构分析时，应当时刻注意分清的。

2.2.2 相邻对第二部分反应的各种复杂情况

相邻对第一部分的话语表达，通常都会有主动、明确的表达目的和倾向性。但是第二部分的话语表达则明显不同。相邻对的第二部分中说话者的表达意图和内容，并不一定与相邻对第一部分发话者的目的保持一致，因此在对第一部分进行回应时，就会出现各种复杂的情况。相邻对第二部分的反应，可以是积极的、肯定性的，也可以是消极的、否定性的，这是从内容的角度来考虑的。相邻对第二部分的反应，其内容方面与会话结构并没有直接的关系，或者说，会话结构的优劣与相邻对的内容没有直接的关系。如果从会话结构的角度来考虑，则相邻对第二部分的反应是否恰当，能否达到交际目的，也会出现各种复杂的情况，这才是会话语篇结构研究的着眼点。这样，由于从内容的角度和从话语结构的角度，对相邻对第二部分进行分析，会有不同的分析结果，就会形成一些复杂的情况。

2.2.2.1 "期待的"和"不期待的"反应

实际上，在相邻对的第一部分的话语中，说话者常常会表达出希望相邻对第二部分话语有某种有利于自己的一种倾向性。通常，相邻对的第二部分的反应可以是积极的，也可以是消极的，这些都会在不同的交际场合，对相邻对第一部分的发话者产生有利或者不利的影响。当然相邻对第一部分的发话者会倾向于对自己有利的反应，而通常不会期待着对自己不利的反应。对于这样一种情况，有学者提出了"期待的反应"和"不期待的反应"的概念。"一个相邻对的第二部分是否是第一个说话人所期待的反应，并不影响相邻对构成的完美性。'期待的'和'不期待的'是一种心理上的考虑。"（何兆熊主编，2000：314）虽然，"期待"只是一种对话语表达的心理倾向，但是这就会影响到交谈中的话语表达。

有学者认为，"期待的"和"不期待的"反应，会在话语结构（而不是句法结构）方面有所表现。"'期待的'和'不期待的'这两个概念类似于语言学研究中的'无标记的'（unmarked）和'有标记的'（marked）这两个概念。简单说来，'无标记'是个标记通常的形式，结构形态比较简单；'有标记'则不是通常的形式，结构形态比较繁复。如果对一个第一部分的反应是一个'期待的第二部分'，结构就比较简单。"（何兆熊主编，2000：315）话语表达形式的简单与繁复，就会在语篇结构方面有所体现，形成不同。

在英语的口语表达中，"如果第二方的反应是'不期待的第二部分'，那么结构上就会出现某些特点。在对'不期待的第二部分'作出反应前，总是有某种形式的迟缓，说话人在开始说话前会有比较长的间隙，在作出这样的反应前常会用一些'引语'（preface），除了常见的'Uh'、'Well'这些不期待的第二部分的标记外，说话人也可能根据不同的第一部分用不同的'引语'。"（何兆熊主编，2000：315）看来，"不期待的"的反应总是相对较难的，因为要努力对表达进行合理化、适度化，以便对方能够接受，并且要努力使自己的话语表达比较礼貌。这样就必然会影响相邻对第二部分反应的话语表达，在话语结构上有所表现，引文中提到的"引语"其实就是一种话语结构上的这种表现。

这些相邻对第二部分的话语结构上表现，在交际功能方面也都有其特殊的作用。一方面，它会使交谈对方对"不期待的"反应有了预先的心理准备。"所有这些'引语'的使用都为会话的另一方作好心理上的准备，准备接受一个不能满足他原来期待的反应——'不期待的第二部分'。除了这些'引语'外，说话人有时还会用更多的话语对自己为什么不能满足前一个说话人的期待作出更为详细的解释。"（何兆熊主编，2000：316）其实，这些话语表现，不仅有在心理方面对接受话语的作用，另一方面，也会为说话者组织更为复杂的解释性话语，赢得思考和组织的时间。

2.2.2.2 "如意结构"的概念

对于相邻对第二部分的不同反应，有国外的学者提出了分析其间差异的一种理论模式："如意结构"的概念。"Pomerantz，A.（1978，1984）、Atkinson，J.M.和Drew，P.（1979）以及Levinson，S.C.（1983）指出，一种引发语的不同应答语的地位是不同的，他们提出了一个十分重要的概念：如意结构（preference organization）。这个概念以心理和语言特征为基础，将应答语分为两类，即在每个引发语的应答语选择范围中，至少有一种应答语是如意的（preferred），一种是不如意的（disperferred）。如对'道歉'的应答，如果用'宽慰'则是如意的，用'责备'则是不如意的。如意的应答语结构比较简单，属于无标记的（unmarked），而不如意的应答结构比较复杂，属于有标记的（marked）。"（刘虹，2004：114；Pomerantz，1978；Pomerantz，1984；Atkinson & Drew，1979；Levinson，1983）

但是，有学者从汉语研究的角度，基于汉语研究的事实，对"如意结构"这一理论模式的解释效力提出了质疑："汉语中有些对答结构也存在上述现象……尽管如此，我们仍然认为上述观点还存在一些问题。如一项有多种选择的对答结构很难说具有比较典型的不如意应答方式……另外，有的不如意的应答语也没有什么标记。如，对引发语'指责'的不如意应答'否认/争辩/挑衅'就是这样。相反，如意的应答语'接受'反倒经常出现某些上面所说的语言特征，如延迟回答，使用'嗯……'这样的标记或解释性词语……对'陈述'的不如意应答语'反驳/质疑'也存在类似的现象。"（刘虹，2004：115-116）实际上，这也从某种程度上显示出相邻对第二部分应答语的复杂性。

相邻对第二部分应答语带有各种复杂的情况，实际上是相邻对第一部分在话语表达倾向性方面出现的差异所带来的。引发语在礼貌性方面所暗含的一些特点，会影响到应答者作出相应的反应，在相邻对第二部分选择合适的应答语，因而使应答语呈现出许多差异。"对那些具有带标记的不如意应答语的对答，还应加上一定的限制条件，即这类对答的引发语一般具有施惠于人、受惠于人或者双方互惠的特征。如'要求''建议''提供'均具有这些特征，因而造成了这两种不如意应答语的差异（即有标记特征和无标记特征的差异）。"（刘虹，2004：116）尽管这种"不如意"的结构会给言语表达带来麻烦，但却是在一种语言中必不可少的，也是第二语言学习者不能回避而必须掌握的。

2.2.2.3　反应较弱的情况

（1）对"陈述性"话语的反应

对会话交际中特殊的"陈述性"话语的反应，与通常会话中进行的互动性交际时的话语反应有所不同。对"陈述性"话语一般只需表示出简单的反应即可，因此就形成了反应较弱的情况。"在会话过程中，有很多'陈述'性话语，这种'陈述'性话语表面看来似乎不具有生成应答语的能力，但是对会话资料的发现表明，'陈述'性话语也会有相应的应答语，只不过它不像其他类型的引发语那样（如'询问—回答'类对答），如果没有应答语就会让人觉得奇怪。对'陈述'性话语的应答方式，有时是相应的补充，有时是对所'陈述'的内容表示疑问，有时只是简短的言语性和非言语性反馈项目。"（刘虹，2004：109）可以看出，对"陈述性"话语的应答，并非是话语交际中必备的部分，"陈述性"话语作为相邻对的第一部分，不强制性地要求有相应的反应，所以对相邻对第二部分反应的要求和制约并不显著。当然，如果相邻对第二部分的说话者感到有必要对这种"陈述性"话语作出积极的反应，那么也可以选择较强的反应方式进行回应。

（2）削弱相邻对内各话轮之间紧密联系的情况所带来的反应较弱

还有学者认为，相邻对中各个话轮的密切联系会在一些情况下被削弱："在会话的局部结构中，话轮对内各话轮之间的关系最紧密，这一点集中表现在相邻对之间常见的配合关系是'答其所问'，而不是'答非所问'。"（左思民，2000：202）"然而会话结构中频繁出现的如下现象在很大程度上削弱了相邻对内各话轮之间的紧密联系，这些现象有：插入、分支以及会话题材的突然大转移。"（左思民，2000：202）这些情况似乎会造成相邻对出现复杂的情况，但这些现象属于会话交谈中的特殊情况，并不是会话交谈的主体，相对而言，并不是大量出现的，而应当算是一种意外的情况，发生的频率是较少的。

2.2.2.4　没有反应的情况

在特殊的情况下，汉语会话交际中有时也会出现相邻对的第二部分对第一部分不进行反应的情况。

例 2.24

布　朗：李先生，我要买一点儿水果。　　　　　　　　　　T_1

李先生：那是水果店。你要买什么水果？　　　　　　　　　T_2

布　朗：苹果和葡萄。那儿的水果怎么样？　　　　　　　　T_3

李先生：我们去看看吧。　　　　　　　　　　　　　　　　T_4

——金乃逯等（1993：33）

话轮 T_4 没有直接回答话轮 T_3 的问题，没有直接对问题作出反应，而是提出了建议。这个话轮的内容也可以理解为，"李先生"以话轮 T_4 表示他对水果店的情况也不了解，无法回答，只好提出一个建议。

例 2.25

（在中国学生的宿舍里）

张　新：李文静，听说你不舒服，好点儿了吗？　　　　　　T_1

李文静：多谢你的关心，现在好多了。　　　　　　　　　　T_2

张　新：我想出去散散步，你去不去？　　　　　　　　　　T_3

李文静：对不起，我不能去，有个朋友要来看我。　　　　　T_4

张　新：是谁这么关心你呀！男朋友吧？　　　　　　　　　T_5

李文静：……（不语）　　　　　　　　　　　　　　　　　T_6

张　新：哈哈，你不说话我就知道，我准说对了。　　　　　T_7

李文静：你知道什么呀？你快走吧！　　　　　　　　　　　T_8

张　新：我哪儿敢慢走哇！哎，别忘了，好好儿，招待招待他。　T_9

——戴桂芙等（1997a：99-100）

在话轮 T_6 中，"李文静"沉默不语，没有回答话轮 T_5 中令她羞于回答的问题："男朋友吧？"但实际上，沉默不语也等于默认了话轮 T_5 中的推测。而

且话轮 T_7 中"张新"的得意的话语，以及话轮 T_8 中"李文静"因不好意思而催促的话语，和话轮 T_9 中"张新"开玩笑的话语"我哪儿敢慢走哇！"，也都证明了"张新"在话轮 T_5 中推测的准确，以及"李文静"在话轮 T_6 中沉默不语的默认的含义。

例2.26

王小云：舅舅，您好！	T_1
舅　舅：小云！十年不见，你是大学生了。你今年上几年级了？	T_2
王小云：上大学三年级了。	T_3
舅　舅：有男朋友了吗？	T_4
王小云：舅舅，这是我同学丁力波。他是加拿大留学生。	T_5
丁力波：您好，路上辛苦了。快要下雨了，请上车吧！	T_6

——刘珣主编（2002：204-205）

在话轮 T_5 中，"王小云"并没有直接回答"舅舅"在话轮 T_4 中的问题。这是因为，女孩子面对别人问及自己的"终身大事"等难以回答的问题时，由于羞怯而不予回应（尤其是有外人在场的情况下，更易如此），在汉语交际中是允许的，而且没有不礼貌的嫌疑。当然，在汉语会话的交际习惯中，年长者、地位高者可以这样提问，以表示对年轻者的关心。教材编写者在课文注释中特别说明汉语的这种交际习惯："在中国，当家里一位长辈，特别是年长的亲戚，问家里年轻人的年龄、工作、收入、家庭情况和婚姻状况等，并不意味着是对他们隐私的侵犯；却是表现了年长者对晚辈的关心。因此这样的提问并不被视为喜欢打听别人的私事或冒犯。然而，年轻人有时也不必给予直接、详细的回答。"（刘珣主编，2002：201）❶

有时候，由于教材编写者的疏忽或其他原因，导致出现相邻对第二部分

---

❶ 原文为英文："In China, when a senior family member, especially an elder relative, asks a younger member of the family about his/her age, occupation, income, family situation and marital status, it is not meant as an invasion of the privacy of the latter; rather it shows the elder's concern for the younger. Therefore such questions shouldn't be perceived as nosey or offensive. However, the latter sometimes need not give direct, exhaustive answers, either."（刘珣主编，2002：201）

对第一部分没有反应的情况，这是应当出现反应而没有出现的情况，与上文言及的"没有反应"的情况有所不同，应属于编写失误。

例2.27

A：……今儿晚上有空儿吗？到我家吃顿便饭怎么样？ T_1

B：今儿不行了，晚上代表团有活动。明儿怎么样？ T_2

A：行。我的地址你有吧？晚上六点我在家等你。 T_3

B：一言为定。明儿晚上咱们好好聊聊。 T_4

——李德津、李更新（1989：299）

话轮 T_3 中说话者A的问题："我的地址你有吧？"，在话轮 T_4 中没有得到说话者B的回答。话轮 T_4 作为相邻对的第二部分，没有回应第一部分。尽管话轮 T_4 的肯定性回答，似乎暗示B已经知道说话者A的地址，但是不能完全确定，因为话轮 T_4 中的回答不够明确，暗示的线索也不清晰，无法推断说话者B已经知道A的地址。

2.2.3　对相邻对的分析在口语教材编写中的作用

相邻对在会话语篇的结构分析中有着基础性的重要作用。"会话分析学派所发现的其他结构特征如会话的开始、结束、修补等都需要依据相邻对的概念加以分析和解释。"（刘运同，2007：56）相邻对实际上是会话中话语之间最基本关系的体现，对于如何进行话语表达和话语理解有着重要的作用，也是进行话语应答首先要掌握的，否则就会"言不对提（问）"。话轮虽然是会话语篇结构分析的最基本的概念，但是相邻对有其与之不同的地位和更为重要的作用。"会话分析十分关注人们在交谈中是如何相互理解以及如何向对方表明自己的理解。相邻对就是达到这一目的的理想方式。它可以起到单独一个话轮所起不到的作用。"（刘运同，2007：56）

有学者已经分析了对相邻对的研究在语言教材编写中的作用。"应答语并不是像一般人想像的那样是完全随意的，而是被引发语制约着。应答语必须与前面的引发语相对应，否则不会被接受。那么这就给我们语言研究提出了一个任务，即不同的语言中共有多少种对答类型，每一种对答的引发语具有哪些相对应的应答方式。如果能把这个问题搞清楚，我们就可以在编写语言教材时系统地、有目的地编入各种结构类型，使学生可以全面掌握该语言中各种引发语的不同应答方式，从而克服随意性教学所不能避免的重复和遗漏问题，在短期内提高学习者的语言交际能力。"（刘虹，2004：105）如果教材编写者能够采用这位学者的建议，以及在其专著中总结的各种类型的应答方式，就可以带来教材编写时的丰富性和系统性，也会有益于课堂教学。

相邻对有多种的对答方式，形成不同的应答结构。"对会话的资料进行考察后可以发现，在各种类型的对答结构中，引发语对生成应答语的强制力有强有弱，有的对答结构如果不出现应答语就非常引人注目，往往不容易被人接受。比如'询问'对'回答'的强制力就极强……但是有时对引发语不做应答则可以接受，如'评论'型对答的引发语对应答语生成的强制力就相对比较弱。如果做相对应答，就显得对参与会话比较积极，对说话者比较尊重。"（刘虹，2004：125-126）由此可见，在教材编写时，对多种类型的应答结构都应当有所考虑并在教材中有所表现。编写者不能只一味设计"问询—回答"的对话模式，但是在其他一些类型的对答结构中，引发语对应答语的强制力又有可能较弱，因此而使话轮转换易于出现停顿。如果衔接连贯处理得不好（话题转换不够自然），学习者对第二语言的理解以及操练都会受到影响。如何使话轮交接合理而自然的问题，教材编写者应当重视。在这里，学习者也可以学习到汉语会话中对于合作问题、礼貌问题的解决方式。

实际上，对于相邻对等固定的话语表达套式的使用，也不是一件简单易学、普通易行的事情。在实际的口语交际中，要合适地使用类似相邻对等话语表达结构，常常是第二语言学习者的难题。"笔者在学习一种新语言时常有类似经验。实际上，你对运用毗邻顺序犹豫不决，因为你一旦引起了持这种语言的母语者的注意，你会发现这已超出你的能力范围，而且会话一开始就没有能力继续下去了。"（罗纳德·斯考伦、苏珊·王·斯考伦，2001：73）所以，对于相邻对等话语结构的使用，应当在课堂教学中特别注意加以训练，在教材编写时提供训练的基础和机会。

在对汉语口语教材的各种批评之中，脱离汉语口语的真实交际是比较突出的一种。当然由于教学的需求和限制，不能要求教材中的会话完全等同于自然口语中的会话，但是，争取使教材中的会话接近自然真实交际中的会话，应当是教材编写者努力的方向。在编写教材时，就不仅要在语言形式方面下功夫接近自然口语，也要在会话语篇结构方面下功夫。教材编写者要注意在教材中提供丰富多样的话语表达形式，同时，也要注意避免在话语结构的编写方面出现问题。

例2.28

大卫：丁凡，明天星期六。我们出去玩儿吧。　　　　　　　　T_1

丁凡：你听天气预报了吗？明天天气怎么样？　　　　　　　　T_2

大卫：好极了，不冷也不热，是晴天。　　　　　　　　　　　T_3

丁凡：我们去爬山。　　　　　　　　　　　　　　　　　　　T_4

大卫：好！　　　　　　　　　　　　　　　　　　　　　　　T_5

——北京外交人员语言文化中心编（2003a：39）

在话轮T_4中由说话者"丁凡"提出的建议，似乎应当由首先在话轮T_1中提出初步建议的"大卫"来提出具体的建议（去爬山）比较好，因为是"大卫"提出了初步的建议，他必然会有一些具体的设想。所以，应当注意相邻对中第一部分始发语的设计编写与合理编排。

例2.29

A：你是哪国人？　　　　　　　　　　　　　　　　　　　　T_1

B：我是美国人。你是日本人吗？　　　　　　　　　　　　　T_2

A：我是日本人。你是留学生吗？　　　　　　　　　　　　　T_3

B：我是留学生。　　　　　　　　　　　　　　　　　　　　T_4

A：你学习什么？　　　　　　　　　　　　　　　　　　　　T_5

B：我学习汉语。　　　　　　　　　　　　　　　　　　　　T_6

A：我也是留学生，我也学习汉语。　　　　　　　　　　　　T_7

B：我们都是留学生，我们都学习汉语。　　　　　　　　　　T_8

——陈光磊（2000：11-12）

话轮T_7中说话者A所说的"我也是留学生"，如果在别人询问时，出现于相邻对第二部分的应答语中会比较好，而不是像这样自己主动地说出，把自己的情况提供给对方。在会话课文的编写中，也应当注意相邻对中的第二部分的应答语与始发语的配合问题。

汉语口语交际中，有各种形式丰富多样的应答表达方式，应当在口语教材的会话课文中都尽量呈现出来。这也是避免会话课文脱离实际口语交际的重要努力方向之一，也是丰富口语教材的编写手段和语篇结构内容、提升口语教材的编写水平的重要途径之一。"目前，在汉语口语教学中，大部分只注重教授比较如意的应答方式，而不如意的应答方式较少涉及。但是把汉语作为第二语言学习的人在用汉语交际时，不可能在所有场合都给对方如意的应答语，当需要做不如意的应答时，他们不知道怎样回答才是恰当的。所以在编写汉语教材时，我们不仅应把最常见的应答语教给学生。"（刘虹，2004：120）所以，在编写汉语口语教材时，对各种应答方式的充分考虑和合理编排，是教材编写者提高教材课文内容丰富性和话语表达实用性的重要途径之一。

2.3 会话语篇中的一些基本结构

话轮和相邻对是组成会话语篇的基本结构单位，是最基本的结构成分。但会话语篇的整体结构中还有一些稍大一些基本结构，这些基本结构组合而成会话语篇的更大的结构乃至整体的结构，其重要性也不容低估。所以，有必要对其在汉语初级口语教材会话课文中的具体表现进行研讨，为更好地编写和改进汉语口语教材服务。本书主要选择了一些有代表性和重要性的基本结构进行探讨，如前置序列、插入序列、旁侧序列、环套式结构和修正结构等。

2.3.1 前置序列

2.3.1.1 "前置序列"的界定

"前置序列"的产生与人们口语交际时的一种心理有关，并且这种心理会在话语表达上有所表现，因而构成了言语行为在会话中的一种特殊的现象，形成一种带有规律性的语篇结构。"为了避免自己的期待受挫而造成心理上的不满足，以及避免可能出现的某种窘迫局面，在实施某些行为之前，说话人往往先要对实施某一行为的条件存在与否作一下探测，在得到对方的确认后，他才进而实施这一行为，这种为探测条件而进行的对话构成了一种特殊的相邻对，它被称为'前置系列'（pre-sequence）。"（何兆熊主编，2000：316）实质上，"前置序列"在会话交谈中，既可以"避免自己的期待受挫"，并对对方话语反应的可能性进行探测，又可以使交谈对方对自己所要实施的某种言语行为有一些心理准备。

2.3.1.2　前置序列产生的动因

前置序列具有话语表达意义的间接性。例如前置序列中常见的"前置请求序列"，一般所提出的要求的事项是比较容易实现的。当然这种比较低的要求，也是让对方如果因有需要或不得已而拒绝时，比较容易找到一个听起来合理的理由。把正式的合乎主要目的的请求放在"前置请求序列"的后边，也是因为这种请求通常都会给对方造成麻烦或带来不便，而且这种请求也必须比较直接明确地提出。"从前置请求到提出要求实际上是提出请求的方式在间接程度上的减弱。为了避免遭人拒绝的难堪，说话人先提出一个前置请求，这实际上是个比较间接的请求，它的间接性体现在听话人可以很方便地给对方一个否定的回答而不会使任何一方感到难堪。出于客观原因去拒绝请求总不像出于主观原因去拒绝那么难于启齿……只有在第二方作出一个肯定的答复后，提出要求的一方才能以更直接一点的方式提出请求，这时的请求方式取决于双方的关系等社会因素。"（何兆熊主编，2000：318-319）可见，前置请求序列之后的正式的请求，具有直接提出的特点，但是如果在没有任何话语准备的情况下就贸然直接提出请求，不仅自己会冒着被交谈对方拒绝的风险，而且这种表达也会使对方陷于难堪的境地。"由于拒绝是不合意的选择，交际者双方都有责任尽量避免出现不合意回答，或者使之出现时不那么公开、明显。一种常见的方法是采用请求前序列。"（刘运同，2007：62）

"前置请求序列"所提出的请求，是可以使需要作出回答的对方，比较容易在不同的答案中进行选择，而不带有对于回答的强制性，并非是一定要得到明确的、肯定性的回答，对于这样的请求也可以比较容易产生否定性的回答。但是按照通常的社会交际习惯，在前置请求序列里所提出的请求，一般比较倾向于容易得到肯定性的回答，这样的回答带有一定的习惯性，但是也留有对方产生否定性回答的余地。"预示序列的动因是一种优先安排（pref-erence organization）现象使然。对不同类型的话语可以有优先与非优先的回应。（这时的优先不是一种个人偏好，而是一种可以观察到的、由社会一致认可的而且能指导话语的产出与解释的状态。）"（维索尔伦，2003：46）这种"优先安排"（即"如意结构"）实际上是在社会话语交际习惯的作用下，在话语选择、使用方面的一种倾向性。这种倾向性会形成一种交际惯例，使交际双方比较容易把握话语的进程，并且在心理和言语行为上比较容易接受和做好回应的准备。

2.3.1.3　前置序列的作用

话语交际中的这种前置序列，实际上也是为了通过交际互动的方式，避免给交际对方造成太大的麻烦，同时也避免给交际双方带来尴尬。这实质上也就是话语交际中的礼貌表现所在，在汉语的口语交际中同样也有这样的前置序列。在汉语话语交际中，比较常见的前置序列也同样是"前置请求序列"。话语表达中产生这种前置请求序列，也是因为汉语话语交际中的礼貌原则在发挥作用，是礼貌所要求和限定的。"在正式做出请求前，先发出请求前语列（pre-sequence）以便了解对方是否有满足自己请求的前提条件，以避免对方说出不如意的应答语，这也是请求式会话开头常常采用的一种表示客气礼貌的方式。"（刘虹，2004：152）可见，前置序列还可以起到使话语表达比较礼貌的作用。

例2.30

米　勒：张先生，有件事想问问你？　　　　　　　　　　　　　　　T_1

张先生：什么事？　　　　　　　　　　　　　　　　　　　　　　T_2

米　勒：我的一位老朋友特别喜欢中国工艺品，他又来信打听在哪儿能买到中国画和陶茶壶。　　　　　　　　　　　　　　　　　　　　　T_3

张先生：中国画好买。陶茶壶嘛，我真不知道哪儿有卖的。正巧，明天我要陪布朗先生去商店，顺便给你问问。 T_4

米　勒：多谢了。 T_5

——金乃逯等（1993：363-364）

话轮 T_1 和 T_2 是进入正式话题以前的准备性试探话语，因为"米勒先生"要提出请求，担心自己的请求会遇到麻烦，所以先提出问题试探一下对方，如果"张先生"愿意并且方便回答，就再提出正式的要求。这样话轮 T_1 和 T_2 就构成了前置请求序列。

例2.31

（黄小玉要给表妹买件生日礼物。她想让杨乐跟她一起去商店看看）

黄小玉：小杨，明天有事吗？ T_1

杨　乐：没什么事。 T_2

黄小玉：那你明天陪我去逛逛商店好吗？ T_3

杨　乐：行。你准备买点儿什么？ T_4

黄小玉：我表妹快过生日了，我想给她买件礼物。 T_5

……

——张辉（1997：13）

话轮 T_1 和 T_2 是前置请求序列，话轮 T_3 以后是请求序列。话轮 T_1 和 T_2 是在提出正式的主要请求以前，先行试探一下对方，如果对方的话语显示出正式的请求提出时不会被拒绝，就进一步提出正式的请求。

例2.32

张文：布朗先生，你明天晚上有时间吗？ T_1

布朗：什么事？ T_2

张文：明天是格林先生的生日，咱们去他家祝贺一下儿，怎么样？ T_3

布朗：好哇。我今天上午去定一个生日蛋糕。 T_4

……

——李克谦、胡鸿（1998：167）

话轮 T_1 和 T_2 是前置序列，在话轮 T_3 说话者"张文"在得到"布朗"有兴趣关注的信息后，才提出他的正式的建议，并征求对方的意见。

与内容类似但会话语篇结构有所不同的会话课文相对比，我们就更容易认识清楚前置序列的特点。

例2.33

A：对不起，大卫，打扰你一下。　　　　　　　　　　　　　T_1

B：什么事？　　　　　　　　　　　　　　　　　　　　　T_2

A：请问今天晚上有什么安排没有？　　　　　　　　　　　T_3

B：有。学校组织我们去看越剧。　　　　　　　　　　　　T_4

……

——朱旗（1985：137）

尽管例2.33中会话开头部分的内容与例2.32差不多，但是他们在语篇结构上有所不同，话语表达的功能也有所不同。例2.33中的话轮 T_1 不是起试探作用的话轮，而是起打断作用的，话语表达的目的是为了引起对方的注意，在吸引了对方的注意以后再说出主要的话语。

有时候前置序列在与其他的会话语篇结构组合在一起时，会呈现出结构上稍显复杂的情况。

例2.34

金　善：周末你打算干什么？　　　　　　　　　　　　　T_1

金大成：我想在家休息。　　　　　　　　　　　　　　　T_2

金　善：星期六晚上你有空儿吗？　　　　　　　　　　　T_3

金大成：你有什么事？　　　　　　　　　　　　　　　　T_4

金　善：你来我家玩，好吗？　　　　　　　　　　　　　T_5

金大成：好啊。　　　　　　　　　　　　　　　　　　　T_6

金　善：那天是我的生日。　　　　　　　　　　　　　　T_7

金大成：是吗？祝你生日快乐！　　　　　　　　　　　　T_8

——金椿姬（2003：57）

话轮 T_1 和 T_2 以一般性的询问和回答作为会话的开头。在话轮 T_3 和 T_4 中进一步进行有关的询问。这样，话轮 T_1 到 T_4 就形成了由两组相邻对所组成的前置序列。然后，说话者"金善"才在话轮 T_5 中提出了正式的邀请。

2.3.2　插入序列

插入序列是会话语篇结构中的一种常见的现象，通常是由一个或几个相邻对插入到一个已经说出第一部分的相邻对之间，使这个相邻对的两个部分分离开了，但是被插入的相邻对的两个部分之间仍然保持着语篇结构和语义表达上的联系，在这样一种情况下，插入的部分就构成了一种带有独立性的话语结构，被称为"插入序列"。

插入序列主要依据产生原因的不同而分为两类：一类是由于要澄清事实而加以询问所产生的插入序列；另一类是由于他人抢过了发话权打断了原来的会话进程而产生的插入序列。

2.3.2.1　由需要澄清事实而产生的插入序列

在话语交际中，由于说话者对对方话语（相邻对的第一部分）中的某些事实不明白需要澄清，因而提出问题要求对方先行予以解答以澄清自己的疑问，这样也就不能马上对对方说出的相邻对第一部分的话语作出反应，而交谈对方如果期待着得到这种反应（通常的相邻对第二部分的反应），就必须先行澄清疑问。在疑问得到对方的澄清之后，才会出现对方期待的相邻对的第二部分的反应。这样，疑问与对疑问的澄清，就构成了一个由需要先行澄清事实而产生的插入序列。❶

例 2.35

（大伟的好朋友迈克想来中国旅行。他打来电话，请大伟为他预订房间。大伟来到西郊宾馆。）

---

❶ 有学者还提出了与此类似的另外一种情况："与人交谈时会碰到这样一种情况：你在提出一个问题，或在谈及某件事情的时候，对方不一定会马上顺着你的意思往下讲，而是提出一个相关的问题让你先谈谈看法，然后再见机行事。这类应答可称为试探性间接应答。"（郭宏丰，2008：74）也许本书例证中的例 2.36 有些与此类似，但是两种情况的界限也不是十分明确，因为此例证中话轮 T_3 的提问之中"见机行事"的成分不是十分明确和充分。

服务员甲：您好！　　　　　　　　　　　　　　　　　　　　　　T₁

大　　伟：你好！我想为朋友预订一个单人房间，有吗？　　　　T₂

服务员甲：什么时候来住？　　　　　　　　　　　　　　　　　　T₃

大　　伟：他这月十五号晚上到，打算住一个星期。　　　　　　T₄

服务员甲：您稍等，我给您查查。　　　　　　　　　　　　　　　T₅

（过了一会儿）

只有一个空房间了，不过，十五号上午有位客人会退房，可能还有一间。

T₆

——戴悉心、王静（2001：71）

话轮T₃和T₄是插入的相邻对（插入序列结构）。"服务员甲"的话轮T₃对话轮T₂中"大伟"的问题并没有直接作出回答，而是另外提出了一个问题，在得到了话轮T₄中"大伟"的明确答复以后，"服务员甲"才在话轮T₅回答了会话开始时话轮T₂的问题。这样，话轮T₃和T₄就构成了插入序列。

例2.36

男青年：同志，我们想买一套高档电视机和录像机。　　　　　　T₁

女青年：要多功能、多制式的。　　　　　　　　　　　　　　　　T₂

小　　罗：是准备结婚用的？　　　　　　　　　　　　　　　　　T₃

男青年：是。所以，我们不在乎钱，但要买最新式的。　　　　　T₄

小　　罗：好，那就先向你俩道喜啦，祝你们新婚幸福！　　　　T₅

男青年：谢谢。　　　　　　　　　　　　　　　　　　　　　　　T₆

小　　罗：你们看，这里有一套组合电器，是最新产品，刚投放市场，买一件，收录放全齐了，使用起来很方便。　　　　　　　　　　　　T₇

……

——黄为之（1999b：240-241）

话轮T₃~T₆是插入序列。与例2.35的情况差不多，但稍有不同的是，本例中的插入序列是由两个相邻对所组成的。这说明，插入序列可以由一个以上的相邻对组成。

例2.37

（在课堂上）

学生：对不起，老师，我有点儿不舒服，想回房间休息休息，可以吗？

T_1

老师：怎么了？　　　　　　　　　　　　　　　　　　　　　　T_2

学生：头有点儿疼。　　　　　　　　　　　　　　　　　　　　T_3

老师：好吧，回去好好睡一觉，也许就好了。　　　　　　　　　T_4

学生：谢谢老师。　　　　　　　　　　　　　　　　　　　　　T_5

——戴桂芙等（1997a：99）

　　话轮 T_2 和 T_3 是插入序列，在话轮 T_2 中，"老师"没有直接回答话轮 T_1 中"学生"的问题，而是询问"学生"的情况和想休息的原因，在得到"学生"的答复 T_3，问明白实际的情况，澄清了事实以后，才在话轮 T_4 中答复了话轮 T_1 中的问题，所以话轮 T_2 和 T_3 就构成了插入序列，插入到了本应构成相邻对的 T_1 和 T_4 两个话轮之间。

例2.38

王兰：明天有个画展，你能去吗？　　　　　　　　　　　　　T_1

大卫：我很想去，可是明天有个约会。　　　　　　　　　　　T_2

王兰：怎么？是跟女朋友约会吗？　　　　　　　　　　　　　T_3

大卫：不是，有个同学来看我，我要等他。　　　　　　　　　T_4

王兰：他也在北京学习吗？　　　　　　　　　　　　　　　　T_5

大卫：不，刚从法国来。我们好几年没见面了。　　　　　　　T_6

王兰：你应该陪他玩儿玩儿。　　　　　　　　　　　　　　　T_7

大卫：这星期我没空儿，下星期我们再去看画展，可以吗？　　T_8

王兰：我再问问，以后告诉你。　　　　　　　　　　　　　　T_9

大卫：好。　　　　　　　　　　　　　　　　　　　　　　　T_{10}

——康玉华、来思平（1999：128）

　　从话轮 T_3 到话轮 T_7，是一个插入序列。对于话轮 T_1 的问题，"大卫"在话

轮 T_2 初步作出了回答，在话轮 T_8 有了直接对应话轮 T_1 的问题的回答。这样，由于会话语篇中间插入了五个话轮，就形成了一个大型的插入序列。这个大型的插入序列，内部构成稍显复杂，但其主体仍然是一个插入序列。

2.3.2.2 由他人抢过发话权而产生的插入序列

在两位交谈者的对话中，在第二位应答者尚未回答第一位发话者的话语时，就由第三位说话者插入抢过发话权，代替第二位说话者回应了第一位发话者的话语。这时第一位发话者就要转而回应第三位说话者的话语，而第二位说话者只能在其后再回应第一位发话者的话语。这样，由于另外的他人抢过发话权的插入以及对之的回应，就构成了一种插入序列。

例2.39

B：（对售货员）同志，您把那件连衣裙拿来看看。	T_1
S：是这件吗？	T_2
A：不是，她指的是那件黄的。	T_3
S：是这件吧？	T_4
B：对，就是那件。	T_5

——李德津、李更新（1989：98-99）

话轮 T_3 和话轮 T_4 是插入序列，而且说话者 A 在话轮 T_3 是自选作为下一个说话者，抢过了发话权，代为说明，代为回答了话轮 T_2 说话者 S 的问题。而在说话者 S 在话轮 T_4 回应话轮 T_3 的话语再度提出问题之后，说话者 B 才有机会在话轮 T_5 回应了话轮 T_4 的问题，更主要的是回答了话轮 T_2 的问题。话轮 T_4 由于要回应话轮 T_3 并进一步提出问题，所以就与话轮 T_3 一起构成了插入序列。

例2.40

山口：珍妮，今天有中国时装表演，我有票，你和我一起去好吗？	T_1
杰克：嗨！我也去。	T_2
珍妮：看你，山口又没邀请你。	T_3
山口：你急什么，还能忘了你？给！	T_4
珍妮：山口，时装表演在什么地方？	T_5

　　山口：在国贸大厦。　　　　　　　　　　　　　　　　　　　T_6

　　……

——黄为之（1999b：35）

　　话轮T_2是"杰克"的打断话轮，他抢过了发话权，而"山口"在话轮T_1中明确指定了下一个说话者是"珍妮"。由于话轮T_2的打断，话轮T_3和T_4的内容转向了与话轮T_2有关的内容，在话轮T_5"珍妮"才有机会回应话轮T_1的提问，转回到与话轮T_1的话题有关的交谈内容上。这样一来，话轮T_3和T_4与话轮T_2一起构成了插入序列。

2.3.3　旁侧序列

2.3.3.1　旁侧序列的界定和语篇结构上的特点

　　旁侧序列是由有专门交际目的的话语所构成的一种特殊的会话结构。旁侧序列使用的目的也是为了澄清，但是需要澄清的内容与插入序列有所不同，所要澄清的不是另外的相关事实，而就是说话者话语本身之中的一些有疑问的地方。"旁侧系列是在会话过程中，听话的一方认为说话人的话中有需要澄清或需要更正的地方，从而打断了说话人正在说的话向他提出疑问而产生的。"（何兆熊主编，2000：322）

　　旁侧序列在话语结构上有自己的特点。"听话人提出疑问一般不在说话人所说的一句话的中间，而在一句话的终止处。这是因为在一句话的中间打断别人是不礼貌的，而且只有在说话人说完了一句话又没有表示出将进一步澄清或更正时，听话人才有理由提出疑问。在听话人提出疑问之后，说话人进行澄清或更正，然后听话人表示接受，并以某种结束语表示这个要求澄清或更正的嵌入系列业已结束，说话人可以继续说下去。因此，一个旁侧系列包括三个组成部分：疑问 + 澄清 + 结束语。"（何兆熊主编，2000：322）

2.3.3.2　旁侧序列和插入序列在语篇结构方面的差别

　　旁侧序列和插入序列在会话语篇结构方面也表现出不同之处。这些不同之处包括两个方面：

　　其一，两者所插入的位置有所不同，或者说它们在语篇结构中所处的位置有所不同。"插入系列嵌入到一个相邻对的两个组成部分中去，但旁侧系列并没有嵌入到一个相邻对的第一部分和第二部分中去，旁侧系列的前面和后面都是同一个说话人的陈述，这同一个人的两个说话轮次当然不会是构成一个相邻对的两个部分。"（何兆熊主编，2000：323）

其二，两者自身的构成情况有所不同。"插入系列本身是一个相邻对，会话双方各说一次话，分别是一个相邻对的第一和第二部分，但旁侧系列却不是一个相邻对，因为它是由三个而不是两个部分构成的，疑问和澄清或许可以称得上是一个相邻对，但第三个成分'结束语'是必须的，如果没有这个结束语，第一个说话人似乎没有得到可以继续说话的认可，三个成分自然称不上是个对子。"（何兆熊主编，2000：323）两种序列的组成成分的不同，自然会影响到会话语篇结构，使它们在语篇结构方面也会表现出不同之处。

例2.41

（在车上）

售票员：买票，买票，上车的同志请主动出示月票，没有月票的请买票。

T_1

学　生：售票员，我买一张去长江大桥的车票。　　　　　　　　　T_2

售票员：这车不到长江大桥，你可以坐到中山路再换车。　　　　　T_3

学　生：到中山路有几站？　　　　　　　　　　　　　　　　　T_4

售票员：四站。　　　　　　　　　　　　　　　　　　　　　　T_5

学　生：多少钱一张票？　　　　　　　　　　　　　　　　　　T_6

售票员：两毛。　　　　　　　　　　　　　　　　　　　　　　T_7

学　生：下车以后再换什么车？　　　　　　　　　　　　　　　T_8

售票员：你可以坐十一路电车，终点站就是长江大桥，也可以去坐中巴。

T_9

学　生：中巴是不是那种小公共汽车。　　　　　　　　　　　　T_{10}

售票员：是的。你在路上看见了一招手，它就停了。　　　　　　T_{11}

学　生：这倒很方便。车到站的时候，麻烦您叫我一下。　　　　T_{12}

售票员：好的，请您往里边站站，门口太挤。下一站是人民公园，有到

人民公园的，请准备下车，不下车的请让一让。T_{13}

——刘乃华等（1997：98–99）

在这段会话语篇中，旁侧序列的会话结构是从话轮 T_{10} 到话轮 T_{12} 的"这倒很方便"为止。在这三个话轮中，话轮 T_{10} 是对话轮 T_9 中话语本身的"中巴"一词的含义提出疑问，话轮 T_{11} 是对此疑问的澄清，话轮 T_{12} 是对此澄清的接受，正好一共是三个成分。在话轮 T_{10} 到话轮 T_{12} 的前后，话轮 T_9 和话轮 T_{13} 都是同一个说话者"售票员"的话语。所有这些特征都表明话轮 $T_{10} \sim T_{12}$ 是旁侧序列。

例2.42

刘小姐：电梯下来了，马丁先生，请吧。　　　　　　　　　T_1

马　丁：好的，你先请。　　　　　　　　　　　　　　　　T_2

刘小姐：不，不，你先请。　　　　　　　　　　　　　　　T_3

马　丁：女人第一。　　　　　　　　　　　　　　　　　　T_4

刘小姐：不是"女人第一"，是"女士优先"。　　　　　　　T_5

马　丁：女士？女士是夫人还是小姐？　　　　　　　　　　T_6

刘小姐：可以是夫人也可以是小姐。　　　　　　　　　　　T_7

马　丁：哦，我明白了。刘女士优先。　　　　　　　　　　T_8

刘小姐：那我就不客气啦。　　　　　　　　　　　　　　　T_9

——李克谦、胡鸿（1998：121）

话轮 $T_6 \sim T_8$ 是旁侧序列。在话轮 T_6 中，"马丁"对"女士"一词的含义提出疑问，"刘小姐"在话轮 T_7 中进行了解答，澄清了"马丁"的疑问。话轮 T_8 是"结束语"。这样，话轮 $T_6 \sim T_8$ 就构成了一个旁侧序列。

2.3.4　环套式结构

2.3.4.1　环套式结构的特点

在会话的语篇结构中，插入了由多个相邻对组成的插入结构，形成了与原会话相关但又有所不同的另外的话语结构，这样插入的话语结构与原有的话语结构，在总体上形成了一种环套式结构。环套式结构与插入序列的不同之处在于，环套式结构中的插入部分除规模较大外，主要是内容所涉及的多为另一话题，在此一话题的谈论结束之后，又回到初始的话题，由此而形成了一个大型的环套式结构。

2.3.4.2 环套式结构的会话课文例证

用汉语口语教材课文中的实际例证，比较容易说明这种会话语篇中的特殊结构类型的特点。

例2.43

（李爱华正在学习，李秋来了）

李　秋：……一会儿我和陈卉去跳舞，你去吗？	T_1
李爱华：我不去，我去图书馆看书。	T_2
李　秋：今天星期六，你还学习，你真努力。	T_3
李爱华：下星期我们考试。	T_4
李　秋：汉语难不难？	T_5
李爱华：发音很难，语法不太难。	T_6
李　秋：汉字呢？汉字也不容易吧？	T_7
李爱华：汉字难极了。你看，我每天都练习汉字。	T_8
李　秋：你写的汉字很好。我学习英语，英语也难得很。	T_9
李爱华：是啊，学外语都不容易。	T_{10}
李　秋：你去图书馆吧，我去找陈卉。	T_{11}

——邓恩明主编（2003：76–77）

这是一个典型的大型"环套结构"，以话轮 T_1 和 T_2 中的"跳舞、去图书馆"的话题开始，中间插入从话轮 T_3 到话轮 T_{10} 与"学习汉语"话题有关的内容，最后又在话轮 T_{11} 回到"去图书馆"的话题上来，形成了一个环套式结构。

例2.44

……

| 王老师：好，你们回答我，西方人为什么喜欢吃中餐？ | T_1 |

珍　妮：山口，你是东方人，比较熟悉东方人的饮食习惯，你先回答老
师的问题吧。　　　　　　　　　　　　　　　　　　　　　T_2

山　口：中餐很讲究色、香、味、形。　　　　　　　　　　　　T_3

杰　克：什么色、香、味、形？　　　　　　　　　　　　　　　T_4

山　口：就是菜的颜色、香气、味道和形状。　　　　　　　　　T_5

杰　克：这有什么特别吗？　　　　　　　　　　　　　　　　　T_6

山　口：这么说吧，你刚坐下，还在点菜，就会闻到一股菜香。等菜摆
上桌子，瞧那颜色，你就忍不住要动筷子；咬上一口，那味道，啧啧……
　　　　　　　　　　　　　　　　　　　　　　　　　　　　T_7

珍　妮：就像雀巢咖啡的广告，"味道好极了"是不是？　　　　T_8

杰　克：你这么说，我恨不得这就去美餐一顿。哎，还有"形"呢？T_9

山　口：哦！那形状简直就是一件件艺术品。　　　　　　　　　T_{10}

珍　妮：不过，山口说的是卖米饭炒菜的正餐，我更爱吃北京小吃。T_{11}

杰　克：北京小吃，又有什么讲究？　　　　　　　　　　　　　T_{12}

珍　妮：我也说不清楚，明天带你去见识见识。　　　　　　　　T_{13}

杰　克：说了半天，老师的问题究竟该怎么回答呢？　　　　　　T_{14}

山　口：我想，中国人爱吃西餐，西方人爱吃中餐，大概是一种文化交
流吧！　　　　　　　　　　　　　　　　　　　　　　　　　T_{15}

珍　妮：是为了满足好奇心，人都有好奇心！　　　　　　　　　T_{16}

　　　　　　　　　　　　　　　　　　　——黄为之（1999b：2–3）

　　话轮T_1和话轮T_{14}~T_{16}互相呼应，中间的会话T_2~T_{13}是一个插入部分，这
样就构成了一个大的环套结构。对于"杰克"在话轮T_{14}中提出的问题，"山
口"的话轮T_{15}和"珍妮"T_{16}的话轮，虽然没有直接地回答，主要表明了她们
对这一话题的看法，但间接地回答了"杰克"在话轮T_{14}中的问题，也就间接
回答了"王老师"在话轮T_1中的问题。

　　例2.45

A：啊，好漂亮的鲜花！　　　　　　　　　　　　　　　　　　T_1

B：给你！　　　　　　　　　　　　　　　　　　　　　　　　T_2

A：送给我？小姐，你……　　　　　　　　　　　　　　　　　　T$_3$

B：这是我替你买的。　　　　　　　　　　　　　　　　　　　　T$_4$

A：我没叫你买花啊？　　　　　　　　　　　　　　　　　　　　T$_5$

B：喂，噢，是钱太太。他在，您等等。经理，你的电话。　　　　T$_6$

A：喂，亲爱的，有事吗？　　　　　　　　　　　　　　　　　　T$_7$

B：现在几点了？　　　　　　　　　　　　　　　　　　　　　　T$_8$

A：现在整六点。　　　　　　　　　　　　　　　　　　　　　　T$_9$

B：你还不回家？　　　　　　　　　　　　　　　　　　　　　　T$_{10}$

A：啊，对不起，晚上我还有一个约会。　　　　　　　　　　　　T$_{11}$

B：你忘了今天是什么日子？　　　　　　　　　　　　　　　　　T$_{12}$

A：10月30日，星期五。　　　　　　　　　　　　　　　　　　　T$_{13}$

B：谁问你这个了！　　　　　　　　　　　　　　　　　　　　　T$_{14}$

A：小王，我太太刚才打电话，好像很生气。　　　　　　　　　　T$_{15}$

B：为什么？　　　　　　　　　　　　　　　　　　　　　　　　T$_{16}$

A：她问我，今天是什么日子。　　　　　　　　　　　　　　　　T$_{17}$

B：你怎么说？　　　　　　　　　　　　　　　　　　　　　　　T$_{18}$

A：我说，今天是10月30日，星期五。　　　　　　　　　　　　　T$_{19}$

B：你太太就挂电话了？　　　　　　　　　　　　　　　　　　　T$_{20}$

A：是。我说错日子了？　　　　　　　　　　　　　　　　　　　T$_{21}$

B：没错。　　　　　　　　　　　　　　　　　　　　　　　　　T$_{22}$

A：她为什么生气呢？　　　　　　　　　　　　　　　　　　　　T$_{23}$

B：今天是你太太的生日，我的大经理！　　　　　　　　　　　　T$_{24}$

A：哦，天啦！谢谢你替我买的鲜花！请给我取消约会。　　　　　T$_{25}$

——黄为之（1999b：94-95）

话轮T$_5$的问句没有马上得到回答，但是在下文中得到了回答，也等于先造成了一种悬念。课文中间有一个大段的插入结构T$_7$～T$_{14}$，是电话对话的插入。话轮T$_5$的问题，即为什么买花的原因，在最后的两个话轮T$_{24}$和T$_{25}$得到了解答，悬念到此时才被揭开。会话语篇的中间是包括电话对话的插入部分，所谈论的都是有关生日的话题，只有到最后的话轮才又回到了关于鲜花的话题。整篇课文形成的是一个大的环套结构。

2.3.4.3　环套式结构对于汉语口语教材编写的意义

环套式结构在会话交际中有重要的作用。"这样的套环式对答序列使会话各方得以不断交换主动发话和被动应答的角色关系，增加了会话的热情、友好、和谐气氛……所以，争取成为对答结构中引发语的发话者是成功的会话者应该采取的技巧之一。"（刘虹，2004：124-125）在汉语口语教材会话课文的编写中，如果只设计一方为问一方为答的简单结构，双方的交流只能呈单向形态，而且双方的交际地位也不对等。如果应答方进行反问，增加发问语，形成双向交流，而且交谈双方的地位同等重要。环套式的对答安排，可以使交际的双方都有机会发问和表达展示，呈现出对交流的积极态度，从而也可以形成交际互动。

环套式结构在口语教材会话课文的编写和课堂教学中，有着重要的作用。"我们在明确了解了不同的会话结构对交际效果的影响之后，就可以在课堂教学中或者在会话教材编写时，有意识地引导学生做一些环套式对答方式的会话练习，以期得到更好的教学效果。"（刘虹，2004：125）有些口语教材编写者在编写会话教材时，已经注意到了这一点，在教材的课文中编写一些带有环套式结构的会话语篇（例2.43～2.45就是实际例证），从而改变了以往一问一答类似"审问式"的单调的会话语篇结构形式。

2.3.5　修正结构[①]

2.3.5.1　修正结构的界定和类型

"修正"这种话语现象在日常自然会话中经常出现。"会话中的修正结构是会话中的一个重要组成部分。不管什么样的会话，在交际过程中都会出现这样或那样的阻碍，修正是排除阻碍，维持、保护会话继续进行的唯一的方法。修正结构是会话中必不可少的组成部分。"（李悦娥、范宏雅，2002：

[①] "修正结构"中的"修正"这一术语，也有学者称之为"修补"或"补救"，实际上这些都是英语词"repair"的不同译文，但是也显示出对这一术语的不同认识之间的微妙差异。

120）同样，在汉语口语教材的会话课文的编写中，也受到许多编写者的关注，从而成为会话课文必不可少的组成部分。

修正结构通常有四种类型：自我引导、自我修正，自我引导、他人修正；他人引导、自我修正，他人引导、他人修正。"自从1977年美国社会学家Schegloff等人开始系统地研究会话修补以来，迄今为止已识别了四种不同类型的会话修补形式，即自启/自补（self-initiated and self-repaired repair）、他启/自补（other-initiated and self-repaired repair）、自启/他补（self-initiated and other-repaired repair）和他启/他补（other-initiated and other-repaired repair）。"（姚剑鹏，2007：33）至于形成四种类型的原因，有学者分析为："当会话中出现了需要补救的对象（the trouble source or repairable item）时，可以由发出这一对象的发话人自己来补救，也可以由听话人来补救。某一补救行为既可以由听话人来要求或引发，也可以由发话人自己来引发。这样便得到四种基本的补救类型。"（刘运同，2007：67）

有学者提出了与"修正"的概念近似的"澄清"的概念。"所谓话语澄清，指的是在会话过程中使混沌变为清明，使含糊变为明朗。话语澄清可分为自我澄清、提醒性澄清、协同性澄清三种类型。"（郭宏丰，2008：136）可以看出，"澄清"与"修正"的概念有交叉重叠的部分，但又有一些不同的部分。其中论及的"自我澄清"与"自我引导、自我修正"的类型近似，"说话者一旦意识到口误，习惯上会做出自我纠正。这种形式的纠正，可称为自我澄清。自我澄清又可分为'个词的自我澄清'、'词组的自我澄清'、'句子结构的自我澄清'三种形式。"（郭宏丰，2008：136）但是其分类又似乎不够明确而详细，而且主要着眼于语言结构上的划分。

2.3.5.2 修正结构在自然口语和会话课文中的差别

修正结构有多种类型，但是在会话交际中出现的频率有所不同。有学者分析总结了自然会话中各种类型的修正结构出现的频率。"在会话中自我引导修正/自我修正用得最多，会话中自我引导修正/他人修正用得比较多，其次是他人引导/自我修正，他人引导/他人修正用得最少，而在语言课堂教学中他人引导、自我修正用得比较多，其次是他人引导/他人修正。"（李悦娥、范宏雅，2002：122）自我修正在自然会话中出现的频率高，其原因有学者分析是，"会话分析的研究表明，在补救行为中存在着选择等级[1]，即补救行为倾向于自我引发，倾向于自我补救。这主要由于自我引发和自我补救在出现位置上先于他人引发和他人补救，发出补救对象的人比听话人拥有更多的机会来引发和实施补救。并且，他人完成的补救具有不合意选择所具有的一些特征，如停顿、委婉等。"（刘运同，2007：68）还有学者提出了从认知心理角度的分析结论："会话自我修补的话者作为言语活动的认知主体运用元认知能力，采取一定策略，对自己的言语认知活动进行自我监控和调节的过程，体现了话者最优化表达言语、顾及面子、留住话头、保住自我形象等社会文化动机和局部语境效应。"（姚剑鹏，2007：61）应当引起我们注意的是，自然口语会话中出现的情况，与语言教学课堂上中出现的情况有所不同。

汉语口语教材中也存在各种类型的修正结构，但是由于汉语口语教材是为学习和教学使用的目的而编写的，其中修正结构出现的情况与自然会话有所不同。

由于汉语口语教材的使用对象和有关内容，都要涉及把汉语作为第二语言的学习者，而这些学习者通常还没有能力发现自己的偏误，更为常见的是他们还没有能力靠自己的目的语水平进行修正，所以在汉语口语教材中所呈现的修正结构出现的频率与自然会话就必然会有所不同。

另一个形成两者之间不同的原因是，会话交谈者有所不同。自然会话研究中所涉及的多是母语交谈者之间的会话，与汉语教材中的会话经常发生在第二语言学习者之间或者第二语言学习者与母语交谈者之间，两者之间也有所不同。

这两个方面的原因，就造成汉语口语教材中的修正结构，由他人进行的引导和修正，以及在他人的帮助下进行自我修正的结构类型比较多。

2.3.5.3 修正结构在汉语口语教材会话课文中的具体表现

（1）自我引导、自我修正

说话者自己在话语表达时，发现了自己表达中的问题，通常都会及时地加以纠正。但是这种可以进行自我修正的说话者，通常都是母语使用者。第

---

[1] 这里的"选择等级"这一术语即是上文2.2.2.2中"如意结构"的另一种不同的汉语表述方式，它们都是英文术语"preference organization"的不同译法。

二语言学习者，一般只有在意识到自己发生了口误的情况下，才有可能进行自我引导、自我修正，而且还是要在自己已经掌握了的第二语言的范围之内。但是，教材通常都要提供正确的学习内容，所以对于这种类似口误的偏误及其修正，一般都较少编写。

例2.46

（在教学楼里）

杰　夫：请问，厕所在哪儿？	T_1
学　生：在这个教室的旁边。……哦，不对，在那个教室的旁边。	T_2
杰　夫：谢谢。	T_3
学　生：不客气。	T_4

——戴桂芙等（1997a：17）

在话轮T_2中，"学生"在回答"杰夫"话轮T_1的问题时，自己发现自己的说明有误时，就及时地自己进行了修正。在这种情况下，由于话语内容的原因，通常其他人无法帮助说话者进行修正，只有依靠说话者自己发现话语表达中的问题，自己进行引导、自己进行修正。

同时，有语言能力进行这种自我修正的人，通常也是母语使用者或者目的语掌握水平较高的学习者。在例2.46中的"学生"，我们可以认为应是一位在校园里"杰夫"遇到的中国学生或者汉语水平较高的留学生，因为只有这样的学生，才能够意识到自己表达中的问题，并且有能力进行自我修正。

例2.47

马　丁：请问，王老师在家吗？	T_1
王太太：他不在，您哪位？	T_2
马　丁：您是王太太吧？这是马丁·怀特在说话。	T_3
王太太：什么？您在说话？噢，我明白了，你是马丁。您有什么事吗？	T_4
马　丁：请转告王老师，明天上午我有事，不能上中文课了。	T_5
……	

——李克谦、胡鸿（1998：148）

在话轮T₄中，说话者"王太太"开始时并没有理解说话者"马丁"以外国的话语表达习惯所说出的汉语，但她进行了自我引导，明白了"马丁"话语的含义，并进行了自我修正。❶

（2）自我引导、他人修正

在这种情况下的修正，多表现为说话者对自己的汉语表达没有能力实现或没有把握确定表达的正确性，所以通过自我引导来引发交谈中的他人进行修正。此处虽然称为"自我引导"，但是引导的不是"自我"，而是交谈中的其他人，是通过自己的引导而引发他人对自己的话语表达进行修正。

例2.48

（在一家饭馆里）

王平：喜欢吃什么菜？你随便点，今天我请客。	T₁
安妮：那我就不客气了。我爱吃辣的，来个辣子鸡丁吧。	T₂
王平：这儿的麻婆豆腐最有名，要辣的，不如来个麻婆豆腐。	T₃
安妮：好，听你的。我还没吃过……这个菜名字挺怪的，叫什么来着？	T₄
王平：麻—婆—豆—腐。	T₅

——戴桂芙等（1997a：184）

在话轮T₄中，说话者"安妮"作出了自我引导，由另一个说话者"王平"在话轮T₅中作出了他人修正。说话者"安妮"有意识和能力发现自己话语表达中的问题，但是她没有能力自己进行修正，因为她自己无法说出修正所需要表达的词语，所以要由他人来帮助进行修正，由此而产生了自我引导、他人修正的情况。

---

❶ 对于自我修正，也有学者从认知的角度对其进行了详细的划分和说话者心理层面的分析，得出结论认为，"会话自我修补体现了话者监控和调节自身言语认知行为的元认知能力，其待补阶段是话者对认知活动的自我监控阶段，编辑和改正阶段是话者重新计划言语和修补会话错误的自我调节阶段。其中的编辑阶段是话者监控到言语错误后通过语流暂停等手段来争取时间以重新计划言语并制定修补策略的自我重新计划阶段，而改正阶段则是话者对言语错误进行自我修补的阶段。同时，话者的个人因素对自我监控和自我修补有预设作用。"（姚剑鹏，2007：前言Ⅲ）本书主要着眼于语篇结构的分析，认知研究对于分析语篇结构背后的深层原因有帮助，但是不是本书的侧重点。

例2.49

马丁：你好，你是王先生吧？ T₁

老王：对，我是新来的司机，我姓王。 T₂

马丁：你叫什么名字？ T₃

老王：我叫王后山。 T₄

马丁：你看我可以叫你后山吗？ T₅

老王：我比你大不少，你叫我老王吧；要不像大家一样，叫我王师傅也行。

T₆

……

——李克谦、胡鸿（1998：120）

话轮 T₅中，说话者"马丁"对自己表达的对对方的称呼没有把握，于是进行自我引导，依靠交谈的对方进行修正。在话轮 T₆中，由"老王"进行了他人修正。

（3）他人引导、自我修正

由他人引导的自我修正，通常会出现两种情况：一种是自我修正会表现在语言表达的层面，如例2.50～2.55；另一种是自我修正并未在语言层面有所表现，但是修正者已经意识到了自己的偏误，在意识层面已经进行了修正，如例2.56。

例2.50

A：阿里，你去哪儿？ T₁

B：去食堂吃午饭。 T₂

A：什么？现在几点？ T₃

B：差一刻六点。 T₄

A：现在是晚上。是晚饭，不是午饭。 T₅

B：对，对。我去食堂吃晚饭。 T₆

——李德津、李更新（1999：124）

话轮 T₅是他人引导，话轮 T₆是自我纠正。其实在话轮 T₃中说话者 A 提出的质疑也是对修正的一种引导，但是说话者B自己没有意识到出现了偏误，这一点可以从话轮T_4的回答中看出，B没有理解A的话轮T_3中"现在几点？"的含义，以为是在问他时间，所以在话轮T_4中回答现在的时间"六点一刻"，而实际上A是要暗示他所说的"吃午饭"的话语本身出现了偏误，但B自己无法发现自己的偏误，无法进行自我修正，所以A只好在话轮T_5中，明确指出B的偏误，引导B进行修正。这样，B在话轮T_6中就进行了自我修正。

例2.51

A：经理，早上好！	T_1
B：早上好，安娜！	T_2
A：我是朱丽亚。	T_3
B：啊，对。你好，朱丽亚夫人！	T_4
A：小姐，朱丽亚·利维小姐。	T_5
B：啊，对不起，利维小姐！	T_6
A：没关系。	T_7

——黄为之（1999a：16-17）

话轮T_2中出现了对对方称呼的误用，在话轮T_3中得到了他人的修正，在话轮T_4中又进行了自我修正，但是在话轮T_4中的第一次自我修正仍然出现了偏误，于是在话轮T_5中说话者A再次进行了引导，说话者B在话轮T_6中再次进行了自我修正，并且在语言表达时重复了修正后正确的话语表达："利维小姐"。这是由他人引导自我进行的修正，并且其修正也表现在话语表达的层面。

例2.52

A：晚会现在开始！	T_1
B：没关系，同学们，我来晚了。	T_2
（同学们都笑了。）	
B：你们笑什么？	T_3
C：你来晚了，怎么说"没关系"呢？	T_4
D：应该说"对不起"或者"请原谅"。	T_5

B：对不起，我说错了。 T_6

A：没什么，快看节目吧。 T_7

——李德津、李更新（1999：254）

话轮 T_4 和 T_5 都是修正，而且修正的是语言表达方面的偏误，所以可以说是"元语用话语"方面的修正。话轮 T_4 中的说话者 C 和话轮 T_5 中的说话者 D，都是自选作为下一个说话者，来帮助说话者 B 进行自我修正。说话者 B 在话轮 T_6 中进行了自我修正，并且也落实到了话语表达的层面。

例2.53

珍　妮：喂，老头，北京大学在哪儿？ T_1

杰　克：喂，谁姓"喂"？你会不会叫人？ T_2

珍　妮：啊，对不起！老大爷，请问北京大学在哪儿？ T_3

王老师：这就对了，老大爷一定会高高兴兴告诉你。 T_4

杰　克：是，请求别人帮助，应该有礼貌。 T_5

王老师：好，再来一次。 T_6

——黄为之（1999a：122-123）

在话轮 T_2 中由说话者"杰克"他人引导/提示，然后在话轮 T_3 中说话者"珍妮"进行了话语层面的自我修正。在修正之后，在话轮 T_4 和 T_5 中"杰克"和"王老师"还有进一步的补充，来说明修正的原因。

例2.54

……

A：小姐，我刚才换了500美元的人民币。 T_1

B：有什么问题吗？ T_2

A：今天100美元兑换823.90元人民币，对吗？ T_3

B：对！ T_4

A：500美元换4219.50元？ T_5

B：先生，是4119.50元，不是4219.50元。 T_6

A：哦，是我算错了，对不起！ T_7

B：没关系！ T$_8$

——黄为之（1999a：66–67）

　　这是由他人引导进行的自我修正。在话轮T$_5$里发生的是表达内容方面的错误，在话轮T$_6$用语言的表达进行了引导，在话轮T$_7$中说话者A进行了自我修正。尽管这种修正由于是关于内容方面的，所以没有表现在话语表达的层面，但是仍然可以清楚地感觉到说话者A在话轮T$_7$中的自我修正。

　　可以看出，第一种在话语表达层面进行的自我修正，主要是出现在话语表达方面出现偏误的情况下，对话语表达的修正，也仍然要落实在已经修正了的话语表达上。第二种由他人引导的自我修正，由于是修正内容方面的偏误，所以一般不必落实在话语表达的层面上。

　　（4）他人引导、他人修正

　　他人引导的他人修正，也多是因为出现偏误的表达者，由于语言水平等原因的限制，说话者无法自己发现话语表达中的偏误，进行自我引导和自我修正，所以要依靠他人进行引导，同时还进一步进行修正。

　　例2.55

山　口：开车的，去长城饭店！ T$_1$

杰　克：不去！ T$_2$

山　口：喂，你怎么走了？ T$_3$

杰　克：他当然要走啦，谁让你叫他"开车的"！ T$_4$

山　口：我该怎么叫？ T$_5$

杰　克：叫"师傅"呀！"师傅，去长城饭店！" T$_6$

山　口：对，这样有礼貌，司机还会不高兴吗？ T$_7$

······

——黄为之（1999a：123）

　　对于"山口"在话轮T$_1$中的偏误，是由说话者"杰克"在话轮T$_4$中进行他人引导，然后在话轮T$_6$中还是由说话者"杰克"进行他人修正。这样，就形成了他人引导的他人修正。

例2.56

……

杰克：中国的时装表演怎么样？ T_1

山口：不看不知道，一看吓一跳！ T_2

杰克：吓一跳？那么可怕？我不去了！ T_3

珍妮：又傻帽了不是，亏你还是个男子汉呢！不是可怕，是叫你感到吃惊。

T_4

山口：一看就着迷！ T_5

杰克：真的？有这么好？ T_6

……

——黄为之（1999b：35–36）

对于话轮 T_2 中的"吓一跳"，"杰克"在话轮 T_3 中显示出误解了其含义，而只是按照字面意思去理解了。在话轮 T_4 和 T_5 中"珍妮"和"山口"分别加以修正。这是他人引导、他人修正。经过修正以后，"杰克"在话轮 T_6 中理解了"吓一跳"这一汉语特有的表达方式的含义。

2.3.6 会话语篇的基本结构在口语教材编写中的重要性

2.3.6.1 会话语篇基本结构在会话语篇整体结构中的重要作用

会话语篇的基本结构看似简单，但是实际上他们是除了会话语篇的开头和结尾部分以外的，形成会话语篇主体部分的主要组成部分，是它们支撑起了会话语篇的整体结构，其重要性不言而喻。

会话语篇的基本结构，作为形成会话语篇整体性结构的主干部分和骨干环节，也是可以形成丰富的组合形态的，在进行口语教材的编写时，教材编写者可以利用这些基本结构以及这些基本结构的灵活组织使用，给会话课文的编写带来丰富的变化。

2.3.6.2 会话语篇基本结构对于会话课文编写的重要意义

会话语篇的基本结构，也应当成为编写口语教材会话课文的重要组织手段，可以以对它们的编写为基础，来设计安排整个会话课文语篇结构。这样，就可以把整篇的教材课文，分解为一些基本的部分，使课文的整体结构和局部结构，都能够处于教材编写者的掌控之中，使会话课文结构的设计能够分解落实，从结构设计方面控制会话课文的编写并形成会话课文编写的多样性。

值得注意的是，例 2.55 所表现的是课堂模拟交际，本意是演示称呼的合适用法，但实际上也演示了话语修正的情况。例 2.55 是在口语教材的课文里，表现了汉语课堂上模拟实际交际，课文所直接展示的是课堂内的师生互动和生生互动的真实情况，以及他们模拟实际交际的课堂教学的情况。

在课堂教学中，教师和学生之间的互动会较多地呈现出各种修正的情况。也许在口语教材中，不必面面俱到地展示各种修正结构，但也应该至少有一个合适的示例呈现在适当的会话课文语篇中，以显示汉语会话中此种语篇结构的特点，以便学习者了解、体会与运用这种语篇结构开展话语表达。

在本节中结合汉语初级口语教材中会话课文的实例，对会话语篇的一些基本结构进行了分析。尽管从本书的论述已经可以体会到汉语会话语篇基本结构的多样性，但本书的论述还不能说已经穷尽了会话语篇的各种基本结构。在汉语会话的交际实践和教材编写实践中，仍然会有许多会话语篇的基本结构和基本结构的组合尚未在本书中涉及，还有待去进一步发现、研究。

第三章

会话课文语篇的开头和结尾

　　一个完整的会话交谈过程，从宏观的角度看，通常都会由三个部分组成：会话的开头、会话的主体和会话的结尾。会话的主体部分，主要是由在话轮转换机制控制之下所形成的相邻对和各种会话语篇的基本结构穿插于其中所组成。并且，会话的主体部分与会话的开头和结尾一起，组成了会话的宏观结构。❶

　　会话的开头和结尾，也是由会话语篇的基本单位以及各种基本结构所组成的。因此也可以说，本书第二章对会话语篇结构基本单位和基本结构的分析，是一种对会话语篇结构的微观性研究；而对会话语篇的开头和结尾以及主体结构的研究，是一种宏观性的研究。

3.1　会话课文语篇的开头

　　会话开头实际上是一种言语始发行为，其言语表达有多种方式。"言语始发行为指的是人们用言语表达的始发行为。在日常会话中，人们常用招呼

---

❶ 有学者提出会话语篇没有固定的 "标准模式"。"正如 Drew 和 Heritage（1992：43）所说：'会话中根据具体情况决定下一步说什么，以及在特定谈话次序或活动中讲话人的选择自由决定了会话的总体组织结构没有标准模式。'"（王彦，2007：111）这种看法其实与本书对会话宏观结构的论述并不矛盾，因为这种会话中具体的自由、灵活的运用与整体上的宏观结构及其变通处理处于不同的层次。

（greeting）、称呼（address）和召唤（summon）用语来充当言语始发行为。"
（郭宏丰，2008：1）

各式各样的会话开头在语篇结构上也会有各种具体的表现，应当依据会话开头的特点，对其类型进行划分，以便进一步加以研究。决定会话开头形成特点、出现差异的因素，也是多种多样的。其中，交际者之间的关系，对会话开头的具体方式有着决定性的影响。❶因此，应当从交际者之间的关系入手考虑会话开头的分类。

交际者之间的关系可以分为熟人之间的关系和陌生人之间的关系两大类型。基于这两大类型交际者关系的会话开头，在话语表达上有很大的不同。"从根本上说，陌生人之间的会话是从过去没有交际关系到建立交际关系的过程，而熟人之间的会话则是从已经有交际关系到维持交际关系的过程。这种本质特点的差异使熟人的会话包括了许多寒暄性的话语，这些话语有时几乎不传递什么信息，而仅仅是为了向对方表示礼貌和友好，维持以往的交际关系。"（刘虹，2004：160）因此，本节据此先进行一个大的分类，把会话开头分为两大类型：熟人之间的会话开头和陌生人之间的会话开头。

在这两大类型的内部，根据各种不同的情况，会话开头也会分别采取不同的话语表达方式，因而形成了具有不同特点的各种会话开头，可以据此再对会话开头的具体情况进行进一步的分类，以便细致地进行研究。

3.1.1　熟人之间的会话开头

熟人之间的会话开头，也有各种不同的类型。会话发生的场合不同、会话开始的方式不同，都会带来会话开头的话语表达在语篇结构上的不同。可以依据场合、表达方式等作为标准，来区分各种会话开头的类型。

---

❶ 例如，人们最熟知的会话开头的方式是打招呼，当交谈的一方发出招呼后，对方也会回应而形成"互相招呼"。"互相招呼指的是会话的一方向另一方打了招呼后，另一方再回打招呼的情况。互相招呼之后，如有必要，双方还会做些礼节性的问候，但更多的时候是由会话的一方提出某个话题进行谈论。这就是说，互相招呼在很大程度上是为随后所要谈论的话题服务的。"（郭宏丰，2008：2）但是也不皆如此，只是单纯打招呼的情况也有，当然这种单纯的打招呼也有交际的目的。但是，陌生人之间通常不会随便打招呼，使用会话开头要受到交际者之间的关系影响，而且这种影响是决定性的。

3.1.1.1　会话开头的场合

（1）一般性的场合

在汉语的口语交际中，有一种特有的依会话发生场合的具体情况而进行的随机性开头。说话者对这种具体情况的确定，通常依据的是交谈对方的情况，根据对方的行动或行动的可能趋向，确定开始发话的表达内容。这是汉语会话开头中一种特有的话语表达方式。❶

例3.1

A：画画儿呢？		T_1
B：是啊。你找我吗？		T_2
A：不，找你姐姐。		T_3
A：修理自行车呢？		T_4
B：啊。		T_5
A：要不要我帮助？		T_6
B：谢谢，我一个人可以。		T_7
A：去商店了？		T_8
B：嗯。买了二斤鸡蛋。		T_9
A：去邮局了？		T_{10}

---

❶ 这种汉语特有的发生在熟人之间的会话开头的表达方式，有学者认为与汉语交际文化的特点有关："中国人一般高度重视社会关系确认，在相互问候与告别的时候往往表现出对他人的关心。他们还喜欢大大增强别人的积极面子。'你在忙什么呢？'这类询问和'慢走'这类提醒语用作问候语和告别语，英语民族的人听起来可能也许奇怪，但在汉语中已经成为常规礼貌用语。"（钱厚生，1996：177）在这里的汉语话语所表达的是对交谈对方的关心，目的是建立和维持亲密和熟识的关系，并不是打探对方的隐私，也不代表对方行动能力的怀疑。但是，在外语（如英语）中也有类似的表达方式："问候语和告别语属于表述类行为，因此不能按照字面意义理解。当说英语的人问你'How are you?'或'How is your work?'，他并不一定关心或担心你的身体或工作，而是表达他对你的感情并且希望你感到他具有这种感情。"（钱厚生，1996：145）只是其具体的话语表达的多样性和随机性与汉语有所不同而已。这并不是等于说，这种话语表达方式上的差别不重要，有学者指出："正如杨格（Young，1982）所发现：'不同的社会文化假定在话语层次上潜存于信息构造，这一点并不容易认识。面对一种不熟悉的话语风格，来自不同文化或亚文化背景的人在试图形成合情合理的解释时，往往依赖自己对本民族文化约定俗成的评价框架的了解。'"（钱厚生，1996：205）只是对于学习者来说，理解汉语的这种表达方式并非很困难，关键是教材要充分展示，并且提供机会练习运用，使他们有机会跨越跨文化交际的障碍。

B：嗯。寄了封信。 T_{11}

A：不舒服了？ T_{12}

B：头疼。 T_{13}

A：去吃饭啊（哪）？ T_{14}

B：你吃完了？ T_{15}

A：嗯。吃完了。 T_{16}

A：你去哪儿？ T_{17}

B：进城。你呢？ T_{18}

A：去值班。 T_{19}

——李德津、李更新（1999：286-287）

例3.1中内容各不相同的会话开头，实际上都是寒暄性的打招呼，是发生在熟人之间的。在每一例具体的会话中，开头的话轮（如 T_1、T_4、T_8、T_{10}、T_{12}、T_{14}、T_{17}）的话语，都是依据发话者 A 所见到的说话者 B 正在或者正要进行的活动，而提出询问。这种询问，实际上带有关心对方的意味，具有寒暄的交际功能，而且通常不能按照字面的意思理解。有学者就认为："在一个语言群体中使用的客套话（如寒暄语），理解时往往要越过其字面意义，理解话语的施为用意（illocutionary force）。在会话交谈中，客套用语作为语言手段常常只用来营造一些友好、亲切或幽默等气氛，字面上并没有太多的意义。"（何自然，2002：17）所以，汉语学习者对"你吃了吗？""去哪儿啊？"的误解，也是因为只是按照字面的意思理解这种具有寒暄功能的询问。

当然，在这里说话者之间的关系是熟人的关系，所以一般可以不用称呼的方式来开始会话。

此外，在说话者 B 的话轮（如 T_2、T_5、T_9、T_{11}、T_{13}、T_{15}、T_{18}）对说话者第一个开头的话轮的反应回答，汉语也有多样化的表达方式可以供说话者 B 选择。例如，在话轮 T_5、T_{13} 中，都是简短的直接回答；在话轮 T_9、T_{11} 中，都是回答之后再加以进一步的说明；在话轮 T_2、T_{18} 中，都是回答之后再反问对方，在话轮 T_{15} 中，是直接反问对方，实际上也等于已经默认同意了对方的询问。仅仅只是在例3.1中，就已经呈现出了汉语多样化的话语应答方式。❶可见，汉语的这种富有特色的会话开头方式有多样和灵活的话语表达方式，因此在编写口语教材的会话课文时，最好尽量多地呈现出这些具体生动的话语表达方式。

在该教材的"注释"中，教材编写者介绍说："这种打招呼的特点是看见对方做什么就问什么或估计对方要做什么就问什么，不要求对方如实回答。有时候，对方根本就不作回答，也用发问的方式打招呼。"（李德津、李更新主编，1999：288）这样的打招呼，可以停留在只是打招呼问候的阶段，也可以发展成为一段对话。在后一种情况下，这种随机性寒暄式的打招呼，就成为了一段对话的开头。❷

（2）常见的特定场合

1）做客场合

在做客的场合，汉语口语的表达也有一些规律性的表达习惯。这些表达习惯在会话语篇的结构方面，会形成一些带有一定固定性的话语套式。

①做客的场合打招呼方式的会话开头

例3.2

A：您好，韦伯先生，韦伯太太！　　　　　　　　　　　　　　　　T₁

---

❶ 虽然表达是多样化的，但是也"有规可循"："关于这类常规用语的表述特征，另一个有趣的例子是汉语'你吃过饭了吗？'的使用。当说汉语的人在见面时提出这个问题，他很少真正在意你是饱还是饿，而是想让你知道他在体贴你。人们的习惯性回答是'吃过饭了'，这常常是个小谎。如果回说说'还没吃'，那就会让对方处于难堪的境地。"（钱厚生，1996：145）这种常规性的表达方式（提问和回答的具体表达策略）有其规律，学习者是可以掌握的，关键是首先要在教材中呈现出来。

❷ 也有学者提出了"召唤"的概念以与"招呼"相区别："召唤的一个重要特征是召唤之后必有所言，内容涉及提出要求、传递信息等。这和称呼的用法有相似之处，但和招呼的用法又有所不同。我们知道，人与人之间目光相遇后可能会打招呼，但招呼之后却未必会交谈起来。因此，召唤和招呼的区别在于前者表示有话要讲，后者则未必。"（郭宏丰，2008：18）但是我们结合汉语口语教材中的实例（如例3.1），可以发现，汉语中的"招呼"并非只是由两个话轮组成的一个相邻对构成，也可以相对复杂一些，所以"招呼"和"召唤"其间的界限并非十分分明，所以加以区分是否有必要还需考虑。还有，"招呼"是否进一步发展，给交谈者提供了选择的机会，其作用也可以是保留了进一步发展或不发展的余地，给保存交谈双方的面子提供了可能性，进而也可以认为这样的会话机制也给欲发展会话交谈的交谈者，提供了试探、观察对方是否有进一步发展交谈意愿的机会。

B：您好，王明先生！欢迎您来我家做客。　　　　　　　　　T_2

A：这是给你们的一点儿小礼物。　　　　　　　　　　　　T_3

C：您太客气了。　　　　　　　　　　　　　　　　　　　T_4

B：请进，请进！您请坐。　　　　　　　　　　　　　　　T_5

C：您喝点儿什么？茶还是咖啡？　　　　　　　　　　　　T_6

A：我喝茶。　　　　　　　　　　　　　　　　　　　　　T_7

C：王先生，您能来，我们非常高兴。　　　　　　　　　　T_8

A：我也很高兴。　　　　　　　　　　　　　　　　　　　T_9

——陈光磊（2000：65）

在这里的做客场合，交谈者是以打招呼的方式开始会话的开头。通常打招呼时，似乎在话轮T_1中以向"韦伯太太"打招呼在前，较为符合西方的交际习惯。但是，如果在打招呼时，"韦伯先生"所站的位置在前，或者说话者A与"韦伯先生"熟识，而与"韦伯太太"是初次见面，这种打招呼的方式也是可行的。所以，在做客和其他的场合，如何开始会话，也有许多变通性的开头方式。

例3.3

王老师：你好，格林先生。

格　林：王老师，你好。请进。你喝点儿什么？咖啡还是茶？

王老师：我喜欢喝茶。

格　林：好，请你喝茉莉花茶吧。

王老师：谢谢。

……

——李克谦、胡鸿（1998：34）

此例也呈现出汉语做客场合套式性的会话开头的话语表达方式和常规性的话语表达内容，尽管对于母语者这些都是耳熟能详的内容，但是对于第二语言学习者却有其学习的价值。

②做客的场合"称呼＋寒暄式"的会话开头

例3.4

（杰夫和安妮去彼得的宿舍）

杰　夫：王平，你也在这儿！

王　平：是你们哪！

彼　得：欢迎！欢迎！请坐！

安　妮：好，杰夫，你坐那儿，我坐这儿。

彼　得：杰夫，喝点儿什么？茶还是咖啡？

杰　夫：咖啡。我喜欢咖啡。

安　妮：你这个人，怎么忘了"女士优先"？

彼　得：对不起，小姐，您也喜欢喝咖啡，对吧？

安　妮：先生，您又错了！来中国以后，我喜欢喝茶了！

——戴桂芙等（1997a：41-42）

　　此例中的四位交谈者都是熟人而且是经常见面的熟人（他们很可能是留学生同学的关系），所以就没有使用打招呼的方式而是直接以"称呼＋寒暄"的方式开始了会话交谈。所以，也可以看出，打招呼的会话开头方式与称呼＋寒暄式的会话开头方式还是有细微的差别：打招呼显得更为有礼貌，而直接称呼或"称呼＋寒暄"式的开始交谈更为熟识而亲密，前者用于稍微有些不常常见面的熟人之间，而后者则是常常见面的熟人之间使用的。❶"问候语在间隔很短的重复会话之中通常是省去的，告别语也是如此。它们在家庭成员、同事、同学、同屋之间的会话和频繁交谈活动中也往往予以简化。"（钱厚生，1996：134）可见，打招呼的问候语的使用，也是因话语表

----

　　❶ 这种细微的差别还可以从称呼方式的差别看出。例3.4中是直呼其名（"王平"），而例3.2和3.3中是名字＋称号。有学者提出了两种称呼方式的不同："Brown和Gilman在1972年把称呼分为名字称呼（如Mary）和称号加姓氏称呼（如Mr.Smith）两大类，并认为前一类称呼标志着'关联'（solidarity），后一类称呼标志着'权力'（power）。所谓'关联'，指的是熟人之间不讲究身份能直呼其名表示亲密的一种人际关系。所谓'权力'，指的是因交际一方讲究身份使用尊称而体现的另一方的尊严。"（郭宏丰，2008：11）显然，可以看出两种称呼方式的交谈者之间的熟识程度和亲密程度的不同，这也证明了两种表达方式的差别，证明了礼貌程度与亲密程度呈现出反比的关系。

达的对象之"人"而异的。

在例 3.4 的会话中，我们还可以注意到"彼得"称呼"安妮"为"小姐"，而"安妮"也回敬称呼"彼得"为"先生"，而在此前他们分别都用名字直接称呼"杰夫"。这种称呼方式的改变的耐人寻味的，有着话语表达的特定含义。"名字称呼是指会话的一方为触发与另一方进行交际而直接使用名字向对方做出的称呼。亲戚、朋友、同事、熟人在语境许可的情况下都可以使用名字称呼来充当言语始发行为，起到引人注意、建立交际关系的作用。在人际关系正常的情况下，使用名字称呼往往说明会话双方平时关系较为亲密、谈吐较为随意。所以，会话的一方一旦改变了称呼方式，则意味着会话双方的人际关系发生了变化。"（郭宏丰，2008：11-12）可见，这里把名字改变为尊称是故意以疏远的敬称方式表示对交谈对方指责的一种委婉的回敬。

2）工作场合❶

工作场合的话语有其特点而且类型多样，"关于工作场所话语的概念，可以引用 Gu（1997：459）的定义：'工作场所话语是指在特定社会机构或组织的实际社会情境中，两个或更多的参与人之间所进行的一系列互动交流，尤其是谈话交流。它是依附于时空背景的正在进行中的活动的一部分'。可见，'工作场所话语'这一概念含义较广，可以用它来概括发生在工作场所的各种类型的话语。"（王彦，2007：13-14）

①吩咐、安排工作的会话开头

在工作关系的交谈者之间，可以在称呼之后直接以嘱咐、吩咐的方式让他人做事，也就可以以此作为会话的开头。通常会使用礼貌用语，如"请"字，但并无客套、寒暄性的话语，而是在会话开头就直接进入谈话的主题，

---

❶ 实际上，工作场合还可以细分为正式的和非正式的两种。"Drew 和 Heritage（1992：25-29）把职业话语发生的场合分为正式场景（formal settings）和非正式场景（non-formal settings）两种：在诸如课堂、法庭、新闻采访等正式场合中，话轮的转换严格受到确定程序的限制，违反程序的做法是不允许的；而在医院、社会服务、商业等不太正式的场合，话轮转换的形式就不会那么单一。"（王彦，2007：112）在汉语初级口语教材中较少涉及正式场合的职业话语表达，多为不太正式的场合，所以本书对此就不再进行细分了。

除了进行少量的背景介绍以外。❶

例3.5

史密斯小姐：王先生，下星期三晚上七点，大使想请这些中国朋友吃饭。请打电话问问，看有多少人能出席。

王　先　生：好。我想问一下儿在什么地方吃饭？

史密斯小姐：长城饭店。

——金乃逯等（1993：189）

例3.6

怀特先生：张师傅，今天下午两点，我去接代表团。请在两点以前，把车开到我家。

张　师　傅：好。差五分两点我在楼下等你。

——金乃逯等（1993：190-191）

②事务性交代的会话开头

在工作关系的交谈者之间，有时候发话者一方也会以交代应做、应办之事的方式，直接开始一段对话。尽管会使用称呼❷，但是也并无客套、寒暄类的话语，而是直接进入主题。❸

例3.7

米　勒：张先生，明天上午我们去食品公司继续商谈。

---

❶ 这种直接进入谈话主题的情况，在日常生活的交谈中也会出现。"发话者有时为了急于同他人交谈，会在未等对方回打招呼后便直接切入话题，这种情况在熟人之间的会话中较为常见。"（郭宏丰，2008：6）

❷ 这种称呼有学者称之为"单向称呼"。"发话者在特定的语境中招呼对方后还未等对方回打招呼就直接进行问候或提出话题的做法也是可以接受的。发话者的这一做法可称为单向招呼。"（郭宏丰，2008：5）

❸ 实际上，这种话语表达的特点也与交谈双方社会（工作中）地位的不对等有关，Drew 和 Heritage 对此的看法是，"工作场所话语指的是在专业人士和外行人士之间的会话。这就导致了这类话语与日常会话的一个重要区别：参与人的关系是不对称的（asymmetrical）。'组织机构中互动的典型特征是职责明确、机构制度化以及参与人对知识的掌握和使用，对会话资源的使用、在互动中的参与情况等方面的完全不对称性'（1992：49）"（王彦，2007：112）正因如此，才会出现这种在日常生活中看似不太礼貌的表达方式，但在工作场合这样的话语表达却是正常的。

张先生：谈哪方面的问题？

米　勒：设备安装和技术培训。这儿有一些资料，你看看。

张先生：好。

——金乃逯等（1993：256）

例3.8

A：小李，交给你一件事。

B：什么事？您说吧。

A：这次美籍华人李庆林博士来我们厂参观，你来负责接待。

B：保证完成任务。

——张辉（1997：139）

实际上，会话开头的特定场合还有很多，本文也只是以列举的方式，展示出汉语口语教材中所编写出来的一些常见的特定会话开头的场合，并且显示出在每一种场合的类型之中，又有许多具体的场合类型。这是因为会话开头的场合在实际的交际之中，是千变万化的，类型的划分总会是粗疏的、不完备的，只是一种简略的分类方式和角度。

3.1.1.2　会话开头的表达方式

从会话开始的话语表达方式来进行分类，可以有询问、赞叹、试探和照应等方式。

（1）询问的方式

以询问来进行会话开头也有多种方式。在这种会话开头的方式之中，有一般性的询问，也有关心对方的询问等各种不同的会话开头话语表达方式。

1）以一般性询问开头

一般性的询问，所问的多是一般性的事务或情况等，也带有直接开始会话的性质。由于是在熟人之间开始的会话，所以可以省去客套、寒暄性的话语。

例3.9

米　勒：王经理，设备安装得怎么样了？

王经理：差不多了。多亏有德国专家帮助。

——金乃逯等（1993：255–256）

2）以对对方关心的询问开头

这种以关心对方的询问开头的方式，与前文所涉及的在一般场合随机性的会话开头方式有相似之处，但是由于交谈者之间的关系不同，在话语表达的方式上，还是有些不同。其一，对对方关心的询问，多发生在关系比较近、比较亲密的交谈者之间；一般场合的随机性询问，由于交谈者的关系没有这样亲密，所以关心的程度没有这么高，话语表达较多是打招呼、寒暄的性质，如例3.1中话轮T_{12}和T_{13}的话语表达。其二，一般场合中的随机性会话开头，交谈者通常是一般的关系，所以询问的话语都比较简短；而这种关心对方的询问，由于交谈者关系亲密，询问都比较详细，因此常常在询问时出现不止一个相邻对。

例3.10

（直美从外面进来，胳膊受了伤）

莉莉：你怎么了？

直美：别提了，刚才骑车出去，被一辆三轮车撞倒了。

莉莉：是吗？受伤了没有？

直美：你看，胳膊和腿都被撞青了。真倒霉。

莉莉：以后骑车的时候小心点儿。

直美：不是我不小心，是那个骑三轮车的骑得太快了。

莉莉：真不像话。

——马箭飞主编（2000b：156-157）

例3.11

A：怎么了，你不舒服吗？

B：没有。这几天，我的心情不太好。

A：什么事使你这么不高兴？

B：你知道，这次考试成绩不好，使我非常失望。

……

——李德津、李更新（1989：243）

例3.12

（这段时间杨乐正忙着找工作。这一天她在宿舍里翻看着报纸上的招聘广告，黄小玉来看她。）

黄小玉：小杨，找到工作了没有？

杨　乐：别提了。一提找工作的事我就心烦。

黄小玉：怎么回事？

杨　乐：这几天我去了好几家公司应聘，可没有一次成功的。

……

——张辉（1997：173–174）

（2）赞叹的方式

1）赞叹对方

这种会话开头的方式，是由赞叹交谈对方开始，从而导入话题，引发对方开始谈话，由此开始了一段会话的交谈。

例3.13

A：你身体多好啊！

B：我从小就喜欢体育运动。

A：你喜欢什么运动？

B：打篮球，踢足球，游泳、滑冰。还有滑雪，我都喜欢。

……

——李德津、李更新（1989：61）

例3.14

A：阿伟，现在你的普通话讲得真不错。

B：不行，不行。差远了。

A：我也想学普通话。有时间你教教我，怎么样？

B：我可不行。咱们还是一起去夜校学习吧。

——张辉（1997：76）

2）赞叹交谈者以外的事物

这种会话开头的方式，是从赞叹交谈者双方以外的事务起始，引发出了交谈对方的反应，由此开始了对话。

例3.15

（黄小玉要买一件羊绒大衣，她要李海伦陪她一起去。她们来到西单购物中心。）

李海伦：这里羊绒大衣的样式可够多呀。

黄小玉：是啊。颜色也挺全。

李海伦：小玉，你看这件怎么样？

黄小玉：样式还不错，可颜色我不太喜欢。

……

——张辉（1997：67）

例3.16

A：你看，那个人足球踢得多好！

B：那当然。人家是国家足球队的队员。

A：怪不得呢。

B：我最近也参加了一个业余足球俱乐部，成了那儿的会员。

A：会费高吗？

B：还可以。

——张辉（1997：76）

（3）试探的方式

试探的会话开头方式，是想了解是否有开始会话的可能性，包括对方是否有意愿、客观条件是否允许其开始交谈等。如果对方有交谈的意愿，而且客观条件也允许，对方作出肯定性的反应，就可以使会话发展下去，这样由试探和反应所构成的相邻对，就成为了一段会话的开头部分。

例3.17

米　勒：张先生，有件事想问问你？　　　　　　　　　　　　T_1

张先生：什么事？　　　　　　　　　　　　　　　　　　　　T₂

米　勒：我的一位老朋友特别喜欢中国工艺品，他又来信打听在哪儿能
买到中国画和陶茶壶。　　　　　　　　　　　　　　　　　　T₃

张先生：中国画好买。陶茶壶嘛，我真不知道哪儿有卖的。正巧，明天
我要陪布朗先生去商店，顺便给你问问。　　　　　　　　　　T₄

米　勒：多谢了。　　　　　　　　　　　　　　　　　　　　T₅

————金乃逯等（1993：363–364）

话轮T₁和话轮T₂是进入正式话题以前的准备性试探话语，因为是提出请
求，担心对方回答不便，自己的请求会遇到麻烦，所以先提出问题试探一下
对方，如果对方愿意并且方便回答，就再提出正式的要求（话轮T₃）。这也是
一种常见的会话开头，尤其常用于提出请求之时。

例3.18

A：老王，听说你下星期要去澳门办事。你能不能帮我个忙？　　T₁

B：咱俩谁跟谁？有什么事你就说吧。　　　　　　　　　　　　T₂

A：我在澳门有个亲戚。我想给她带点儿东西。　　　　　　　　T₃

B：这好说。她住哪儿？　　　　　　　　　　　　　　　　　　T₄

A：这是她的地址。　　　　　　　　　　　　　　　　　　　　T₅

————张辉（1997：53）

话轮T₁和T₂是汉语口语中常见的，提出对对方的请求以前的试探性话
语。这段对话就以试探的方式开始了会话，由于试探的成功开启了一段对
话，也使这里的试探成为了会话的开头。

（4）照应的方式

这种会话的开头方式，通常是照应以前的话语或行为内容。在话语表达
方式上，有些以询问以前的话语或行为开头，有些以介绍以前的话语或行为
开头，有些是通过提及以前对方的承诺开始了一段会话。这样在会话开头，
由于照应着以前的情况，也可以使会话的开头不显得突然，给交谈对方提供
了反应和回应的方便。

1）询问以前的话语或行为的开头方式

例3.19

王老师：你们昨天都去参观时装展销会了吗？　　　　　　　　　　T_1

珍　妮：我们都去了。　　　　　　　　　　　　　　　　　　　T_2

王老师：印象如何？　　　　　　　　　　　　　　　　　　　　T_3

山　口：印象太深了！真是丰富极了，美极了！　　　　　　　　T_4

……

——黄为之（1999b：23）

　　"王老师"在话轮T_1中，以提及昨天的事情的方式，开始了谈话，引发出交谈者"珍妮"的话语。谈话的内容照应昨天发生的事情，承前开始了谈话。

　　2）介绍以前的话语或行为的开头方式

例3.20

A：昨天我们班举行了一次朗读比赛。　　　　　　　　　　　　T_1

B：是读课文吗？　　　　　　　　　　　　　　　　　　　　　T_2

A：不是，有的同学朗读自己写的文章，有的同学朗读寓言故事，还有的同学朗读了古诗。　　　　　　　　　　　　　　　　　　　T_3

……

——李德津、李更新（1989：54）

　　说话者A在话轮T_1提及以前的情况，通过介绍情况，引发对方的好奇，提出问题想进一步了解有关的情况，从而开始交谈。这是"引发式"的会话开头，所谈及的内容照应着以前发生的事情或说过的话语。从话轮T_1的介绍情况，在话轮T_2转入由对方提问作为始发语，引发出进一步的交谈。

　　3）提及以前的承诺的开头方式

例3.21

（王士文来找罗伟才）

王士文：伟才，昨天你可答应帮我准备节目的。　　　　　　　　T_1

罗伟才：对，我没忘。你不是要唱民歌吗？你选好歌曲了吗？　　　　T_2

王士文：这不是来和你商量吗？　　　　　　　　　　　　　　　　　T_3

罗伟才：我这儿有一些民歌磁带，咱俩一起从上面选一选吧。　　　　T_4

……

　　　　　　　　　　　　　　　　　　　　——张辉（1997：162-163）

在话轮 T_1 中，"王士文"提及"罗伟才"昨天对他的承诺，交谈对方（"罗伟才"）必然要对此有所回应，从而开始了这段会话。

3.1.2　陌生人之间的会话开头

陌生人之间的会话在发生的场合、会话的内容和话语表达方式等方面有其特点。"陌生人之间的会话主要发生在公共场所，其会话内容主要涉及询问时间、地点，谈论天气，购买商品等。陌生人往往会以约定俗成的直言方式来表述话题，以方便对方的理解。不过，陌生人之间的直言性话题表述会因会话场所、会话内容的不同而在表达形式上有所不同。"（郭宏丰，2008：46）受到这些特点的影响，陌生人之间的会话开头也会表现得有所不同。

陌生人之间的会话开头与熟人之间的相比，由于交谈者之间的关系有很大的不同，因而就会对会话开头时所使用的话语表达方式有很大的影响。"陌生人之间的会话的开头比起熟人之间会话开头要困难得多，因为陌生人之间不甚了解，容易引起相互猜疑和戒备心理，这会严重妨碍会话的进行。"（刘虹，2004：143）熟人之间，由于经常接触或者比较了解，无论会话开头所选择的话语表达方式如何，对交谈的效果没有太大影响。即使所选择的会话开头的话语表达方式稍有不当，也会由于熟人的关系得到对方理解的弥补。但是，在陌生人之间由于没有这样一层相互理解的交际基础，话语的选择和使用就显得十分重要了。

陌生人之间会话开头最开端的话语尤为重要。因为只有当作为陌生人的对方，对发话者的话语有所反应时，交谈才能够进行。那么，如何能够引起交谈目标是陌生人的对方的注意，并且产生预期的反应，如何表达好会话开头的最开端的话语，就显得尤为重要了。

通常在陌生人的交谈者之间，要引起对方的注意，最为方便的话语表达方式，是使用称呼。因此，称呼的使用，在陌生人之间的会话开头的各种表达方式中，就占有十分重要的地位。选择合适的称呼，既可以达到比较好的交谈效果，又有着使会话开头能够顺利进行的多种功能。"陌生人之间的会话开头，始发语的发出者一般要选用恰当的称呼，既为引起对方的注意，又可表明要求会话的合作意向，还可向对方表示礼貌和尊重，引起对方的好感。"（刘焕辉主编，2000：296）但是称呼的使用，也有很大的局限性，因为不知道如何称呼陌生的交谈对方的情况也是比较常见的。

3.1.2.1　不完全陌生型的会话开头

（1）特定场合之下陌生人之间的会话开头

这些特定的场合，通常都是一些公共场合，如医院、火车车厢、火车站、宾馆、饭馆等。特定场合对确定交谈者之间的关系，有着重要的辅助作用。这些特定的场合，实际上对交谈者之间的关系和话语交谈范围有了一定的限定，为交谈的开始提供了一些便利。这样的场合至少能够确定交谈者一方或者双方的身份，这样就会使交谈者之间的关系变得明显、清楚起来，使完全陌生的交谈者关系转化为不完全陌生型的交谈者之间的关系。另外，也会使交谈者之间的话语交际，通常都会限定在事务性的交谈范围之内。

例3.22

（在医院）

大夫：怎么了？哪儿不舒服？

小雨：从昨晚开始头疼、嗓子疼，还有点儿咳嗽。

大夫：先量一下体温，把体温表放好。

——马箭飞主编（2000b：148）

在这里，由大夫直接询问病患（"小雨"）的病情而开始了会话交谈。

相比较而言，候诊的病患之间的交谈，与医生和病患之间的交谈，就会有很大的不同。由于病患之间是陌生人的关系，所以会话如何开头的难度，就要比医生和病患之间大得多。而且难度大的原因，除了交谈者关系的陌生以外，还有交谈性质的不同。医生和病患之间的交谈，是有固定的交谈内容的专门性交谈；而候诊的病患之间的交谈，则是无交谈内容限定的日常性交谈。限定性的交谈内容，范围比较小，因而开头也就比较容易；而无限定的交谈内容，范围比较大，再加上交谈者之间的关系陌生，如何选择交谈对方感兴趣或共同关心的话题，就存在着较大的难度。

例3.23

（在火车上）

A：列车员同志！列车员同志！　　　　　　　　　　　　　　T_1

B：老大娘，您找我有事？　　　　　　　　　　　　　　　　T_2

A：同志，托你把这个孩子带到上海去。　　　　　　　　　　T_3

B：您别急，有话慢慢说。　　　　　　　　　　　　　　　　T_4

……

——李德津、李更新（1989：205）

对于发话者A，交谈对方的身份可以由其所穿的制服来确定，而且对方作为特定环境中的服务者，有责任提供服务性的帮助，所以对其使用特定的职业类型性称呼（"列车员同志！"），并且进一步进行求助，都是可行的。而且在这里，由于是处于在旅客列车上这一特定环境的原因，使这里的交谈与完全陌生的人们之间的交谈有所不同，交谈者之间的关系已经转化为不完全陌生型的关系。

例3.24

（在宾馆）

A：您好，先生，您是要预订房间吗？

B：对。我是深圳大友公司的，我们公司总裁12号要来北京，我们想预订皇帝套房。

A：很抱歉，先生。皇帝套房刚刚预订出去了。不过，我们这儿除了皇帝套房以外，还有总统套房，同样豪华、气派，只是风格上跟皇帝套房不一样。

B：我可以先看一下吗？

A：当然可以。我这就让人带您去看看。

——张辉（1997：149-150）

此例中交谈者A的询问话语都是发生在特定场合的职业性话语，A是宾馆前台的接待人员，所以可以直接对对方进行询问而不会显得突兀和不礼貌。

例3.25

（在饭馆）

服务员：您好！您吃点儿什么？

马　丁：有饺子吗？

服务员：有。您要多少？

马　丁：来四两吧。还要一杯啤酒，要热的。

……

——李克谦、胡鸿（1998：35）

饭馆的服务员通常也是可以直接进行询问开始交谈，但是与前例不同的是，服务员没有使用尊称（"先生"）。这也显示出例3.24中宾馆的档次较高，因而前台接待人员使用的话语礼貌程度高，而例3.25中的饭馆服务员的礼貌程度不高也显示出其中的交谈发生在档次不高的饭馆。会话参与者的情况对话语使用有显著的影响，"参与人的性格特征、心理状态、受教育程度、口头表达能力和业务水平等也会直接关系到参与人的讲话方式及对对方的反应、态度，这些都会影响话轮的转换即话题的发展。而且讲话人对其他参与人的社会身份、性格特征、心理状况等的推测和判断也会影响到他自己的讲话内容和方式及整个话语进程（Scherer & Wallbott，1985：201）。"（王彦，2007：107）话语表达与说话者的社会背景情况有着直接的关系。

上述这些特定的场合对于交谈者之间的关系有很强的限定性。例如，在医院中，医生与病患之间的会话，比在候诊的病患之间发生的会话而言，其间的关系更为明确。关系明确的交谈者，其间的会话开头，就会有比较明确的话语表达方式，会话开头也会比较直接和容易。所以医生和病患之间的会话开头，会有比较固定的话语表达方式，在会话语篇的结构上也会形成比较固定的模式。通常都会由医生的问诊开头，当然，有时候由于病患急于说明自己的病症，也可以先开头介绍自己的病情，医生会进一步询问。但是无论如何，所有的对话会围绕着询问谈论病症而进行。除非医生与病患之间的关系是熟人，那么就会先采取熟人之间交谈的会话开头方式。

这种特定的交际场合又具有多样性。在实际生活中的交际，发生交谈的场合是多种多样的，因此要根据具体的交际场合，选择适用的会话开头的话语表达方式。本节这里的研究，只是列举了一些比较典型的、出现在汉语初级口语教材会话课文中的会话开头的场合，并不意味着会话开头的场合只有这些，会话开头的场合还有很多，有待进一步研究，更有待教材编写者更多地去发现和更好地加以利用。

（2）在特定交谈方式中陌生人之间的会话开头

陌生人之间在电话中的话语交际，也是一种会对交谈者之间的关系起限定作用的特定的话语交际方式。因为完全陌生的人之间，通常是不会发生电话交谈的，只有在一些特殊的场合，才有发生的可能。这种特定的场合，使交谈一方或者双方的身份可以确定，这样也就使话语交谈在开头时，双方的关系并不是完全陌生的，而且话语表达也可以限定在一定的范围之内。

例3.26

A：您好！这是北京饭店服务台。

B：我要预订一个房间。

A：要套间吗？

B：不！标准间。

A：什么时候来？

B：明天。

A：请问先生贵姓？

B：我姓王。

A：恭候您的光临！

——黄为之（1999a：58）

这里是发生在宾馆的电话交谈的开头，场合是宾馆的服务台。这样交谈

者一方的说话者 A，是清楚交谈对方 B 的身份的，接电话的对方一般都会是宾馆服务台的工作人员。❶

（3）在特定范围之中陌生人之间的会话开头

交谈如果处于一定的活动范围之内，这种活动范围也会有助于缩小确定交谈者一方或双方的身份的难度，从而降低了会话开头的难度，使完全陌生的交谈者关系转化为不完全陌生型的交谈者关系。当然，这种一定的活动范围，也会对交谈话语内容的范围带来一定的限制，也会在某种程度上使会话的开头变得容易一些。这种一定的活动范围，与具体的交谈场合有所不同，比具体的交谈场合范围要大许多。前者由于范围较大，场合相对来说就不十分明确，这样一来对交谈者身份和话语内容的限定性，就没有后者那样强烈，但是仍然有很大的辅助作用。

有学者也对会话开头中的这种现象，提出了自己的分析。"有时彼此完全陌生的两个人，由于在某种特定的场合里，如参加某种学术会议，语境因素会给他们提供对方的背景信息使彼此变得不那么陌生，如可以知道对方是同行，这为确定对方的身份提供了重要的线索，使完全陌生型变成不完全陌生型。在这种场合下所进行的会话，一般很少具有猜疑和戒备心理，大家基本上可以彼此信任，主动会话者非但不会被拒绝，反倒会受到欢迎。"（刘虹，2004：157）这种一定的话语交际活动范围，有些是由交际活动的场所所限定的，有些是由交际者之间的关系所决定的。

例3.27

A：你是玛丽同学吗？ T_1

B：不是。她是玛丽。 T_2

C：我是玛丽，您是…… T_3

A：我自我介绍一下，我是马英。 T_4

---

❶ 还应当注意的是，这里的电话会话开头与通常的电话会话开头进行的程序性话语有所不同。"电话交谈的开端有许多种形式，但是无论哪种形式，都表明交际者在交谈的开始部分意识到或者合作完成了一系列任务，如辨认对方的身份、进行问候等。"（刘运同，2007：71）这里省略了通常的电话交谈开头的辨认身份、问候等话语表达程序，这是因为这里的电话交谈是发生在特定场合（宾馆前台）的。

C：你好！ T₅

A：你好！ T₆

——李德津、李更新（1989：70）

这里的陌生人之间的会话开头，虽然不是在特定场合下发生的，但是交际环境仍然有所限定，有一定的范围。从话轮 T_1 中的"同学"的称谓可知，这是发生在校园或教室等教学场合的会话，虽然交谈的具体场合不能确定，但是一个大的范围还是可以确定的。当然，在这样的一个范围之内，交谈者之间的关系，就由陌生的关系转化为不完全陌生的关系了。而且，说话者 A 在话轮 T_1 的发问，也是有一定的意向性的，话语的内容也有助于陌生关系的转化。从话轮 T_1 和 T_3 的询问开始，到话轮 T_2 的他人介绍和话轮 T_4 的自我介绍，再到话轮 T_5 和 T_6 的打招呼，形成一个完整的会话开头的话语发展过程。

例3.28

A：白老师，您认识他吗？ T₁

B：不认识。 T₂

A：我介绍一下。这位是白老师。他是我的朋友。 T₃

C：白老师，您好！ T₄

B：你好！ T₅

C：白老师，您懂英文吗？ T₆

B：懂。 T₇

A：白老师教中文。 T₈

——李德津、李更新（1989：70）

交谈者 B 与交谈者 C 之间本来是完全陌生的关系，但是他们又都与交谈者 A 认识，这样如果当三位交谈者出现在一个共同的场合时，B 与 C 本来陌生的关系，由于 A 的在场，就有可能转化为不完全陌生的关系。如果交谈者 A，为两位完全陌生的交谈者进行介绍，那么他们由陌生转化为不完全陌生的可能性就变为了现实。❶这样，三位交谈者之间的特定的关系，就构成了一种特殊的活动范围。

交谈者 B 和 C 之间的完全陌生的关系，可以由话轮 T_1 和 T_2 确定，但是他们之间的关系在经由他人（交谈者 A）为他们作介绍之后，就转化为不完全陌生的关系了。由此，他们开始在话轮 T_4 和 T_5 中打招呼，开始了谈话，并且在话轮 T_6 以后延续了交谈。

例 3.29

（在校园里，杰夫、安妮和王平、李文静相遇）

王　平：杰夫、安妮，来认识一下，这是李文静。		T_1
杰　夫：李文静，你好！我叫杰夫。		T_2
安　妮：我叫安妮，认识你很高兴。		T_3
李文静：你们好！你们俩都是新来的留学生吧？		T_4
杰夫、安妮：是啊。		T_5
杰　夫：（小声对王平）是女朋友吧？		T_6
王　平：（小声对杰夫）哪里，女的朋友。		T_7
李文静：你们说什么呢？		T_8
王平、杰夫：没说什么。		T_9

——戴桂芙等（1997a：67-68）

---

❶ 当然这里的 A 为陌生人进行介绍，通常是要得到被介绍的双方同意的。在英语表达中有直接征求对方或双方同意的表达方式："（介绍者）在介绍过程中，他对被介绍者的消极面子也加以考虑——他的开场白通常是提出礼貌的请求，如 'May I introduce…'（请允许我介绍……），这就最大程度地减少了对听话人施加的言外之力，维护了他的消极面子。"（钱厚生，1996：148-149）汉语口语交际虽然没有与英语对等的表达方式，但是也会通过其他的方式（如试探的方式）征求同意来对待同样的表达目的。例如，在例 3.28 中，说话者 B（白老师）在话轮 T_2 中的回答有些简单而显得生硬。其实，通常话语使用者的习惯性表达会是这样的："不认识呀，你能不能给我介绍一下。"这种积极的回应也显得有礼貌。这种礼貌的积极回应也是在关照交谈者们的面子。"莱佛（Laver，1981）发现，社交介绍活动是一种复杂的社交磋商活动，通常由彼此陌生的人所熟悉的第三方进行斡旋。介绍者确认双方彼此结识是值得的。他巧妙地照顾自己正在介绍的双方人士的积极面子。"（钱厚生，1996：148）除非有极其特殊的情况，被介绍者通常都会同意被介绍给其他陌生人的，这是人类交际通常的习惯，也是做人最起码的礼貌常识，在不同文化的交际中都是如此。

在这段会话课文中，"李文静"和"杰夫"、"安妮"原来并不认识，是完全陌生的关系，但是他们之间由于有共同的熟人"王平"在场，在话轮 T_1 中在他们之间作了介绍，这样他们就由陌生转为了不完全陌生的关系，经过话轮 T_2、T_3 和 T_4 中的打招呼和自我介绍，变成认识的关系，开始了他们之间的交谈。❶

这种会话的开头，也可以说是介绍性的会话开头。由于处于有陌生的双方都认识的第三方交谈者存在的场合，因此，陌生的交谈双方的关系就可以转化为不完全陌生的关系，这样就形成了一种特定的话语交谈活动范围。

3.1.2.2　完全陌生型的会话开头

完全陌生型的会话，在中国通常是较少发生的。在特殊或紧急的场合，有迫不得已的情况发生时，当然交谈者也自然会不顾通常陌生人较少交谈的惯例，而必然被迫开始谈话。但是，这种情况属于特殊的情况，在日常交际中较少遇到，可以视为是一种例外的情况。

在通常的情况下，如果不分场合、地点，想随便开始进行完全陌生型的会话，是会引起反感的。这是由汉语口语交际的习惯所决定的。"在中国，陌生人之间的会话，除非有特殊的必要性，或在某种特定的场合，一般不被鼓励。如果不存在必要性，会话就不容易被接受，会话的主动者会被认为是套近乎、爱唠叨等，从而引起被动应答者的反感。只有在某些特定的场合，陌生人之间的会话才会被接受，如在火车上旅行，或者共同参加一个会议，或者同时在医院候诊等。"（刘虹，2004：144）实际上，"特定的场合"就易于使完全陌生型的交谈者之间的关系发生转化，使会话开头有了一个比较容易开端的条件。问路的情况就是其中的一种。

例3.30

金大成：请问，去大栅栏怎么走？

---

❶ 如果更进一步地加以分析，还可以发现例3.28和例3.29中的介绍话语有所不同，前者的话语表达比较正式，而后者的比较随意。这是因为交谈者之间由于身份的不同带来了其间人际关系的不同，前例中的交谈者是师生之间的关系，所以交谈者A和C的话语都比较正式和尊敬（介绍话语（T_3）正式："我介绍一下"；使用尊称："您"）；后一例的介绍话语（T_1）有着明显的不同（来认识一下），显得随意而亲切。

女孩儿：一直往前，到人行横道过马路就是。

金大成：我想去同仁堂药店，怎么走？

女孩儿：过了马路往南走，在第二个路口往西拐。

……

——金椿姬（2003：106）

这种问路的情况通常发生在街道等公共场合，而且其内容也是被严格限定的，并不能对任何话题都进行自由交谈。

完全陌生型的会话开头，进行的难度比较大，也是因为发话者的首先发话要冒被对方拒绝的风险，对发话者的面子有着巨大的威胁，使交谈面临着巨大的被拒绝的风险。这是与熟人之间的会话开头完全不同的情况。"任何陌生人之间的会话开始之前，都有一个观察猜测对方的预备过程。……这个预备过程主要是猜测对方对会话所持态度，即是否愿意与自己会话。假如在不能保证对方愿意会话时开始与对方会话，那么就要冒被对方拒绝的危险……拒绝加入陌生人开头的谈话是不会受到谴责的，但是如果拒绝参加熟人开头的谈话则会受到谴责。"（刘虹，2004：144-145）可见，交谈者之间的人际关系不同，对话语表达也会有着显著的不同的影响。

3.1.3　会话开头的话语表达

3.1.3.1　会话开头话语交谈的内容

话语交际从来就不是毫无目的、盲目地进行的，同时，要明确话语交谈的目的和交谈的话题内容，也都需要对交谈者的情况有所了解。交谈者的情况包括许多方面，其中身份在汉语会话交际中地位最为重要。这种身份是由汉语话语交际的文化特点所决定的。在交谈者双方的身份确定以后，就可以确定交谈者之间的关系，从而也就确定了可以使用的话语种类。所以，确定身份，就成为汉语交际中，陌生人之间会话开头的首要交际任务。"陌生人之间的了解最重要的是首先确定对方的身份。从某种程度上说，职业是确定一个人身份的重要信息。所以在这类会话的开头，一般首先要得到的就是这方面的信息。"（刘虹，2004：154）

确定陌生的交谈对方的身份十分重要，因为无论是把对方的身份确定得过高或过低，都会给交谈对方带来尴尬，也会使会话难以顺利地进行下去。无论如何，通过几句交谈和观察来确定对方的身份，需要丰富的交际经验，这对于汉语学习者来说毕竟是一个难度较大的任务。"对职业信息的获取还可以采用更为间接的方式，如询问对方的工作单位，根据这个信息，再结合对方的言谈举止、穿着打扮以及年龄等，就大致可以推测出对方的身份。"（刘虹，2004：155）随着中国社会经济的发展，对身份的重视程度有所下降，但是在传统观念比较浓厚的交谈人群中，身份的确定仍然是比较重要的，毕竟身份对选择交谈的言语表达的话语类型有重要的决定作用。当然，其他一些因素也会影响口语交际时的话语选择与使用，例如，交谈者之间的年龄关系等，但是最主要的还是身份。

在确定交谈对方的身份时，采取过于直接的方式也不太妥当，有冒犯对方的风险。因此，交谈者可以选择比较间接的方式，设法了解到对方的身份。

另外，了解交谈对方的一些主要情况的信息，也有使交谈能够顺利进行下去的重要作用。"对方居住地、工作单位、职业等方面信息的获得，不仅使会话双方可以据此采取恰当的会话方式，也会为会话的继续进行提供了大量的话题，如对方居住地的风土人情、土特产、对方工作单位的情况、个人工作的特点等。谈论这些话题时，又会进一步引出其他的话题。刚开始的话题，可能是寒暄性的，但随着会话的进展，话题逐步引向深入，从而使双方建立起新的良好的关系。"（刘虹，2004：156）这样的会话开头，就为会话的发展建立了一个良好的基础和发展的方向与契机。

3.1.3.2 会话开头的话语表达形式

在确定陌生的交谈对方的身份时，选择使用什么样的话语来进行表达，也是十分重要的。选择使用的话语表达方式不同，对交际的效果会有很大的影响。"如果使用是非问句直截了当的猜测对方的工作性质，比如'你是工人吗？''你是干部吗？'，有时会显得不太礼貌，因为万一猜得不对，会使对方尴尬和不快……如果用特指问句询问，如'你是做什么工作的'就会好一点儿。在陌生人会话过程中，所使用的言语形式越直接，其礼貌程度越低。

相反，间接的言语形式则较为礼貌、委婉。"（刘虹，2004：154）陌生人之间会话开头，话语表达所采取的言语形式的直接的程度，与礼貌的程度有反比的关系。如果是熟人之间的会话开头，则言语形式的直接程度，与熟人之间的亲密关系，有正比的关系。会话开头时话语表达所使用的言语形式，与交谈者之间的人际关系有着重要的联系。

由于受交际习惯、文化差异等因素的影响，姓名的使用方式中外有所不同。"在英美文化中，陌生人见面时，常常要互相报名字。在中国，只有熟人之间才会用姓名相称。如果陌生人之间采用这种方式，会被人认为是过于亲昵，过分热情，或被疑心有其他的企图，从而引起对方的反感。但是在陌生人的会话将要结束时，如果双方已经建立起良好的关系，而且双方都觉得有进一步发展这种关系的必要，那么询问对方的姓名才是可取的。中国人一般是对方问起时，才报出自己的姓名，而英美人则常常自报姓名。"（刘虹，2004：155）中国人通常不自己主动使用姓名，一般都要等待交谈对方的询问，而不会自己主动去介绍。

3.1.3.3　会话开头的各种话语表达类型

会话开头在话语表达的样式方面，有许多不同的类型。

（1）提供式的会话开头表达方式

提供式的会话开头，可以采用比较直接的表达方式。因为发话者直接的表达更能够显示出自己提供帮助的诚意，过分的礼貌也许会造成对方的误解。"提供式会话一般以'提供—接受/谢绝'这类对答开头。由于这类会话的目的是为了帮助应答一方，所以不必像请求式会话那样使用礼貌客气的表达方式。引发语可以不带礼貌用语直接说出，也可以带简单的礼貌用语。"（刘虹，2004：157）当然，在提供式的会话开头，也要注意适当的礼貌，至少不能采取不礼貌的表达方式，以免给对方带来傲慢、轻侮的感觉。

例3.31

A：王先生，晚上七点公司有个酒会，六点半我来接您。　　　　　T_1

B：好吧。现在几点？　　　　　T_2

A：现在五点一刻，您还可以休息一个小时。　　　　　T_3

B：好，一会儿见！　　　　　T_4

A：一会儿见。 T₅

——张辉（1997：12）

在话轮 T₁ 中说话者 A 提出了所提供的一种服务，说话者 B 的话轮 T₂ 表达的是"接受"。由此直接开始了会话的交谈。

例3.32

（黄小玉回澳门过新年的时候，公职司让她帮助接待一位从北京来的客人张先生。）

黄小玉：张先生，今天我陪您去参观一下澳门的名胜古迹吧。 T₁

张先生：好，那就麻烦黄小姐了。 T₂

黄小玉：您想去哪儿看看呢？ T₃

张先生：我是第一次来澳门，对这儿的一切都不熟悉，去哪儿你来决定吧。 T₄

黄小玉：那咱们就先去观音堂。张先生，请上车吧。 T₅

——张辉（1997：118）

发话者"黄小玉"直接以话轮 T₁ 表达了提供给对方的一种帮助（尽管这种帮助是澳门政府部门安排的一种帮助），说话者"张先生"在话轮 T₂ 中表示了"接受"和礼貌性的客气。这样就直接开始了会话交谈。

（2）禁止式的会话开头表达方式

例3.33

A：先生，这里禁止停车。

B：那我的车应该停在哪儿呢？

A：您再往前开500米，那儿有个停车场。

B：真不方便。

——张辉（1997：86）

禁止式的会话开头，通常都是发话者比较急迫地开始了会话交谈，因此会话开头的话语表达方式也是比较直接的。

（3）道歉式的会话开头表达方式

道歉式的会话开头，通常也是以直截了当的表达方式表达出来。

例3.34

A：对不起，阿伟，让你久等了。

B：没关系。路上不好走吧？

A：可不是。我本来想坐出租汽车来，可是车刚走到半路就遇上堵车，堵得简直是水泄不通。我只好改坐地铁过来。

B：比赛马上就要开始了，咱们赶快进去吧。

——张辉（1997：149）

例3.35

A：真对不起，小李，你借给我的那本书我还是没找到。

B：没事儿，丢就丢了吧。

A：等我买一本还给你。

B：不用了。那是10年前出版的书，恐怕现在买不着了。

A：真不好意思。

——张辉（1997：149）

（4）闲聊式的会话开头表达方式

闲聊式的会话开头表达方式，是处于同一环境中的陌生人直接开始交谈所可以采用的一种表达方式。"闲聊式会话主要发生在较长时间处于同一环境的陌生人之间，如在火车上、候诊室、排长队买东西等。这种会话没有明确的会话目的，随意性较强。但是环境会给大家提供一些共同的东西可供交谈，大家共在同一场合，环境给大家提供了共同的角色特征，如都是乘客，或候诊室病人，或排队买东西的顾客，这时相互的猜疑比起街头相遇的陌生人来说大大降低。这时的会话开头采用对环境进行感叹性评论的较多，即'评论—同意'类对答结构。"（刘虹，2004：158）

在口语教材中，陌生人之间的会话开头几乎没有出现，这也许是因为教材课文中的交谈较多发生在人物关系明确的交谈者之间，或者是熟人之间。

人物关系不明确的完全的陌生人，尽管在自然口语里有比较多的可能性出现，但也许是因为口语教材中人物关系的限定，或是难以在口语教材的课文中安排，所以出现得很少。在口语教材中，可以找到的都是教材编写者所安排的熟人之间的会话开头。闲聊式的会话开头，也同样是如此。

例3.36

A：今天天气可真好！你看那天空多晴、多蓝啊！

B：表姐，咱们去颐和园照相吧。

A：好啊。不过，我一会儿还有点儿事。咱们下午去，怎么样？

B：行。下午几点走？

A：吃完午饭咱们就出发。

——张辉（1997：12）

例3.37

A：小王，你来香港几年了？

B：我1993年来的。转眼已经快4年了？

A：你来这儿以后，回过北京吗？

B：没有，可我一直都在盼着能早儿回去，看看分别多年的父母。

——张辉（1997：13）

由于发话者的文化差异，闲聊式的会话开头，在不同的语言文化之间也存在着差异。"在闲聊式会话的开头，谁做主动的发话者，有时要视对方的性别、年龄、身份而定。例如，对年轻女性，陌生男性一般不宜主动搭话，除非在那些情况下，比如长幼之间、尊卑之间，谁先发话似乎没有明显的规定。而在美国，对话双方如果属于同一阶层，则指望年轻者先说话；如果他们地位有别，则地位较低者先说话。在中国，如果说在这方面有什么倾向性的话，情况似乎相反。"（刘虹，2004：159）

（5）提出看法式的会话开头表达方式

以提出自己看法的方式，引发交谈对方的反应。对方通常也会提出自己的看法，对发话者的看法提出赞同或相反的看法。

例3.38

A：现在的孩子学习负担太重。

B：可不是。就拿我们邻居的孩子来说，每天除了要完成学校的学习任务以外，还得参加好几种学习班。连玩的时间都没有，节假日也不休息。我瞧着都累。

A：这样下去会影响孩子的身心健康。

B：你说得对，我也是这么看。

——张辉（1997：106）

例3.39

A：我觉得妇女结婚以后就不应该再工作了。

B：为什么？

A：因为妇女回家对家庭、对社会都有好处。

B：我不同意你的看法。男女应该平等，为什么一定要妇女回家？

A：可是妇女参加了工作也不能说明男女就平等了啊。

B：所以我们要做更多的努力去争取平等。

——张辉（1997：107）

有时候，这种提出看法的会话开头表达方式之中，提出的看法是一种要求。

例3.40

A：大夫，我想喝点儿水。

B：你刚做完手术，不能马上喝水。

A：可是我特别渴。

B：你坚持一下，过一会我让人给你送水来。

A：你可快点儿。

——张辉（1997：87）

会话开头有多种多样的表达方式，这里只是列举了一部分口语教材中比较常见的类型。对于各种会话开头的表达类型，教材编写者尤其要注意把握其中话语运用的特点，在编写教材时，能够在教材中有计划地安排各种类型的会话开头表达方式。

3.2　会话课文语篇的结尾

对于"会话结尾"这一概念并不难理解，至于如何从会话结构分析的角度给出其定义，谢格洛夫和萨克斯（1973）是这样认为的："所谓会话的结束就意味着'会话中交际者同时到达一个位置，一个交际者完成他的话轮之后并不需要另一发话人说话，他的沉默并不被听作是这一发话人的沉默'。"（刘运同，2007：72）会话分析的视角与人们通常的理解会稍显不同。

3.2.1　会话结尾的难度和特点

3.2.1.1　会话结尾的难度

结束谈话本身对于欲结束谈话的说话者来说是一个难题，因为容易给交谈对方造成不礼貌、不愉快的感觉，所以使一段会话能够顺利结束对于想要主动结束谈话的交谈者而言，也是一个难度较大的交谈任务。而且在话语交际进程中什么时机提出结束交谈，以及提出结束交谈时所使用的话语表达方式，都是非常重要的。这里面涉及礼貌和双方关系的问题，因为只有把握住合适的时机，运用合理的话语表达方式结束交谈，才能够不得罪交谈的对方，使交谈双方的关系得到发展和深化，而不是遭到破坏。对于选择合适的会话结尾时机，有学者提出，"笔者在考察汉语的会话结尾时发现，在非程式化会话结尾以前，也像会话开头那样，有一个观察猜测的过程。想要结束会话的一方所要观察猜测的是所谈论的话题是否已经谈完，对正在谈论的话题对方是否感兴趣，对方是否想结束谈话等。只有在所有的会话参与者都同意结束会话的情况下，会话才可能圆满地结束。如果某一方坚持继续谈话，而另一方想结束谈话，是非常困难的……在这种情况下，如果一方强行结束谈话，就显得不礼貌。"（刘虹，2004：169）结束会话时的"说什么""如何说"和"什么时候说"都需要仔细考量并斟酌时机，并不是随意进行的，实际上是人类在交际实践中通过交际经验的积累和话语表达实践而习得的。目的语的会话结尾表达方式，对于第二语言学习者来说同样有学习的价值和训练的必要。

会话结尾与会话开头有很大的不同。会话开头可以通过以言语为主的各种方式，表现出想要开始交谈的意愿，但会话结尾要找到结束谈话的适当理由，并且要将这理由表达清楚。而且这种表达清楚的标准，是交谈对方能够理解而不产生误解。这就需要主要依靠言语表达的方式来完成。"为了在会话结尾时能提出令人信服的理由，不使对方误解，避免造成不愉快或尴尬的局面，会话参与者有时在结束会话以前很早就准备结束会话的理由。"（刘虹，2004：172）从需要很早就开始准备这一点上看，会话结尾对于想要结束会话的交谈者来说也必然是一个难题，其话语表达的复杂程度也比会话开头要高得多。

实际上，会话结尾对于母语使用者来说也是有一定的难度的，何况对第二语言学习者呢，在对目的语的掌握还不是很充分的情况下，要他们顺利地结束一段会话交谈，无疑也是一种艰巨的交际任务和对其话语表达的考验。

3.2.1.2 会话结尾话语表达方式的特点

会话结尾有一定的话语表达习惯，交谈双方要获得共识，一般不能在未获得对方同意结束交谈的信息以前，就强行结束交谈。这样会破坏交谈者之间的关系，也与交谈本身具有的促进双方了解、加强双方关系的初衷相违背。所以，会话交谈结尾的完成，并不是轻易就可以圆满、顺利地实现的。

会话结尾的话语表达方式，可以是直接地进行表达，也可以采取比较隐含的表达方式，用暗示的方法达到结束谈话的目的。"有时会话的一方想结束谈话，还往往采用另一种比较隐晦的方法，即询问对方马上要干什么，然后从为对方考虑的角度结束会话。"（刘虹，2004：172）这样，结束交谈似乎是由对方作出的选择，这比想要结束谈话的交谈者自己直接提出要委婉、礼貌一些。因为这样的会话结尾方式，所造成的印象好像是由交谈对方提出的要结束谈话的，而结束谈话正好满足了对方意愿。

会话交谈中的话语表达并不是任何时候都要明晰无疑的，对于结束交谈这种有可能伤及交谈对方面子的表达任务，就可以采取委婉的话语表达方式。有学者也称这种话语表达为"暗指性话题表述"。"会话时人们一般都会尽量把话说得明白易懂，但有时觉得有些话不宜直说，就会以含蓄委婉的方式表达，这就叫暗指性话题表述。它与直言性话题表述的不同之处在于：后者需遵循

Grice（1975）提出的四项会话准则（数量准则、质量准则、切题准则和方式准则），确保话题字面意思的明白无误，方便他人的理解；而前者则要依据一定的礼貌原则（Politeness Principle）故意违反某些会话准则，使话语产生言外之意，从而起到特定的交际作用。"（郭宏丰，2008：59）显然，之所以使用这种含蓄委婉的表达方式就是出于礼貌的考虑，有着特定的交际作用。

当然，会话结尾能够顺利完成，也需要交谈对方的理解和配合，否则交谈只能无穷尽地被迫进行下去。使用含蓄委婉的话语表达方式有一定的前提条件，"暗指性话题表述一般出现在熟人之间的会话中，他们具有共知的背景信息、共有的社会知识和共有的一些生活经历，这为发话者能以含蓄委婉的方式来表述暗指性话题提供了必要的条件。暗指性话题表述能否产生预期的交际效果，还要取决于受话者是否具有在特定语境中的分析和推理能力。"（郭宏丰，2008：59）话语交际的顺利完成是交谈者合作的结果，这种合作的实现要依赖于合作者共同背景、语言表达能力和其他一些方面的能力综合发挥作用。

3.2.2　会话结尾的话语表达过程

会话结尾的话语表达有着丰富的内容。"告别通常是告辞的人首先招呼对方，请求允许离开，表示与对方相会很开心，感谢对方的款待，希望以后再见到对方，最后致告别惯用语。因此，告别语的结构就包含下列一些成分（尽管其数目和顺序在会话中可能有所变化）：（a）招呼（或呼唤）；（b）告辞；（c）表示愉快和谢意；（d）希望再见面；（e）致告别语。"（钱厚生，1996：138）这里论及的是话语表达内容和话语成分，至于这些话语表达如何安排其先后顺序，如何动态地推进和发展，以及如何形成话语表达的结构，则是会话结构分析的研究任务，也只有从这一研究角度才能够分析清楚，得出有益的结论。

会话结尾的话语表达过程，从会话语篇结构的角度分析，"Schegloff & Sacks（1973，转引自 Coulthard，1977：86）认为会话的结尾包括三个基本的组成部分：结束系列（closing sequence）、前置结束系列（preclosing sequence）和话题界限系列（topic bounding sequence）。"（何兆熊主编，2000：326）这三个部分在会话结尾的整体结构中，是依照着话题界限系列、前置结束系列和结束系列的顺序依次排列的。

也有学者对于这种三个部分的划分提出了不同的看法。"但实践告诉我们，由于会话的内容和交际中的语境并不是一成不变的，会话的结束过程会显示出很大的任意性。有时，会话者出于某种考虑越过话题界线系列和前置结束系列而直接使用道别语也能结束一次会话。有时，会话者感到话语已进而不用任何道别语也同样能结束一次会话。因此，Schegloff等人对会话结尾的论述是有一点点局限性的。"（郭宏丰，2008：148）虽然实际上没有否定对这种三部分的基本结构，但提出的质疑对于我们注意会话结尾话语运用的灵活性是有所启示的。

3.2.2.1　话题界限系列

话题界限系列是会话结尾的开始。"但在'前置结束系列'出现之前，双方应该表示出对某一话题的交谈已经结束，这就是'话题界限系列'。话题界限系列的内容是很多的，常因话题内容、双方的关系的不同而异，常见的有问候对方的家人，安排活动，提醒对方约会的时间、地点等，也可以对所作的谈话作简捷的归纳。"（何兆熊主编，2000：327）可以看出，可以用于"话题界限系列"的话语表达方式是多种多样的。

话题界限系列的主要话语表达作用，就是划分会话语篇结构的主体部分与会话结尾的界限，其内容通常会预示着会话交谈的一方意欲结束交谈，因而开启了会话结束的进程。❶

---

❶ 也有另外的一种对此概念的提法："话题结束信号"。并且分为"规范性话题结束信号"（"一般来说，在较为认真、和谐的会话中，当会话双方都觉得针对话题要说的话已经说完，或者无须再对话题进行展开和讨论时，会话的一方便会发出话题结束信号，接着会话的另一方通常也会相应地发出赞同性话题结束信号。这种在共识前提下发出的话题结束信号可称为规范性话题结束信号。"（郭宏丰，2008：149））；"非规范性话题结束信号"（"所谓非规范性话题结束信号，指的是会话的一方还未等会话的另一方就话题结束形成共识时就发出的话题结束信号。非规范性话题结束信号较多地出现在一些不太和谐或较为随意的会话中。"（郭宏丰，2008：161））两种。但是，"话题结束信号"的概念又似乎跨越了本书提及的"话题界限"和"前置结束"两个序列，"由于非规范性的缘故，会话的一方在不同的语境中使用这种话题结束信号会使会话的另一方做出不同的反应。另一方可能会发出赞同性话题结束信号，可能会发出非赞同性话题结束信号（以 Disagreement 表示），也可能会既不发出赞同性话题结束信号，也不发出非赞同性话题结束信号。"（郭宏丰，2008：161）所以，为避免概念的不一致，就不参考这一概念系统了。

3.2.2.2 前置结束系列

前置结束系列实际上是交谈双方进行协商，达成结束交谈共识的话语过程，所以也有学者称之为"协商序列"。"在正式结束之前，双方都会先发出一些信号。向对方表明自己已经没有更多的话要说了，让对方去考虑是否还有别的话题可谈，如果对方也认为可以结束了，他也会作出一定的表示。这种说明是否一致同意结束会话的表示称为'前置结束系列'。"（何兆熊主编，2000：326）

前置结束系列的话语表达内容和方式，都有自己的特点。"在预示结尾的言语和非言语信号发出后，接收信号一方一般要对这种信号做出反应，即表示自己对结束会话的态度，这时往往会产生一个协商序列。首先表示要结束会话的一方往往要对此进行解释，这些解释有时是从本身出发，表示自己还有别的事情要做；有时是从对方出发，表示对方该做什么事了。如：'时间不早了，该休息了。'这一种方式常常会出现在会话参与者之间地位有差异、由地位较低的一方首先表示要结束会话的时候。"（刘虹，2004：173）不同话语表达方式的选择使用，与交谈者之间的社会地位和身份的差异有关。

前置结束系列的话语表达，可以起到交谈有礼貌以及对对方尊重的作用，并不是无用的虚套客气。有了前置结束系列在会话中的存在，比直接、骤然地进入会话结尾要好得多。因为，如果在交谈中出现了那样的情况，常常会在汉语的口语交际中被认为是不礼貌的。"在协商结束、告别以前，还常常插有表示感谢、道歉或拜托向某人表示问好之类的告别前序列，它是告别的前奏。一般说来，假如会话的一方是主人，另一方是客人，或者一方是求助者，另一方是被求助者，那么客人（或者求助者）常常会向主人（或被求助者）表示感谢或歉意，以表示礼貌。"（刘虹，2004：175）交谈者如果过急、过快地结束交谈，容易被误解为是对交谈的内容或交谈者对方不感兴趣。前置结束系列的出现，可以避免这样的误解，而且可以是对方在这一前置系列的话语表达过程中，也同时做好了结束交谈的心理准备。

虽然有学者提出，"对于会话结束来说，重要的不是用什么方式结束会话，而是逐步地做好准备，一步一步地、互相协商地结束会话。"（刘运同，2007：72）但是，结束会话的这一协商过程的话语表达方式在下文的实例中所呈现出来的是多种多样的，为结束会话进行的准备并不简单。

3.2.2.3 结束系列

"结束系列"主要的话语表达是一些告别语。告别语的使用在不同的场合以及交谈者之间的不同关系之中，也会出现不同的情况。在汉语会话交际的口语表达中，告别语的表达话语有多种类型可供交谈者选择使用，交谈者可以根据关系和场合进行选择。"告别的主要方式是以互相道'再见'结束的。如果会话者是主人和客人的关系，并且会话是在主人家里进行时，那么主人在告别时还可以说'有空儿来玩''有空儿来啊''以后再来啊''欢迎你再来坐'这类表示邀请的告别语。当主人相送时，客人也可以说'不用送了''别送了''请回吧''请留步吧''请回去吧''你早点儿休息吧'；主人也可以说'慢走啊''好走啊'等表示关心的话语，作为客气、礼貌的告别方式。"（刘虹，2004：176）由此可见，汉语告别语的表达方式是十分多样化的。

会话结尾的表达并非只能依照程序刻板地进行，话语的使用也是可以非常灵活的。"告别前序列的话语一般也可用于告别序列。而且告别语常常重复发生，特别是拜访型会话的结尾，主人送客人时这种情形更为常见。一般这种告别序列常常会持续到客人走得稍远为止。"（刘虹，2004：176）告别语的表达除了可以灵活运用外，还可以根据交际现场的实际情况，而由汉语表达者伸缩扩展。"在有些情况下，告别语的结构则可能会扩展。例如，根据中国人的习惯，主人通常要把客人送到门口甚至很远。如果主人不准备陪送客人走远，他也许会对客人比较正式地讲'恕不远送'，或者比较随意地说'不远送了啊'，或者更简单地说'不送啦'。后者在英语中听起来可能不大礼貌，但在汉语中则是礼貌的。"（钱厚生，1996：139）实际上这种比较随意的话语表达关注的不是礼貌的问题，而是要表达亲密关系建立的意图。显然，这里的告别话语是发生在熟人之间而且并非是正式的交际场合，如果在这里使用礼貌的表达方式反而使交谈者之间的关系显得疏远了。

3.2.3 会话结尾的话语表达结构类型

在研究汉语口语的日常交际时，有学者认为在通常的情况下会话的结尾并没有一种固定的结构程式。"这类会话结构没有形成固定的程式，人们无法预见会话开始以后会向什么方向发展，谈什么话题，该谁谈，以及什么时候会话结束。大部分会话都属于这种类型。"（刘虹，2004：169）但是在一些特定的场合，会话的结尾也会形成一些固定的结构程式。"程式化会话已形成比较固定的结构程式。这类会话大多发生在陌生人之间，人们在会话开始时就可以预见整个会话的大致过程。比如问路，商店里顾客与营业员之间的会话，都属于这种类型。"（刘虹，2004：178）对于汉语口语教材的编写来说，会话结尾的情况不一定要与自然口语交际完全一致，教材编写有其特殊的情况，在口语教材课文中所呈现的会话结尾通常都存在着一些类型性的特点。

汉语口语教材中的会话结尾，在不同的交际场合常常会表现出不同的类型性特点。这样，依话语交际场合（情境）的不同，就可以对会话结尾进行一些区分。在不同的交际场合，会话结尾所使用的话语表达方式和特点有所不同。在每一种交际场合之内，又有多样化的、具体的各种表达方式。当然，这种多样化的会话结尾话语表达方式，反映在语篇结构上也会呈现出复杂的情况。

（1）做客

可以说，做客场合的会话结尾是最为经常发生的，有时候也是最为正式的，具有会话结尾的典型结构特征。

例3.41

| Q：玛丽，你好！我们大家来祝贺你的生日。 | T_1 |
| M：谢谢大家。请坐，请坐！ | T_2 |

……

A：同学们，对不起，我有点事，我先走了。	T_3
Q：我们玩儿了两个小时了，时间不早了，也该走了。	T_4
S：该休息了，咱们走吧！	T_5
M：谢谢大家。	T_6
A、Q、S：再见！	T_7
M、L：再见！	T_8

——李德津、李更新（1999：246–247）

本例中的告别是发生在多个交谈者之间（一位主人与多个客人之间）的告别。说话者 A 的话轮 T_3、说话者 Q 的话轮 T_4 和说话者 S 的话轮 T_5，展示了汉语中几种表达告别时所用的话语。从会话语篇结构方面分析，话轮 T_3 是"话题界限系列"，话轮 T_4~T_6 是"前置结束系列"，话轮 T_7~T_8 是"结束系列"。

例 3.42

A：我该回去了。	T_1
B：再坐一会儿吧。	T_2
A：时间不早了。今天晚上我很愉快，非常感谢你们。	T_3
B：不客气！欢迎经常来坐坐。	T_4
A：谢谢！我会来的。	T_5
B：我送送你。	T_6
A：不用，不用。再见！	T_7
B：再见！	T_8

——陈光磊（2000：65）

这里的告别是发生在两个人之间（一个主人与一个客人）的告别。这种告别语列，也是会话结尾经常出现的情况。话轮 T_1 是"话题界限系列"，话轮 T_2~T_7 是"前置结束系列"，话轮 T_7 和 T_8 是"结束系列"。

会话交谈者的人数不同，对会话语篇的内容会有所影响，但是对会话语篇的结构影响不大，基本的话语表达过程和会话语篇结构都会保持通常的进程。

例 3.43

A：哎呀，不早了，我该走了。	T_1
B：吃了饭再走吧。我已经准备好了。	T_2
A：不了，我还要去办点儿事，以后再来看你们。	T_3
B：：以后常来啊！	T_4
A：一定来，不要送了，请回吧！	T_5
B：慢走！	T_6

A：再见！ T_7

B：再见！ T_8

———李德津、李更新（1989：100–101）

这是突然打断型的告别语列，与前例顺接过渡型的告别语列有所不同。但在会话语篇结构方面，两者之间的区别却并不大。

（2）探望病人

例3.44

A：马丁，你怎么病了？ T_1

B：昨天下午肚子很疼，我就去了医院。 T_2

A：医生怎么说？ T_3

B：医生说我得了急性肠炎，又给我打针，又叫我吃药。 T_4

A：今天怎么样？ T_5

B：今天好一些了。 T_6

A：你好好休息，明天我再来看你。 T_7

B：谢谢你来看我。 T_8

———陈光磊（2000：24–25）

此例中虽然没有最后的表示再见之类的告别语，但是探望病人时所使用的问询语列（$T_1 \sim T_6$）和告别语列（$T_7 \sim T_8$）都已经比较简明地展示了出来。

例3.45

A：你带着水果去哪儿？ T_1

M：去看丽达。 T_2

A：她怎么了？ T_3

M：住院了。 T_4

A：住多长时间了？ T_5

M：三四天了。 T_6

A：什么病？ T_7

M：胃疼。 T_8

A：现在怎么样了？ T₉

M：好点儿了。 T₁₀

A：你几点能回来？ T₁₁

M：四五点钟吧。 T₁₂

A：请你代我向她问好。 T₁₃

M：好。 T₁₄

——李德津、李更新（1989：14）

话轮 T₁₁ 和 T₁₂ 是结束前语列，话轮 T₁₃ 和 T₁₄ 是结尾语列。此例虽然是发生在谈论看望病人的场合，但是话语表达内容与之相关，而且也呈现了会话结尾的话语结构。

（3）机场告别

例3.46

（张世华总经理今天中午就要回香港了，北京友联公司的李总经理到机场送行。）

张世华：李经理，我这次来北京，每件事情进展都很顺利，这要感谢您和贵公司为我们提供的帮助啊。

李经理：哪里，哪里。您这次来，有很多地方我们照顾得不周到，还请您多包涵。

张世华：李经理真是太客气了。虽然我们是第一次合作，但我觉得我们的合作很愉快。

李经理：是啊，我第一次见到张经理时，就有一种一见如故的感觉，那时候我就知道我们的合作一定会成功的。

张世华：我希望我们两家公司今后能进一步扩大合作。

李经理：这也是我们的愿望。希望我们能很快地在北京再见面。

张世华：下次我要带我的小女儿来，我想让她在这儿好好学学普通话。

李经理：等您女儿来了，如果她愿意，就住在我家里好了。我们全家一定会照顾好她的。

张世华：谢谢李经理的盛情。李经理要是抽得出时间，欢迎您和夫人一起到香港玩几天。

李经理：好的，有时间我一定去。

张世华：开始登机了，再见吧，李经理。

李经理：祝您一路顺风！

张世华：谢谢，再见！

李经理：再见！

——张辉（1997：152）

这里提出的虽然只是在机场告别的例子，但是在其他（如火车站、汽车站、地铁站、港口等）类似场合的告别，在交谈的话语内容和语篇结构方面也都相似，就不一一列举了。

（4）电话交谈

在各种会话结尾之中，还有一种特殊的话语表达情况，就是电话交谈的结尾，它与面对面交际时的会话结尾有所不同。

例3.47

马　丁：请问，王老师在家吗？

王太太：他不在，您哪位？

马　丁：您是王太太吧？这是马丁·怀特在说话。

王太太：什么？您在说话？噢，我明白了，你是马丁。您有什么事吗？

马　丁：请转告王老师，明天上午我有事，不能上中文课了。

王太太：好的，他回来以后我一定告诉他。

马　丁：谢谢您，王太太。

王太太：不谢，再见。

——李克谦、胡鸿（1998：148）

由此例可以看出，电话交谈的结尾，与一般的面对面交谈有所不同，最后的告别话语通常都比较简短，而不似面对面交谈时的告别语列会有较多的相邻对的组合，而且也不会像面对面会话交谈的结束进程一样，通常都会有三个完整的组成部分。

3.3 会话课文语篇的开头和结尾在教材编写中的处理

掌握汉语口语表达中会话开头和结尾的话语表达方式（表达程式、话语形式等），对第二语言学习者来说十分重要。这是因为学习者如果不能熟练地掌握汉语会话的开头和结尾的表达方式，就会使他们的口语交际因出现障碍而无法顺利地展开和收束，就会对他们开展口语交际形成很大的心理压力和焦虑，从而产生畏惧、规避的心理倾向，甚至形成刻意回避的交际表达习惯，从而影响他们口语交际实践的充分开展。

3.3.1 编写会话课文语篇开头需要解决的一些问题及处理方法

在许多初级口语教材最开始的会话课文中，都会编写类似"你好！""你好！"这种互相致意的问候式的会话开头。可是实际上，这并不是汉语母语使用者进行交际时常用的打招呼和会话开头的话语表达方式。"在中国，陌生人之间不使用'致意—致意'这种对答结构，所以不能与陌生人随便打招呼说'你好！'这种方式常常显得过分热情，而引起对方的反感。"（刘虹，2004：159）在学习者最开始接触汉语口语时，如果教材以中国人并不使用的话语表达语句来教给学习者，由于最开始接触的学习内容在学习者的心目中印象最深，这样的课文恐怕会严重地误导学习者。

第二语言学习者对母语会话开头的话语表达方式很熟习，但是对第二语言的表达方式就比较陌生，需要他们在学习的过程中，通过转换、移置来熟悉并掌握第二语言会话开头的表达方式，但在此过程中要特别注意差异性的方面。在汉语口语交际中，完全陌生的人开始交际时，所谈论的内容都有着汉语交际文化和社会生活的影响而形成的特点。"当陌生的双方发现彼此不是同乡时，首先要获取的信息常常是对方的居住地，然后才是工作单位、职业等信息。"（刘虹，2004：155）这里所说的同乡关系、交谈对方的居住地、工作单位和职业等信息，都是富有汉语口语表达特色的会话开头交谈内容。在编写口语教材时，可以设法展示汉语口语交际的这种特色，以便使学习者有机会了解和掌握。

在对汉语初级口语教材课文中的会话开头进行分类的时候，我们发现尽管实际的话语交际中会话开头发生的场合和表达的方式，都是多种多样的，但是在口语教材之中的类型却是有限的。这除了与口语教材课文的内容和话题通常都是在一定的范围之内有关以外，也许还与教材编写者对会话开头的发生场合和表达方式的多样性重视不够、了解不足，没有在编写教材时加以注意有关。这样也就会影响到教材中的会话开头，使之与实际话语交际中多种多样的会话开头有很大的差距，教材课文的丰富性、多样性因此而受到影响。

在汉语口语教材中，应当尽量多地展示出汉语会话开头的各种表达方式。"如果我们不仅把熟人之间的会话开头方式搞清楚，也把陌生人之间的会话开头方式搞清楚，而且把不同类型的会话结尾方式也搞清楚，把这些研究成果编入汉语口语教材中，就可以使学习者在短期内掌握汉语会话的结构框架，可以使他们在日常言语交际中只要先判断出自己要进行的会话活动属于哪种类型，就可以采用哪种会话结构形式，顺利完成交际任务。"（刘虹，2004：167）当前一些汉语口语教材在这方面的不足，也正说明了汉语口语教材编写今后要努力的方向及要填补的一些空白。这也是教材编写创新和发展的良好契机，可以使教材编写避免重复、老套，而且更接近汉语口语交际的实际。

在自然口语交际中，完全陌生的人们之间的会话开头，还有一些特殊的表达方式，在汉语口语教材中较少展示出来。例如，（a）询问式的会话开头表达方式。这种表达方式，并非是通常的一方提出问题，由另一方回答。"询问性开头常以问话方式出现，但接着仍是发话人继续说话，用问话方式只是为了提醒听话人注意听下面的话，如'你知道吗？火车票又涨价了。'"（赵燕皎，1998）这种询问式的会话开头表达方式，类似"自言自语"式的话语表达，但在陌生人之间开始交谈时，是一种比较有效的方式，也应当在教材中设法展示一下。（b）非言语的会话开头方式。"当一方想和另一方会话时，他总得先以某种方式发出'召唤'。他可以采取不同的语言形式，如可以用对方的称谓……对于陌生人，尤其是不知道其姓名的人，可以通过其他方式礼貌地引起他的注意……当然有时也可以用一些非语言的方式，例如拍一下别人的肩膀，举手，乃至干咳一声等。"（何兆熊主编，2000：325）尽管交际中的非言语会话开头的表达方式，并非是汉语教学的重点，但是在教材编写时介绍、展示一些，也有助于学习者在实际交际中的应用。非言语的表达方式，在面对面的口头交际中也有着重要的作用。"在双向视觉交流中，非言语手段，以及交际者的社会行动和行为都会成为交际的媒体。"（张德禄、刘汝山，2003：62）尽管常见的纸介质口语教材是以书面的形式存在的，但是也可以在课文中以场景说明、动作说明等形式，把非言语的话语表达手段表现出来。

目前的口语教材课文中展示得比较多的是熟人之间的会话开头，而陌生人之间的会话开头展示得非常少。但是在实际交际时，对第二语言学习者来说，陌生人之间的会话开头难度更大，而实际运用的价值也更高，重要性也更强。"对于把汉语作为外语的人来说，会话的开头要比结尾困难得多，因为不同的会话目的、不同的对象有不同的开头方式，而结尾虽然方式也有不同，但是如果一个人不了解怎样结尾，他就可以用沉默表示结束。"（刘虹，2004：140）因此，在汉语课堂教学和教材编写时，对于陌生人之间的会话开头的话语表达能力更应注意加以培养，在教材中要更多地呈现出汉语会话开头在各种具体的情境下的各种不同表达方式，以便学习者能够有机会体验和模仿练习。

已经编写的有些汉语口语教材会话课文的开头，在编写方面还存在着一些值得改进之处。

例3.48

L、M：请进！	T₁

L、M：请进！　　　　　　　　　　　　　　　　　　　　　　T$_1$

A：你们想看话剧《茶馆》吗？我这儿有张票。　　　　　　　T$_2$

L：我不爱看话剧。　　　　　　　　　　　　　　　　　　　T$_3$

A：玛丽，你呢？　　　　　　　　　　　　　　　　　　　　T$_4$

M：我也不喜欢看话剧。你把这张票给三木吧，他很想看。　　T$_5$

……

——李德津、李更新（1989：206）

在这段会话语篇的开头的话轮之前，还应当有话语，如找某人的话语，或者是非言语行为，如敲门等。否则，在话轮 T_1 中就以突然出现的"请进!"作为开头，太突兀了，好像不是从会话的起始开始编写课文，会话课文的语篇结构不完整。我们可以与下面的编写比较成功的例子对比一下。

例3.49

A：小雷在吗?	T_1
B：是谁，这么早?	T_2
A：是我。可以进来吗?	T_3
B：请进! ……啊，是小罗。	T_4
A：我想告诉你……	T_5
B：告诉我什么好消息?	T_6
A：我刚才听了上海电台的天气预报。	T_7
B：看你又在操心旅行的事了，怪不得你这么早起床。	T_8

……

——朱旗（1985：64）

在话轮 T_4 中的"请进!"出现以前，已经在课文中编写了话轮 $T_1 \sim T_3$ 三个话轮作为会话的开头。这样，当"请进!"的话语出现的时候，已经不显得突兀了，语篇的结构也比较完整。

3.3.2 会话课文语篇结尾可以采取的一些特殊的编写处理方法

口语教材会话课文语篇的结尾与实际会话的结尾，有时相同，有时也可以不同。教材中的会话语篇，不一定都要有告别语，也可以是段落性的结束。这是一种教材编写的特殊处理，编写会话课文时并不需要追求也如自然交谈中一样有一个完整的话语表达过程，不一定需要在每一篇课文的结尾都具备会话结尾话语表达过程的完整的三个部分。

例3.50

| A：你身体多好啊! | T_1 |
| B：我从小就喜欢体育运动。 | T_2 |

A：你喜欢什么运动？　　　　　　　　　　　　　　　　T₃

B：打篮球、踢足球、游泳、滑冰。还有滑雪，我都喜欢。　T₄

A：你的兴趣真广泛，其中你更喜欢哪一项运动？　　　　T₅

B：打篮球。　　　　　　　　　　　　　　　　　　　　T₆

A：我也喜欢打篮球。上中学的时候，我是学校篮球队队员。T₇

B：那你打篮球打得一定比我好。　　　　　　　　　　　T₈

A：哪里，哪里，你太谦虚了。　　　　　　　　　　　　T₉

——李德津、李更新（1989：61-62）

最后的话轮T₉是自谦，同时也称赞了对方，就可以以此作为会话的结尾结束这段交谈。

例3.51

L：上星期日来的那个姑娘是谁？　　　　　　　　　　　T₁

M：是我的朋友，她是音乐学院的学生。　　　　　　　　T₂

L：她是学什么专业的？　　　　　　　　　　　　　　　T₃

M：声乐。　　　　　　　　　　　　　　　　　　　　　T₄

L：你很喜欢唱歌，那你们可以互相学习了。　　　　　　T₅

M：她嗓子比我好，唱歌唱得比我强多了。我当然应该向她学习了。T₆

L：她常到你这儿来吗？　　　　　　　　　　　　　　　T₇

M：常来。她对人非常热情，脾气也很好，她的同学都夸她是一个好姑娘。　　　　　　　　　　　　　　　　　　　　　　T₈

L：我也想认识认识她。下次她来的时候，你给我介绍一下，好吗？T₉

M：好。　　　　　　　　　　　　　　　　　　　　　　T₁₀

——李德津、李更新（1989：62-63）

以请求和对请求的肯定答复，作为会话的结尾。也许会话还没有结束，但课文的会话语篇却结束了。话轮T₉提到了"下次"，也可以认为是准备结束谈话了，但还是不太明确，并不能完全肯定要结束谈话，可是口语教材中课文的会话语篇，却是可以在此处结束。

例3.52

A：对不起，大卫，打扰你一下。　　　　　　　　　　　　T_1

B：什么事？　　　　　　　　　　　　　　　　　　　　　T_2

A：请问今天晚上有什么安排没有？　　　　　　　　　　　T_3

B：有。学校组织我们去看越剧。　　　　　　　　　　　　T_4

……

B：几点开演？　　　　　　　　　　　　　　　　　　　　T_5

A：七点一刻。啊呀，已经六点了，出发的时间快到了，咱们走吧！T_6

B：好的。　　　　　　　　　　　　　　　　　　　　　　T_7

——朱旗（1985：137）

在这段会话课文中，教材编写者并没有按照会话结尾话语表达过程的三个部分，按部就班地来编写出完整的会话结尾的语篇结构，而是在话轮 T_6 中，以突然惊醒的方式，比较迅速地进入了会话的结尾部分。

在口语教材中，还可以采用一种与日常自然交谈不同的悬念式的结尾。

例3.53

王老师：同学们。你们刚才说都认识珍妮，对吧？　　　　　T_1

杰　克：是。我们都认识珍妮。　　　　　　　　　　　　　T_2

王老师：你们了解珍妮吗？　　　　　　　　　　　　　　　T_3

山　口：还不太了解。　　　　　　　　　　　　　　　　　T_4

珍　妮：我们互相都还不太了解。　　　　　　　　　　　　T_5

山　口：珍妮刚才说的话，我和杰克就不太明白。　　　　　T_6

王老师：珍妮，你学习汉语不是为了做生意吗？　　　　　　T_7

珍　妮：当服务员也是在做生意。　　　　　　　　　　　　T_8

杰　克：你不想当服务员？　　　　　　　　　　　　　　　T_9

珍　妮：不！　　　　　　　　　　　　　　　　　　　　　T_{10}

山　口：当秘书？　　　　　　　　　　　　　　　　　　　T_{11}

珍　妮：不！　　　　　　　　　　　　　　　　　　　　　T_{12}

杰　克：那你想当什么？ T$_{13}$

——黄为之（1999a：106）

　　会话结尾联通到下一课，实际上是结尾未结。话轮 T$_{13}$ 中的问题还没有得到解答，就已经结束了这一课的课文，显然可以很容易让人理解为，教材编写者是要把课文的内容延续到下一课，所以就可以突然地结束会话课文，而实际上会话并没有结束，这样也就可以造成一种悬念。在口语教材中，由于这里表现的是虚拟的课堂教学，所以可以制造出悬念，留待下一课去解答，但是实际发生的交际一般是不能制造悬念的。这是可以在口语教材中采用的一种特殊的编写处理方式。

　　应当注意的是，会话结尾话语表达过程的各个不同的"系列"之间的界限，并不是十分分明。而且在实际的口语交谈之中，也并不是各个"系列"都要完整地呈现的。"当然，在基本上有一定规律的前提下，每一次会话都可能有自己独特的复杂的情况。且不说那些类似不辞而别、突然中断会话的'非常'情况，在正常结束的会话的结尾部分中，这三个基本组成部分有时会出现重叠的情况……另外，每一次会话结束前，会话者用以表示话已说尽的方式是十分多样、灵活的，这就会使话题界限系列出现复杂情况，而且使得这一系列和下一系列之间的界限变得模糊。"（何兆熊主编，2000：328）在许多告别的场合中，通常都会按照会话交际进程的顺序，按部就班地完成告别应有的一些话语表达过程，但是也会出现一些并不按照常规的表达顺序进行告别的情况。例如，在做客的场合有时会由于一些特殊情况的出现，而打断了正常的告别表达进程，不按照通常的表达程式进行，而是省略了一些表达进程的阶段，直接进入前置结束序列和结束序列。在教材编写时，也应当注意展示出会话结尾的各种特殊的情况，根据具体的情况进行灵活的、特殊的编写处理。

第四章
会话课文语篇结构中的衔接与连贯

衔接与连贯对于语篇分析的重要意义，有学者对此非常地强调："语篇的衔接和连贯是语篇研究的核心，也是语篇研究能否站得住脚的关键。"（胡壮麟，1994：iii）

衔接与连贯在语篇的构成上有着重要的作用，韩礼德和哈桑提出的"组篇机制"（texture）的概念中就包含了衔接与连贯。他们认为，"组篇机制不仅仅是包括我们所指的衔接之类的语义关系，即其中一种成分的意义有利于另一种成分的解释，它还包括在实际意义的表达中某种程度的连贯性。不仅或者说不是主要，与内容有关，而是与语言语义资源的整体选择有关。这些手段包括各种各样的人际（社会的、表达意动的）成分，即语气、情态、紧张程度以及其他把讲话者带入话语情景的形式。"（Halliday & Hasan，2007：19-20）这段论述还显示出组篇机制中包含有多种多样的语言手段，也从一个侧面显示出其研究价值。

口语语篇中的衔接与连贯，有其特性，又与其他种类语篇中的衔接与连贯有共同之处。汉语口语教材会话语篇中的衔接与连贯也有其特性，并且会在语篇结构方面显现出来或对其产生影响，因此在研究教材和编写教材时应当关注这些特性，并且应当设法尽量多地在教材中展示出这些特性来。

4.1 会话课文语篇结构中的衔接

4.1.1 语篇衔接的界定、构成与作用

4.1.1.1 语篇衔接的界定

衔接在语篇分析中是重要的概念，对于衔接有学者提出了简明而含义丰富的定义："衔接是句子组合成语篇的重要特征。衔接是意义特征，但由语法和词汇等形式特征来体现。它所实现的是谋篇功能，是通过纵横交错的衔接纽带和衔接链把句子组成语篇的重要机制。"（张德禄等，2005：65）这是一种比较概括的表述，衔接的具体内容是丰富多样的。

有学者认为，对衔接和连贯的认识已经基本上趋于一致。"近期对篇章语言学的研究中，虽然派别不同，但是对衔接与连贯的理解形成了大致统一的意见。Crystal（1985）认为，衔接指表层结构中，语言形式在句法或语义上的连接。而连贯则指为了理解一段口语或书面语的潜在的功能上的联系或本质（identity）而假设的组织原则（principle of organization）。具体包括，语言使用者的世界知识，他们所做的推理和具有的假设，以及运用言语行为所进行的交际等。"（孙玉，1997；Crystal，1985）可以看出，衔接有比较强的形式特征，可以在语篇的表层结构中找到，可连贯却并非直接地在语篇的表层结构中显现，而且连贯的存在与对语篇的理解以及理解者方面的因素密切相关。

衔接在语篇中的具体表现可以是多样化的。"衔接是语篇的不同成分和部分之间比较具体的语义联系。它们可以是线性的，也可以是层级性的；是显性的（由形式特征来表达），也可以是半显性的（由外指衔接机制表达），还可以是隐性的（由语篇成分之间的空缺来表达）。从形式上讲，它们可以是语法的、词汇的或音系的。"（张德禄、刘汝山，2003：34）可以看出，衔接能够表现在语篇中的许多方面，但本文主要是从语篇结构的角度来考察衔接在会话语篇中的表现，以及对口语教材课文表现的影响。

4.1.1.2 衔接成分的构成

对衔接成分构成因素的研究，在对衔接有充分研究的韩礼德和哈桑那里也是有一个不断深入和完善的过程。"在韩礼德和哈桑1985年出版的《语言·语境·语篇》（*Language，Context and Text*）一书中，哈桑扩大了衔接概念的涵盖范围，把衔接分为结构衔接和非结构衔接。结构衔接包括平行对称结构、主位—述位结构、已知信息—新信息结构。非结构衔接又分为成分关系衔接和有机关系衔接。成分关系衔接包括韩礼德和哈桑（1976）中的5种衔接成分❶中的4种：指称、替代、省略和词汇衔接。这4种衔接纽带（cohesive ties）可以形成同指（co-referentiality）、同类（co-classification）、同延（co-extension）三种关系。有机关系包括连接关系、相邻对、延续关系等。"（张德禄等，2005：21-22）可以看出，衔接成分的构成是十分复杂的，对其的认识有个逐步深入的过程也就是可以理解的了。

有学者提出衔接成分可以由许多语言成分构成。"比如话句复句形式中的关联词语，话丛、话段、话篇中起总领、分述、承接、过渡、转折、综合以及表示各种逻辑关系的关联词、短语、独立成分、关联句等，都是话语结构中不可缺少的衔接成分。"（刘焕辉主编，2000：248）可以看出，衔接成分可以由多种语言单位充当，包括词、关联词语、短语、独立成分、关联句等，是复杂多样的，所以在本书的研究中也有必要考察其在会话教材课文中的具体表现。

4.1.1.3 衔接在汉语语篇中存在的必要性

衔接有一个重要的作用，就是可以使语篇在语义方面形成完整性。"篇章除了在结构上对句子的调配起制约作用外，还对篇章内的语义起统摄的作用，它要求篇章内的语义应该具有一致性、连续性和完整性。要达到这种目的，人们在话语的使用中非常重视的就是在篇章中建立'粘合结'（cohesive

---

❶ 这里提及的这5种衔接手段包括：指称、替代、省略、连接、词汇衔接。也有学者对此是这样论述的，"根据韩礼德和哈桑（1976，1985）的划分，衔接手段大致可分为语法衔接和词汇衔接两种。前者包括照应（reference）、省略（ellipsis）、替代（substitution）和连接（conjunction），后者则包括词汇重述（reiteration）、同义（synonymy）、下义（hyponymy）和搭配（collocation）等。"（朱永生等，2001：5）

tie）。人们常用的位移、过渡等衔接方式，就是受篇章语义的控制而建立的'粘合结'。"（王建华等，2002：169）衔接的存在有助于语篇语义的建立，而语义的统一性是语篇存在的基础。

衔接对于语篇来说有重要的作用，虽然有学者认为衔接机制对于语篇不是必要条件，但是也承认其重要性不可忽视。"在韩礼德和哈桑等人看来，衔接是生成语篇的必要条件之一。虽然我们认为这一说法有些绝对，因为我们可以毫不费力地举出很多没有衔接手段而意义依然上下连贯的例子，但许多连贯的语篇都含有衔接手段也是毋庸置疑的事实。"（朱永生等，2001：4）衔接可以使语篇的确定和整体性在形式层面上有明显的表现。衔接对于语篇的生成来说，有着重要的作用。"语篇是个语义单位，没有形式上的约束机制，这样，语篇的衔接机制就难以由形式规则来描述。这样，衔接机制就成为语篇生成的主要标记。"（张德禄、刘汝山，2003：170）

对于会话语篇的理解，衔接手段同样也起着重要的作用。"衔接机制不仅仅是几种简单的衔接手段，而是一种将谋篇意义与概念意义、人际意义组织起来的机制。它在组织语篇内部语言形式的同时，将语篇与语境联系起来。衔接机制的提出，使其与语言形式、语境相关的意义解码结合起来，为成功地理解语篇的完整意义提供了理论依据。"（张德禄等，2005：266-267）可见，无论是语篇的生成还是语篇的理解，衔接机制的作用都是不容忽视的。

4.1.2　会话课文语篇中衔接的手段

4.1.2.1　衔接成分作为会话课文语篇的衔接手段

衔接作为一种显性的语篇连接手段，许多时候在语言形式上必然有所表现。这些语言形式上的衔接手段，常常表现为一些衔接成分。通过这些衔接成分，语篇在语义上能够连接成为一个整体。在口头交际的会话语篇中，同样也有许多衔接成分在话语交际中起着重要的作用。会话语篇有时候也需要依靠衔接成分，把语篇的各个部分连接成为一个整体，使交际能够顺利地进行下去。有学者指出了衔接成分的重要作用："尽管在汉语的组合手段中，意合法是最重要的一种手段，但话句的复合形式及其以上各级话语单位的语义组合，还需要借助一定的衔接成分来关联，才使进入交际的话语成为层次分明的统一结构体，从而具有可以理解的交际功能。""这些在话语组合中起衔接作用的成分……其本身不起传递信息的交际作用，不属于话语单位，却又对各级话语单位的组成起连接的纽带作用，我们把它称作'语键'，相当英语的 discourse connection。正确地使用语键，有助于增强话语组织的连贯性、条理性和完整性。"（刘焕辉，2000：248）

在会话交谈中衔接成分的作用，不仅有助于使会话语篇的表达富于整体性，表现得层次分明；而且有助于使交谈者中听话者的一方对对方表达的话语更容易理解。

例4.1

（一）

A：水下小姐，你家有几个人？ T_1

B：我家有三个人：爸爸、妈妈和我。 T_2

A：你爸爸、妈妈身体好吗？ T_3

B：他们身体都很好。 T_4

（二）

A：王先生，你家有几个人？ T_5

B：我家也是三个人：我、我爱人和一个孩子。 T_6

A：是女儿吗？ T_7

B：不，是儿子。 T_8

A：你儿子学习怎么样？ T_9

B：他学习很好。 T_{10}

——陈光磊（2000：16）

话轮 T_6 中的"也"字，就是由词充当的衔接成分。它表明第二段课文与上文第一段课文里话轮 T_2 中的"三个人"有关联。两段对话之间的衔接关系，应当说是很明确的，通过衔接成分"也"字，建立起了话语内部的衔接关系。但是课文的编写最好不强行分为两段，这样会影响每一段课文各自的完整性。

例4.2

爱珍：你是做什么工作的？ T₁

左拉：以前我在一家报社工作，是一名记者。 T₂

爱珍：你学习汉语是为了你的工作？ T₃

左拉：可以说是吧，不过，现在我失业了，来中国前辞的职。 T₄

爱珍：当记者多好呀，有机会去很多地方，还能认识很多人，特别让人
羡慕。难道你还不满意？ T₅

左拉：人各有志。该我问你了，看样子你还是个大学生吧？ T₆

爱珍：不错，我是学经济的，明年毕业。 T₇

……

——马箭飞（2000c：127）

话轮 T₆ 中的"该我问你了"也是一种衔接成分，用于话题的转换，从而
衔接起了前后不同的表达内容。这里的衔接成分是由关联句"该我问你了"
充当的。汉语口语中的这些关联句，通常都是由口语中一些固定的表达语句
充当的。

例4.3

工人：格林先生，空调器安好了。 T₁

格林：谢谢。我还有一些东西需要修理。 T₂

工人：什么东西？ T₃

格林：卧室里的电灯开关不太好用，请你看看。 T₄

工人：好，我来检查一下儿。 T₅

格林：还有厨房里的水龙头有点儿漏水。 T₆

工人：我回去以后，让水暖工来看看。 T₇

格林：顺便问一下，要是沙发、椅子、桌子这些家具坏了，哪儿可以
修理？ T₈

工人：离这儿不远有个家具修理部，你可以跟他们联系。 T₉

——金乃逯等（1993：227）

话轮 T_6 中的"还有",话轮 T_8 中的"顺便问一下",都是起衔接作用的汉语口语常用的表达方式。这些起衔接作用关联词语,连接上文,开启下文,把整个语篇联结成为一个整体。因为,"格林"每次使用这些关联词语,都是提出了一些新的要求或是新的问题,如果不用关联词语,这些语句由于与上文没有直接的关联,就会影响话语的关联性,也会影响整个会话语篇的整体感。

例4.4

希拉:昨天晚上你出去了吧?	T_1
玛丽:是的。你怎么知道的?	T_2
希拉:我去你家了,你不在。	T_3
玛丽:我去看张老师了。	T_4
希拉:张老师在家吗?	T_5
玛丽:在。我到他家的时候,他正在看电视。	T_6
希拉:看什么节目?	T_7
玛丽:电视连续剧《红楼梦》。	T_8
希拉:你也看过吗?	T_9
玛丽:看过。	T_{10}
希拉:你觉得怎么样?	T_{11}
玛丽:我觉得非常好。	T_{12}
希拉:你看过话剧吗?	T_{13}
玛丽:看过《茶馆》。	T_{14}
希拉:听说你对中国画儿很感兴趣,是吗?	T_{15}
玛丽:对。我很喜欢中国画儿。我正在学习画中国画儿。	T_{16}

……

——北京外交人员语言文化中心(2000:249)

在话轮 T_{13} 中,"话剧"话题的提出有些突然,与上面话语的衔接不够自然,因而新话题的提出,显得有些突兀,出现了衔接方面的问题。在话轮 T_{15} 中,也同样出现了这样的编写问题,话题又突然转换到了新的有关中国画的话题上。

　　这段课文中的话题转换过快，对于每个话题都没有进一步的展开。这也许是由于教材编写者试图把话题集中于"谈爱好"这个方面，力求表现更多的有关内容，使用更多的有关词语（保证教材词汇量的覆盖率），因而导致了话题跳跃、缺乏衔接、整体性不强的情况出现。可以在编写教材时通过使用一些衔接成分，把这些共同话题下的不同内容连接起来。

　　形式层面的这些成分，在语篇结构上有重要的衔接作用。而且这些衔接成分，在汉语口语和书面语表达中，都有重要的组合、连接作用，带有汉语特有的表达特点。"笔者以135个语段为考察对象，发现汉语语段在组合手段上具有下列特征：第一，意合为主，形合为辅，形合与意合兼用的介于二者之间，占有相当的比重；第二，转折关系基本用形合，总分、并列、因果、解说等关系大多用意合；第三，绝大多数语段的语义中心都有一个明显的表现形式，其中大部分采取了'话题句'（指位于语段之首、在语义上包容语段内各句之义的句子）的形式。"（张宝林，1998：115）这些汉语语段的组合特征，有助于我们认识汉语语篇衔接手段的特征。而且在编写汉语口语教材时，应当注意发挥这些衔接成分的作用，在会话课文中充分展示出这些衔接成分的使用特点和衔接作用，以便学习者了解与学习。

4.1.2.2　语篇结构本身作为衔接的手段

　　除了语篇表层语言形式层面的衔接成分成为重要的衔接手段以外，有时候，语篇结构本身也会形成一种衔接。"语篇结构具有主导整个语篇的意义分布与部分与部分之间联系的作用，所以是使语篇连接成一个整体的重要的衔接。它的突出特点是其层次性。从语篇整体结构到各个部分的分支结构形成多个层次。"（张德禄、刘汝山，2003：107）语篇结构整体与部分之间的这种一致性所构成的衔接关系，也可以增强语篇的层次性，从而使语篇形成一个整体。会话语篇在不断往复的交际互动中，也同样可以依靠会话结构本身，把会话语篇连接成为一个整体。

　　如果不注意语篇结构的整体性在语篇衔接中的重要作用，就会在口语教材的编写上出现问题。

例4.5

A：今天是几号？ T_1

B：十月十五（号）。 T_2

A：星期几？ T_3

B：星期五。 T_4

A：你们去上海旅行几号出发？ T_5

B：十八号，星期一。 T_6

A：你跟谁一起去？ T_7

B：跟阿里和玛丽一起去。 T_8

A：你们坐飞机去吗？ T_9

B：不，坐火车去。 T_{10}

——李德津、李更新（1999：132）

这段课文中话轮T_1~T_4与话轮T_5~T_{10}似乎无关联，不相衔接。好像只是为了练习问时间的表达方法而安排的课文内容，并且这些对话的交际作用和价值不太大。在课文的两个部分（话轮T_1~T_4与话轮T_5~T_{10}）话语表达的语篇结构之间，缺乏衔接，使两个部分之间没有关联性，这样就影响了会话语篇的整体性。在编写教材时应当注意语篇结构上的整体性。

例4.6

（在医院）

大夫：怎么了？哪儿不舒服？ T_1

小雨：从昨晚开始头疼、嗓子疼，还有点儿咳嗽。 T_2

大夫：先量一下体温，把体温表放好。 T_3

（量完后，把体温表交给大夫）

大夫：三十八度八。请把嘴张开，我看看。 T_4

小雨：大夫，我不想打针。 T_5

大夫：那我给你开点儿药，要按时吃。平时要多喝点儿水。 T_6

——马箭飞（2000b：148）

在话轮 T_4 中，大夫还没有确诊，也没有提出打针的诊疗方案，可是在话轮 T_5 中出现了"我不想打针"这样的语句，话轮 T_5 中的话语表达与前文的话语表达缺乏衔接，出现得非常突然，在语篇结构上出现了"缺环"（missing links）的情况，在编写教材时应当把这些语篇结构上的不足弥补上。

例4.7

（在休息大厅里）

王：（对李）我的一个好朋友今天也来了。 T_1

李：是吗？我想认识一下。 T_2

王：你看，她（走）过来了。 T_3

（王走向友人刘）

王：我想给你介绍一个朋友。 T_4

刘：好哇。 T_5

王：让我来介绍一下，这是刘小英。 T_6

刘：你好，请问您怎么称呼？ T_7

李：我叫李明。认识你我很高兴。 T_8

——陈如、王天慧（1991：226-227）

话轮 T_6 与话轮 T_4 不相衔接，依照话轮 T_4 的内容，应当是说话者"王"向交谈者"刘"介绍交谈者"李"，可是在话轮 T_6 中，却是相反是向交谈者"李"介绍了交谈者"刘"。也许这里有男女之间介绍的优先顺序问题，与交际习惯有关，但是在语篇结构上却出现了不相衔接的情况。

4.2 会话课文语篇结构中的连贯

4.2.1 语篇连贯的界定及其标准

4.2.1.1 语篇连贯的界定

有学者认为语篇连贯是一种整体性的概念。"连贯是语篇在情景语境中产生的总体效应。当语篇在内部和外部，线性和层级性上都衔接时，语篇就形成一个意义整体；当这些衔接机制与情景语境相关时，它就行使了它的功能。当这两个条件都满足时，语篇就是连贯的。"（张德禄、刘汝山，2003：34）可以看出，语篇连贯与衔接有密切的关系，语篇要在形成了新基础、在具备了两方面的条件之后才能形成连贯。

随着对语篇连贯问题研究的深入，对连贯性的认识也得到了深化。连贯不再被认为只是建立在语义关联的层面，而是包括了主题、语境等的关联。"语篇连贯通常被解释为语义的相关性（relevance），认为只要上一个句子与下一个句子联系起来，或者语篇中某一部分与另一部分有关联性，那么，两者就是连贯的。笔者认为，单纯的把两者或多者在语义上联系起来并不能保证语篇的连贯性。虽然两者相关，但与语篇的总主题不符，也不会产生连贯的语篇。语篇的部分之间的关系起码要具有三种关联性才能基本保证语篇的连贯，即语义关联性、主题关联性、语境关联性。"（张德禄、刘汝山，2003：10）这样，几个方面组合在一起才能够形成语篇的连贯。

另外，连贯也不再被认为只是存在于语篇的成品之中，而是也要受到交际的另一方接受者的影响。语篇的连贯实际上是在交际的互动中形成的，交际的双方在语篇连贯的形成上都发挥了作用。"要产生连贯的话语，说话人要考虑到一系列规约的手段，而从话语理解者的角度讲，听话人也要知道这些手段。这样，语篇自然会有 Crystal 所提到的组织原则。可见，话语的连贯一开始就通过说话人的制定计划而溶于话语中了。连贯作为语篇特征，实际上是说话人通过运用各种知识，对语篇、句子和句子成分进行选择而制造出来的。"（孙玉，1997）有关连贯的知识和理解能力，应为交际双方都掌握，语篇的连贯性才能建立，交际才能顺利地进行。而产生和理解连贯话语的能力，母语交际者一般通过交际实践自然就会习得，但第二语言学习者则需要创造出一些学习机会来培养，因此需要汉语教材为学习和教学提供这样的机会。

说话者在表达时要考虑话语被理解的情况，因此在表达之时就要对话语的衔接和连贯有所考虑。由于说话者是交际当中居于主动地位的一方，是话语表达的主要方面，因此在使话语形成衔接与连贯的过程中起着主要的作用。但是听话者作为交际的另一方，也并非是完全被动的，尤其是在口头交际这种互动性很强的话语表达过程中，听话者更易于对话语表达时的衔接与连贯产生影响。实际上，交际双方都会对语篇形成衔接与连贯产生影响，只是这些影响有不同的角度，但是它们共同形成了对语篇衔接与连贯的制约。

在编写汉语口语教材时，应当重视语篇连贯的问题。由于对口语教材课文中的语篇连贯问题重视得不够或者编写时的疏忽，导致在课文中出现了一些会话语篇的连贯出现了问题，影响了教材的编写质量。

例4.8

A：喂，你好！这是爱友公司。 T_1

B：你好！请问，高亚安先生在吗？ T_2

A：他不在。你有什么事吗？ T_3

B：啊，请他给我打电话。 T_4

A：你的电话号码是…… T_5

B：68370641 T_6

A：好的，再见！ T_7

——黄为之（1999a：48）

话轮 T_4 与话轮 T_3 不相连贯，话轮 T_4 中说话者B的话语，并没有直接回答话轮 T_3 中发话者A的问题，这样就带来了"答非所问"的情况，导致了课文语篇结构的连贯性较差。我们再对比一下连贯性较好的会话课文实例。

例4.9

A：喂，是复旦大学吗？ T_1

B：对。你哪里？ T_2

A：我是上海外国语学院。请转留学生宿舍楼。 T_3

B：好的。 T_4

……

C：你找谁呀？ T_5

A：我找美国学生玛丽。 T_6

C：真不巧，她刚出去。你有什么事啊？ T_7

A：我是她的同学。玛丽回来以后，请告诉她给我打个电话。 T_8

……

——朱旗（1985：53）

话轮 T_7 中说话者C的问话，与例4.8中话轮 T_3 的问话差不多，但是在这段课文里，话轮 T_8 中说话者A的回答，却比较充分地回应了说话者C的问题，语篇内的连贯性编写安排得比较好。

例4.10

史密斯：喂！出租汽车站吗？ T_1

（一个小姐）：对不起，你打错了。 T_2

汽车站：喂！我是出租汽车站，您在哪儿？ T_3

史密斯：我是瑞典大使馆，我想要一辆出租汽车。 T_4

……

——金乃逯等（1993：125）

话轮 T_3 与前文的连贯不好，史密斯应当再打一次电话，然后才会出现 T_3 这一话轮。从话轮 T_2 无法直接联结到话轮 T_3，中间缺少了一个史密斯再打一次电话的话轮，这样就影响了语篇结构的连贯性。与连贯性编写较好的会话课文相比较就可以看出这一点。

例4.11

A：喂，是出租汽车站吗？ T_1

B：不是你打错了。 T_2

……

A：喂，是出租汽车站吗？ T_3

B：是啊。你哪里？ T_4

A：我是上海外国语学院。 T_5

……

——朱旗（1985：52）

说话者 A 第一次给出租汽车站打电话打错了，这在话轮 T₁ 和 T₂ 中已经明确地显示出来了。于是课文在话轮 T₃ 中清楚地显示出说话者 A 又打了一次电话，这一次是打对了。口语教材课文中的会话语篇这样来编写设计，就比较完整，连贯性也比较好。

4.2.1.2　语篇连贯的标准

对于语篇连贯的认识，不容忽视的一点是语篇连贯有程度的差异。至于语篇连贯的程度依据什么来确定，有学者提出了一些标准："区分语篇连贯程度的首要标准是语篇是否在情景语境中行使恰当的功能。只要它能恰当地完成交际任务，达到预期的交际目的，我们就可以说，它在很大程度上是连贯的。其次，是语篇的整体性。我们要看整体语篇是否形成了一个语义整体。如果语篇的部分之间形不成一个整体，而是相互不相关的，或相互矛盾的，那么语篇就是不连贯的。"（张德禄、刘汝山，2003：35）这些语篇连贯程度的标准有助于确定一个语篇是否连贯，也使语篇连贯的确定变得"有章可循"。

例4.12

A：今天晚上你有空吗？		T₁
B：今天晚上我没有空。你有事吗？		T₂
A：我想请你一起去看电影。		T₃
B：谢谢！明天晚上我有时间，我们明天晚上一起去看电影，好吗？	T₄
A：行，明天晚上七点钟我来接你。		T₅
B：好的，我们明天晚上见。		T₆

——陈光磊（2000：59）

话轮 T₂ 中先说了"没有空"，但在后边又提出了问题"你有事吗？"这样，当说话者 A 在话轮 T₃ 中提出邀请时，就与话轮 T₂ 的前半部话语在语义上形成了矛盾，在语篇的整体性上出现了一些问题，也影响了语篇的连贯性。

例4.13

A：明天你们有什么打算？		T₁
B：我想去买东西。		T₂

C：我要去飞机场接人。　　　　　　　　　　　　　　T₃

A：玛丽，你呢？　　　　　　　　　　　　　　　　　T₄

D：我？　　　　　　　　　　　　　　　　　　　　　T₅

A：你想不想去公园玩儿？　　　　　　　　　　　　　T₆

D：不想去。我想在宿舍休息休息。　　　　　　　　　T₇

A：我也要去买东西。阿里，我们一起去，好吗？　　　T₈

B：好的。　　　　　　　　　　　　　　　　　　　　T₉

——李德津、李更新（1999：147–148）

这段课文在话语连贯方面，有一些问题，在话轮 T₁ 中说话者 A 问说话者 D 的打算，而在话轮 T₆ 中 A 在询问对方的打算，也表明自己的行动意图是"去公园玩儿"，可是后来说话者 A 在话轮 T₈ 中又表明自己的打算是要去买东西。由于在话轮 T₆ 和 T₈ 之间所表达的意图似乎有些矛盾，这就使语篇的两部分之间的整体性受到影响，使说话者话语表达的意图变得不明确，因此在语篇的连贯性方面也带来了一些问题。

例4.14

小叶：直美，你想不想家？　　　　　　　　　　　　T₁

直美：当然想。　　　　　　　　　　　　　　　　　T₂

小叶：你家有几口人？　　　　　　　　　　　　　　T₃

直美：我家有五口人。　　　　　　　　　　　　　　T₄

小叶：你家有什么人？　　　　　　　　　　　　　　T₅

直美：爸爸、妈妈、两个哥哥和我。你有没有兄弟姐妹？　T₆

小叶：我没有兄弟姐妹，我是独生女。　　　　　　　T₇

——马箭飞主编（2000a：68–69）

从话轮 T₁ 中的"想家"，引出话轮 T₃ 中的"几口人"的话题。有了话轮 T₁ 的铺垫，就比一上来直接问要好。这样，即使提问有了明确的交际意图，也使话语的表达能够依照着情景语境来进行，带来了整个语篇的连贯性。

4.2.2 语篇连贯的方式

语篇连贯有多种方式，有学者对语篇连贯的方式进行了总结。"连贯不但要依靠语篇表层结构中各个句子之间的衔接，而且要符合语义、语用和认知原则。语篇的连贯主要通过联结（connectivity）；联结的方式多种多样。归纳起来，重要的有：语法手段（grammatical device）、词汇衔接（lexical cohesion）、逻辑联系语（logical connector）和语用上与语义上的意涵（pragmatic and semantic implication）等。如果语篇以口头表达形式出现，那声律特征（prosodic feature）（包括重音、语调、连音等特征）也是重要的联结方式。"（黄国文，1988：87）具体到会话语篇，从语篇结构的角度来考察，其连贯的方式有省略、照应和隐性连贯等。

4.2.2.1 显性连贯的方式

（1）省略的方式

有学者对省略的概念进行了总结："省略（ellipsis）指的是把语言结构中的某个成分省去不提。它是为了避免重复，使表达简练、紧凑、清晰的一种修辞方式。"（朱永生等，2001：60）在论及省略与替代的区别时，韩礼德和哈桑提出了省略是"零替代"的看法："替代和省略之间的区别在于在替代中，有一个替代标记出现在空位处，如果被预设项被替代，就必须去掉这一空位；而在省略中，这个空位是空的，即只有零替代。"（Halliday & Hasan，2007：128）他们的这一观点也有助于我们深入认识省略的实质。

省略是由人类话语表达和话语理解的特点所决定的。说话者可以利用听话者的能动性，采取省略的方式使话语表达简捷易懂，而且这样还可以避免重复、啰嗦，反而可以使语篇的连贯性更强。"只要讲话者认为听话者能够利用以前的知识、情景中的事物以及上下文能够推断出来的信息，他就会把它们省略掉或编码为预设信息。这种信息的省略或信息的预设是由情景语境产生的，所以它们是把语篇和情景联系起来的衔接机制。"（张德禄、刘汝山，2003：189）

省略的形成和广泛使用，也与语言交际本身的运行机制有关。"省略是语言使用中比较常见的现象，因为它符合语言使用的经济原则（Economy

Principle）。根据法国著名语言学家马丁内（Martinet，1962）的经济原则，人们在使用语言进行交际的过程中尽量使用比较少的、省力的语言单位，从而以较少的力量消耗来传达较大量的信息。"（朱永生等，2001：60；Martinet，1962）语言交际总是循着语言使用的经济原则来进行，这样可以提高交际的效率，减少交际障碍形成的概率。

口语交际中省略等现象大量出现的原因是，在口语交际中语境等因素所能够起的作用比书面交际时要多很多，这就使省略等连贯方式有条件大量出现。"在日常对话中，有情景语境的支持，语篇的意义建立在一个大致可理解的基础上即可，所以省略、指称大量出现。替代、省略和累赘省略成为普遍现象。"（张德禄、刘汝山，2003：194）既然省略是口语交际中大量出现的情况，那就应该在口语教材中大量地呈现。

省略的出现以及在话语交际中的大量使用，与语境所发挥的重要作用是分不开的。"省略在语言交际中不但不会引起理解上的困难，反而会提高语言交际的效率。这是因为语言交际是在一定的语境中进行的，语言语境和情景语境已经提供的共知信息就没有必要用语言形式进行重复，因而完全可以省略掉。"（朱永生等，2001：60）语境所能发挥的作用越大的场合，省略出现的概率也就越高。省略的使用也可以避免重复信息的大量出现，使交际者的注意力可以集中在主要信息的交流上。

省略能够起到语篇连贯的作用，主要是因为被省略的部分经常会出现在语篇的上下文中，或者存在于语境之中（其实上下文也是一种"言内语境"），这样就可以把语篇的不同部分通过这种省略的关系联系起来。"在语篇层面上，由于被省略成分存在于语篇上下文中，因此省略是语篇中句子之间的纽带。"（朱永生等，2001：64）

例4.15

A：这是你和谁的合影？ T_1

B：和我弟弟的。 T_2

A：你弟弟长得很像你啊，眉毛、眼睛、鼻子、嘴都很像，耳朵也很像，可是脸不像你这么圆。 T_3

B：对，我弟弟是个长脸儿，还有一点，你没注意。 T_4

A：哦，我知道了。你弟弟不像你这么瘦。   T$_5$

B：是啊，我弟弟比我胖多了。   T$_6$

A：你弟弟比你小几岁？   T$_7$

B：小三岁。   T$_8$

A：可是长得跟你一样高啊。   T$_9$

B：这是一年前的照片。前天他来信说，现在一米八了，已经比我
高了。   T$_{10}$

——李德津、李更新（1989：128-129）

    在话轮 T$_3$ 和话轮 T$_{10}$ 中都采用了省略主语的方式，使话语连贯。如果在每一个省略了主语的地方把所省略的主语都补上，会造成每一句都是独立的单句，单句之间的联系就被切断了，连贯性反而会受到很大的影响。例如，如果把话轮中的话语变成："前天他来信说，他现在一米八了，他已经比我高了。"那就会既显得啰嗦，语篇的连贯性也受到了影响。

    汉语中的省略有自身的表述特点，这是由于汉语的语言本质特性所决定的。"正因为汉语是一种以意合为主的语言，汉语中最常见的省略是主语的省略，而谓语的省略则较少。高名凯（1986：396）认为，汉语中'大半的情形，省略的是主语的部分，不是谓语的部分。因为语言必有所谓，省略了谓语，就不成其为语言。'"（朱永生等，2001：70-71）汉语中的省略在所省略的句子成分方面，主要表现在主语的部分，这使得汉语与西方语言有所不同："特别是在汉语语篇中，当主语出现后，就可以在以后的句子中省略掉……但在同样的情况下，英语中的主语是不能省略的，否则句子在结构上就会不完整。"（朱永生等，2001：71）通过汉语与英语两种语言的对比，可以更为清楚地了解不同语言之间省略的差异，以及汉语中省略的特色。

    汉语和英语之中各自省略的特点不同，与两者语言内在的本质特性有着决定性的关系。"由于汉语是一种以意合为主的语言，因而语篇中的省略注重意义的表达，不大考虑语法和逻辑。而英语则是一种以形合为主的语言，因而省略在很多情况下都伴有形式或形态上的标记，或者说，英语中的形式或形态标记是英语中省略现象的重要语法手段。"（朱永生等，2001：74）可

见，省略的形成在不同的语言中有不同的形态，与各种语言的本质属性具有一致性的关系。

省略在语篇结构形式上，是可以由交际对方填补的一种结构上的"空位"。这种可填补性是由于在语篇中已经出现的话语所决定的。"从意义的角度讲，省略总是有预设，表示这个项目或结构项是前面已经出现过的，在此处的出现是一种重复现象。从结构形式的角度讲，它总是留下一个空位，由听话者来填补。省略与替代从这个角度讲是相同的。所以，省略也称为'零替代'（zero substitution）（Halliday & Hasan，1976）。"（张德禄、刘汝山，2003：179）语篇之中已经出现的话语，与省略的话语在结构上会形成一种对应和联系，使交际对方能够有线索来理解和补足省略的话语部分，通过交际对方理解过程中的设法联系起语篇的不同部分，就使语篇的各个部分具备了连贯性。

（2）照应的方式

中外学者们已经对语篇中照应关系的产生和含义，进行了解释："在语篇中，如果对于一个词语的解释不能从词语本身获得，而必须从该词语所指的对象中寻求答案，这就产生了照应关系（Halliday & Hasan，1976：31）。因此，照应是一种语义关系，它指的是语篇中一个成分做另一个成分的参照点，也就是说，语篇中一个语言成分与另一个可以与之相互解释的成分之间的关系。"（朱永生等，2001：14）由于照应的语篇表达方式，可以把语篇中的不同部分联系起来，因此可以起到连贯的作用。

有学者提出的"照应"这一现象的语言学定义是，"照应是语篇中某一成分和另一成分之间在指称意义上的相互解释的关系。更确切地说，它是语篇中的指代成分（reference item）与指称或所指对象（referent）之间的相互解释关系。"（朱永生等，2001：15）由此也可以发现，照应在本质上是一种不同语篇成分之间的关系。

照应在话语交际中使用的普遍性，已经得到了证实。并且照应在语篇生成的过程中起着重要的作用。"从语言使用的角度看，照应性（phoricity）是语言交际过程中的一个普遍现象。在语篇生成过程中，照应性使发话者通过语言手段来指代语篇中所涉及的实体、概念或事态。正如韩礼德和哈桑（1976）所说的那样，照应性具体地指导人们从某个方向回收为理解有关语言成分所需要的信息。"（朱永生等，2001：15-16）语篇中的照应对于语篇的理解起着重要的作用，由语篇接受者在语篇理解的过程中努力建立起的照应关系，也把语篇的各个部分联系了起来，从而形成了连贯性的语篇。

要形成照应主要要在语篇中建立起一种语义上的联系，所以着重点不在具体的语言成分，而是各个语言成分之间的关系，这种关系也不一定必须建立在各个语言成分之间语言形式和句法功能的一致性基础上。"照应是发生在语义层上的一种语义关系，受话者往往不是从上下文中寻找被指代的语言成分，而是照应成分与照应对象之间在语义上的相互解释或参照关系，而且照应成分与照应对象的句法功能可以不一致。"（朱永生等，2001：62）教材编写者要在教材的课文中利用照应的方式使语篇达到连贯，就要着眼于在语篇内部建立起照应性的语义关系，这种语义关系在语篇中表述得明确，就会使语篇的连贯性得到加强。

例4.16

黄勇：刚才吃饭的时候你说你是个电脑迷，是真的吗？　　　　　　　T_1

飞龙：没错。我从小就特别喜欢玩儿电脑。对了，我想买中文软件，你说去哪儿买好？　　　　　　　T_2

……

——马箭飞主编（2000c：68）

话轮 T_1 中的"刚才"照应在前边所发生的事情，这样就在语义上与前文形成照应，也使语篇连贯了起来。

例4.17

（在路上）

杰夫：王平，明天晚上有空儿吗？　　　　　　　T_1

王平：什么事？　　　　　　　T_2

杰夫：明天是我的生日，来一起玩吧？　　　　　　　T_3

王平：我一定来。　　　　　　　T_4

杰夫：谢谢！　　　　　　　T_5

——戴桂芙等（1997a：94）

在话轮 T_4 中，说话者王平对话轮 T_3 中杰夫的话语，只回答了问题，但是对话轮 T_3 的前半句"明天是我的生日"缺少适当的应答照应，这样一来似乎显得有些冷淡。通常在此种情况下的汉语话语表达，会对对方的生日表示祝贺。

4.2.2.2　隐性连贯的方式

有些经常出现的语篇连贯性，并不存在于语篇结构的表层。这种情况可以称之为"隐性连贯"。隐性连贯也是语篇连贯的一种重要的方式。"语篇的连贯并不总是通过语言明确表达出来，有时，语篇的连贯性并不是太明显，这就需要语言使用者根据语境信息、语用知识、认知推理来推导出语篇中的隐含的连贯关系。"（戈玲玲，2003：182）也有学者把这种语篇现象称为"隐性衔接"。"所谓'隐性衔接'实际上是情景语境特征作为衔接机制把语篇意义不完整的部分补充完整。"（张德禄、刘汝山，2003：151）尽管名称不同，但可以看出它们所指称的都是同一种语篇现象。

隐性连贯有其特殊的性质和表现形式。"隐性连贯与语境、语用关系也十分密切，它主要依赖于语篇产生时的语境知识和语篇使用者的语用知识来促成连贯。这种连贯存在于语篇的底层，是无形的。有的语篇单从表面看，各部分之间或许是风马牛不相及的，但交际双方却十分清楚，交际是成功的。"（赵燕皎，2003）由于其隐性的特点，也许不容易被人们发现和理解。但是如果利用得好，就可以给语篇带来较好的连贯效果和语篇表达效果。"如果讲话人认为听话人可以通过语境因素推断出其意义，包括蕴涵意义、预设意义、隐含意义等，他就不会把这些意义再用形式特征表达出来。如果讲话者用明确的形式把它们表达出来，则说明有其他的用途。这时，听话者会尽力发现其用意是什么，所以反而降低了连贯性。在这种情况下，最有效的方式还是在需要隐性衔接的地方使用隐性衔接。"（张德禄、刘汝山，2003：287）

隐性连贯究其实质，是一种对语篇语言形式层面以外的因素有很大的依赖性的语篇现象。"隐性衔接实际上是一种在句子级甚至更大单位上的省略现象，与非结构衔接中的省略相似。所不同的是，后者中省略的部分可以在上下文中直接找到，而隐性衔接中省略的部分无法在上下文中找到，只能由听话者或解释者根据情景语境和文化语境推测出来。"（张德禄、刘汝山，2003：28）隐性连贯固然是由语篇的创造者所建立起来的，但是与语篇的接受者有着更为密切的关系。隐性连贯由于也是一种带有省略的语篇现象，所以也难以在语篇中直接找到，需要从语言结构方面所省略之处发掘出来，因而更多地需要依靠语篇接受者的理解能力。

语篇的创造者在借助于隐性连贯的方式时，应当注意把握好分寸。只有对于隐性连贯使用程度把握好了，才能够既使语篇依靠隐性连贯的方式连接成为一个整体，充分发挥出隐性连贯的作用；又不至于使语篇偏离了隐性的特性，出现隐性不足而变为显性的过分累赘的情况，或者出现隐性过强而使语篇的连贯性受到削弱或完全失去连贯性的情况。"讲话者在说话时需要对听话者有一个正确的估计：什么信息他可以根据情景语境推测出来，什么信息他不能，需要用语言明确表达出来。他估计的准确程度将决定语篇的连贯程度。所以，隐性衔接的标准应该是讲话者根据情景语境对听话者所掌握信息进行推测的准确程度和他设定的需推测信息是否恰到好处。"（张德禄、刘汝山，2003：28）所以"恰到好处"是利用隐性的手段，来保持语篇连贯性的关键。

4.2.3　语篇衔接与连贯的关系

实际上语篇中的衔接与连贯，两者之间有着密切的联系。这一点从连贯的特性上就可以看出。连贯在语言形式上是以衔接为基础的，但是衔接所表达的也是语义上的一种联系，首先是在语义上具备了这样的一种关系，然后在语言形式上体现出来，就形成了语篇的衔接。而这种语义上的联系又是语篇的连贯。所以连贯是语篇更为本质性的、内在的一种特点。"不论是有意的还是无意的，对于一段自然的而不是杜撰的话语来说，衔接都是在连贯的基础上产生的。连贯是第一性的，衔接是第二性的……对于一段自然话语来讲，连贯是前提，是听话人理解话语的一种假设；衔接则是说话人在生产话语时有意或无意地留下的接结。这些接结会帮助听话人理解话语本来就具备的连贯性，它们不是不能也没必要创造连贯。"（孙玉，1997）衔接是语篇连贯的特性在语言表层的一种体现，语篇的连贯也经常需要依靠衔接的语言标记来体现出来。所以也有学者认为，"衔接与连贯是相互匹配的。"（张德禄、刘汝山，2003：30）也许可以把衔接理解为实体呈现，而连贯是其根本特性。

在语篇之中，连贯是一种先在的本质属性，没有连贯语篇就难以成立。因此也可以说，连贯是语篇更为重要的特性。但是连贯在语篇的语言形式上，又是难以体现出来的。在语篇的形式层面所能够发现的常常是衔接手段，连贯也需要通过衔接的形式体现出来。"衔接手段在语篇连贯中的作用可以描述为：衔接手段使语篇语义衔接；衔接关系和语篇与语境之间的关系使语篇形成一个整体，在社会交际中行使恰当的功能，成为连贯的语篇。"（张德禄、刘汝山，2003：32）

但是，如果语篇的形成只依靠衔接的一些形式手段，又不能保证语篇的连贯特性就一定能够形成。"语篇中有无衔接手段只是鉴别其篇章性的因素之一，是语篇表层结构上的，是'形式'连贯。除此以外，语篇连贯与否，或者说是否具有篇章性，更大程度上还取决于语义的连贯，只有语篇中的深层语义连贯，才具有真正的粘合力（cohesive power），只有这种语义连贯具有逻辑联系时，表层的衔接手段方有可能和有用。没有意义上的联系，诸如连词之类的衔接手段很难增强语篇的连贯。"（左岩，1995：第42页）

尽管连贯与衔接有密切的关系，但是它们毕竟是具有不同特性的语篇现象，应当对它们加以区分。有学者提出，"衔接与连贯的区别在于前者是语篇的具体意义关系，后者是其产生的整体效应。"（张德禄、刘汝山，2003：109）

基于对衔接与连贯密切关系的认识，本书把通常被认为是衔接手段的省略与照应归为连贯的手段。实际上，这些手段也被认为是语篇连贯在语言形式方面的具体表现。"语篇形式连贯的研究以 Halliday 和 Hasan 对英语的研究最有代表性。他们提出英语连贯手段包括照应（reference），替代（substitute），省略（ellipsis），连接词语（conjunction），词汇衔接（lexical cohesion）。"（魏在江，2007：45）

4.3 会话课文语篇结构中的语篇关联成分

对于关联成分在语篇中的作用，韩礼德和哈桑是这样评价的（他们称之为"连接成分"）："连接成分本身并没有衔接意义，而是通过它们特定的意义间接地具有衔接作用；它们首先并不是延伸至上文（或下文）的手段，而是在话语中表达了某些意义，预设了其他成分的存在。"（Halliday & Hasan，2007：203）由此可见，语篇中的关联成分（连接成分）对语篇的构成也起着重要的作用，应当予以关注，进行研究。

4.3.1 语篇关联成分的界定及其作用

4.3.1.1 语篇关联成分的界定

对语篇中起连接作用的"关联成分"❶这一概念，之所以这样进行命名，主要是因为语篇中关联成分的构成比较复杂，不仅包括"关联词语"，还有句子等成分，以"成分"一词来命名，可以涵盖比较广的语言构成成分。"为什么称之为关联成分？因为在这类联系前后句、上下文的成分中，既有词……还有句子……他们既不是独立的成分，也没有具体的清晰的意义，但他们在上下文中所起的作用非常重要，词语背后所蕴涵的意思也极为丰富。"（褚佩如，2001：154）

语篇中的关联成分，在功能和位置上都有自己的特点。"语篇中的连接成分是用来明确表达语言片段（即句子或大于句子的结构）之间在语义上的种种转承关系的一类成分，这是就功能而言；从位置上看，语篇中的连接成分绝大多数位于句首，在主语之前，只有少数位于句中，在主语之后。"（李守纪，2002：395–396）

语篇中的关联成分并非是句法分析中的概念，而是语篇结构分析中的概念。韩礼德和哈桑就提出过，"连接关系不是以语法结构的形式来编码的，而是用语篇各成分之间更松散、更能适应环境的联系形式来表示的。"（Halli-

---

❶ 也有学者将之命名为"连接成分"。

day & Hasan，2007：289）所以，我们要特别注意语篇中的关联成分与句法分析中的关联成分这种易于混淆的概念之间的差别。

语篇中的关联成分所连接的语篇部分，与句法分析中的关联词语所连接的有所不同。"语篇中的连接概念专指相邻句子（群）之间的连接关系。通过连接性词语的运用，人们可以了解句子之间的语义联系，甚至可经前句从逻辑上预见后续句的语义。因此，这里所说的连接性词语既包括句子语法的连词这个词类，也包括具有连接意义的由副词或介词短语体现的状语……。"（胡壮麟，1994：92）而且连接的规则也有所不同。"要说明的是语篇范围的句子间连接不仅仅是句子范围间的小句连接的放大，它有自己的法则……但是在语篇范围内，句子语法的规则有时不能起作用。"（胡壮麟，1994：95）

关联成分在汉语口语教材的会话课文中也是大量出现，起着重要的作用。

例4.18

（在办公室）

| 赵长乐：陈卉，下个月的销售计划你做完了吗？ | T₁ |

赵长乐：陈卉，下个月的销售计划你做完了吗？　　　　　　　　T_1

陈　卉：做完了，你看看行不行？　　　　　　　　　　　　　T_2

赵长乐：这儿我不太明白，是不是把数量写错了？　　　　　　T_3

陈　卉：我看看，啊，数量没写错，是打错行了。　　　　　　T_4

赵长乐：还有，这家美国公司的汉语名字怎么没写？　　　　　T_5

陈　卉：我们的电脑里只有英语名字，没有汉语名字。　　　　T_6

……

——邓恩铭主编（2003b：65）

话轮T_5中的"还有"就是联系上文并且开启下文的会话语篇关联成分。

例4.19

……

学　生：有纪念邮票吗？　　　　　　　　　　　　　　　　T_1

营业员：有，您买这种还是那种？　　　　　　　　　　　　T_2

学　生：无所谓。买哪种都行，另外，再买一套明信片。　　　　　T₃

营业员：好，邮票每种给你一套，一共是十四块六毛。请你把邮票贴在信封正面的右上角，贴不下也可以全部贴在信封背面。　　　T₄

学　生：谢谢，这些信是放到信箱里还是放到外边的邮筒里？　　　T₅

营业员：都可以。　　　　　　　　　　　　　　　　　　　　　T₆

学　生：顺便问一下，你们邮局可以寄邮政快件吗？　　　　　　T₇

营业员：可以，信、资料什么的都可以用邮政快件来寄，我们还有国际特快专递业务。　　　　　　　　　　　　　　　　　　　　　　T₈

——刘乃华等（1997：70-71）

话轮 T₃ 中的"另外"和话轮 T₇ 中的"顺便问一下"都是语篇关联成分，起着连接前后话语的作用。

4.3.1.2　语篇关联成分的作用

关联成分在语篇中，主要是起语义关联的作用。不同的语篇关联成分的使用，可以使语篇呈现出不同的结构特点，因此对于语篇关联成分的研究在语篇结构研究中有重要的意义。"语言的使用，很少只用一个句子，通常要用一组句子，即句群；而较长的语言表达，又常是由若干句群综合而成的段落。篇章关联词语是在句子、句群、段落之间起语义关联作用的重要手段，研究篇章关联词语有助于我们对句子外部的结构关系加深了解。"（傅由，2003：259）

关联成分在语篇中可以起到衔接的作用。"实际上表示时间的关联成分在语句中也起到衔接作用，并且使用频率很高，句式也是变换多样。例如：'……以来''截止到……''自从……''过了一段时间以后''事到如今'等。"（褚佩如，2001：155）同时，语篇关联成分还可以起到其他一些方面的作用。关联成分在接受者对语篇中话语的理解上，就可以起到重要的作用。"虽然关联成分本身包含的意思不多，但可以承载的信息量却很丰富。这些关联成分不仅在语言交流中对整体意思的表达有影响作用，而且背后的文化内涵是字面意思无法明示的。汉语作为第一语言的人根据语感、经验可以判断说话人对某件事的态度，推测出说话人讲话时间的长短，包括说话人的用意等讲话内容以外的东西。"（褚佩如，2001：158-159）关联成分在语篇之中所能够起到的把语篇连接成为一个整体，赋予语篇整体性的作用，使语篇能够形成整体的连贯性，从而有助于语篇的接受者对于语篇的理解和把握。

关联成分在语篇结构中，除了起衔接作用以外，还会起到其他一些重要的作用。语篇关联成分的作用有多种多样的种类。"针对关联成分在篇章结构中所起的作用，可以分为下面几种：第一，引出新话题、新内容、或众人熟知公认的内容。第二，预示将要结束某一话题或全部讲话的结束语。第三，转换话题。可以看成是第一种功能和第二种功能的组合。第四，引用事实、表述某人或自己的观点和态度。第五，强调后面所要表达的内容。第六，解释前面所讲的意思。第七，补充说明某一观点。第八，连接前提条件和结果或结论。第九，在讲话过程中留给自己时间思考。"（褚佩如，2001：155）可以看出，关联成分在语篇中所起的作用是非常多样和重要的。

4.3.2　语篇关联成分在口语中的使用

4.3.2.1　口语中语篇关联成分存在的必要性

通常自然口语交际中关联成分的使用是比较有限的，与书面的表达相比就更是如此。这是因为，"在存在逻辑语义关系而又没有明确的形式特征，即用连接成分表达时，讲话者一般认为听话者可以自然而然地补充上这些空缺，不必要由明确的形式特征来表示。"（张德禄、刘汝山，2003：182）

在许多情况下，口语的表达可以不用关联成分。实际上关联成分的使用，也是为了在语篇中建立起一种有序的关系，而当语篇中话语表达本身已经可以按照一定的顺序来进行时，关联成分在这种情况下就不一定是必需的了。"从大量的实例来看，只要讲话是按照某种顺序，而不打乱这种顺序时就可以不用明确的连接成分来表达。这些顺序在语篇内表现为直线向前或者发生变化的语篇信息流动方向；在语篇外，它表现为客观世界中事物发展的顺序或者心理过程顺序。凡·戴克曾经把这些顺序归纳为九类（van Dijk，1977），但这些类别可以归纳以下五类：时间顺序、大小顺序、一般特殊顺序、因果顺序、所有者被所有者顺序。我们可以把这些顺序称为'自然顺序'。"（张德禄、刘汝山，2003：182-183）在许多情况下依照这样一些顺序进行表达，就可以使语篇形成一个有序的整体。

但是有序的话语表达，又并非是话语表达的全部，而且有序的话语表达通常只能表达一些结构组织比较简单的话语。在实际的话语交际之中，也会出现许多话语表达比较复杂的情况，在这样的情况下，仅仅依靠有序的话语表达和按照一定顺序的方式来组织语篇，是难以完成复杂的交际任务的。而要完成复杂的交际任务，表达出复杂的语义关系，形成结构复杂的语篇，就要依靠一些语篇衔接手段把复杂语篇的各个部分连接起来。其中，语篇关联成分是一种既方便又重要的衔接手段。"从实际应用的角度来看，在人与人交流时，不单纯是简单的各说各话，或每次只表达一个中心意思，也不是只保证每句话的用词准确、结构完整就足够了。人们需要对别人的话作出反应，要表明同意、反对、补充等各种观点，提出自己的看法，要运用多个论据证明自己的某个观点，要结束某个话题转向其他问题的讨论，要引起听众的注意，要在谈话中思考却又不能有过长停顿……这些要表达的内容之间需要衔接，需要关联成分。"（褚佩如，2001：161）

4.3.2.2 汉语口语中语篇关联成分的特殊性

有的学者对于会话中出现的关联成分，持有这样的看法："在汉语实际会话过程中，复句一般是以紧缩的形式出现的，关联词语很少。"（刘虹，2004：49-50）应当说这是在基本的日常生活话题的交谈范围内出现的现象，当话题涉及的范围超出基本的日常生活话题时，话语语句与会话语篇，都将会呈现出比较复杂的面貌，这时关联成分的使用需求将会增加。所以，关联成分在口语交际中的使用并不少，而且作用很重要。"不论在口语里还是在书面语中，关联成分的使用频率和重复率都很高，大部分用法趋向于固定形式固定说法，为广大以汉语作为第一语言的人所承认和使用。"（褚佩如，2001：159）当然，口语中的关联成分与书面语中的相比有其特殊性，其认定标准有所不同。

在汉语口语交际中使用的关联成分，当然也与书面表达中的有所不同。有学者认为，"在句群中，两个句子，不能使用成对的关联词语，一般只在后续句中使用'所以''但是'等词同上句关联。另外，一些在句群中常用的关联词语在复句中也并不常用。如：另外、同时、终于、更有甚者、不然、由此可见、总而言之、综上所述……"（朱敏，1993：433）汉语口语交际中使用的关联成分，自然都是比较口语化的成分，但是这些口语化的关联成分并不简单，因为在汉语口语交际中的各种关系也是很复杂的。

汉语语篇中关联成分的使用与西方语言有不同之处。有学者分析对比了英语与汉语语篇中关联成分的不同特点，由此也可以看出汉语语篇关联成分的特点。"英汉语篇连接成分的不同之处归结起来主要有两个方面，即显性（explicit）与隐性（implicit）的差异以及断句方式不同所引起的差异。"（朱永生等，2001：99）具体来说，英语语篇中有比较多的显性关联成分，而汉语语篇中的连接比较多地利用隐性关联手段。"英语的显性特征和汉语的隐性特征在两种语言各自的构词形式、语法结构、语义表达方式、语篇衔接手段等不同层面都有所体现。"（朱永生等，2001：99）然而，实际上汉语和英语的这些特征并不是绝对的："在汉语语篇中，隐性的连接成分是相当常见的、读者或听话者很容易接受和理解的一种语言现象。但在此必须指出的是，这种语言现象并非汉语独有，英语中偶然也会出现类似的现象，……英语和汉语语篇连接成分在显性或是隐性方面的差异是相对而言的——这是一种出现频率的高与低之间的差异。"（朱永生等，2001：100）下文这些实例，可以显示出汉语语篇中关联成分的特点。

例4.20

（路灯下，一对青年在街心公园）

女：已经九点了，太晚了，我该走了。	T_1
男：那什么时候再见面？	T_2
女：星期天吧！	T_3
男：星期天去打网球好不好？	T_4
女：可以，但是我更喜欢羽毛球。	T_5
男：咱们可以打一会儿网球，打一会儿羽毛球。	T_6
女：好吧。你说，几点？在哪儿见？	T_7
男：早晨九点，在体育馆。	T_8
女：好。星期天见！	T_9

男：哎，对了，大卫这星期四晚上就要走了。 T₁₀

女：是吗？ T₁₁

男：咱们一块儿去送送他好吗？ T₁₂

……

——陈如、王天慧（1991：283-284）

话轮 T₁₀中的"哎，对了"是汉语口语的关联性词语，可以表示突然想起另外的事情，其作用是使话语转换到另外的话题内容上。

例4.21

山口：杰克，刚才看了时装表演，印象如何？ T₁

杰克：嗯，印象非常深刻，同法国的时装表演比，毫不逊色！ T₂

珍妮：得了吧，你是看着那些模特儿着迷！ T₃

杰克：你这就不懂了。你不是常想同那模特儿比美吗？ T₄

珍妮：那又怎么样？ T₅

杰克：那你至少也要去买一套她们展示的衣服，穿得同她们一样漂亮，对不？ T₆

珍妮：那是。 T₇

杰克：你看，时装不是就有销路了。 T₈

珍妮：嗬，你还挺懂生意经的嘛！ T₉

杰克：那自然。 T₁₀

山口：算了，别得意了。你们瞧，这街边一溜服装货摊，你们不想去挑几件？说不定，也有流行的时装呢！ T₁₁

——黄为之（1999b：242）

山口的话轮 T₁₁中，"算了"是口语话语中的关联成分。它既可以联系上面的话语，又是一种打断，为转换话题作准备。

例4.22

老师：中国是世界上有名的自行车王国，路上骑自行车的人特别多，一定要注意安全，遵守交通规则，要在慢车道上骑，不要闯红灯，也不要骑车带人，还要特别注意在中国骑自行车是靠右边骑。 T₁

学生：听您这么一说，我还真得小心点儿。不过，我要是逛商店时，自
行车放在哪儿呢　　　　　　　　　　　　　　　　　　　　　　T₂

老师：可以放在存车处啊，有人替你看着。　　　　　　　　　　T₃

学生：那还不错。　　　　　　　　　　　　　　　　　　　　　T₄

——刘乃华等（1997：98）

话轮 T₂ 中的"听您这么一说"，是汉语习惯使用的关联成分，使说话
者的话语联系着对方的谈话内容，并且说话者把自己的看法或行为建立在
对方话语的前提下，"表示按照对方的意见、想法来看。"（刘乃华等，
1997：102）

4.3.2.3　关联成分在会话语篇中的使用

关联成分在会话语篇中的实际使用情况，也是很有特点的。语篇中的关
联成分与句法分析中的关联词语，在使用的特点上也有所不同。语篇中的关
联成分具有很强的独立性，通常都是单独使用的。"从使用情况看，篇章关
联词语的独立性强，没有必须配对使用的关联词语。篇章关联词语不像仅用
于句中起关联作用的连词那样，常常有副词或其他连词与之呼应。这是篇章
关联词语独立性强的一个表现。"（傅由，2003：257）

例4.23

杰夫：安妮，看你急急忙忙的样子，这是去哪儿啊？　　　　　　T₁

安妮：我得去接一个朋友，火车六点就到。现在四点半都过了，可我
还……　　　　　　　　　　　　　　　　　　　　　　　　　　T₂

杰夫：你打算怎么去呢？　　　　　　　　　　　　　　　　　　T₃

安妮：我正想问你呢。　　　　　　　　　　　　　　　　　　　T₄

杰夫：公共汽车又慢又挤，你打的去吧。　　　　　　　　　　　T₅

安妮：车站离这儿挺远的，打的恐怕太贵了，再说，现在是下班时间肯
定堵车！　　　　　　　　　　　　　　　　　　　　　　　　　T₆

杰夫：那只好骑车去了。　　　　　　　　　　　　　　　　　　T₇

……

——戴桂芙等（1997a：166-167）

话轮T₆中的"再说"，是提出补充的话语内容的关联成分。"再说"这一关联成分通常都是单独使用的。

例4.24

A：你怎么了？   T₁

B：我不太舒服。   T₂

A：哪儿不舒服？   T₃

B：我肚子疼。   T₄

A：拉肚子吗？   T₅

B：拉，一早上已经拉了三次了。   T₆

A：昨天你吃了什么了？   T₇

B：昨天在公园挖玩儿的时候，我渴得要命，喝了点自来水。   T₈

A：看来问题就出在这里。今后不能喝生水。还有，吃瓜果的时候，要把瓜果洗干净，不然容易吃坏肚子。   T₉

......

——朱旗（1985：108）

话轮T₉中的"还有"，是表示进一步补充的关联成分，把话轮T₉中的两个部分的表达内容连接了起来。

当然在语篇中，关联成分也有配对使用的情况，但是在使用时其在语篇结构中的位置和使用安排仍然具有自身的特点。"需要注意的是，有一些经常（不是必须）配对使用的关联词语，如'不但……而且……、虽然……但是……、如果……那么……、因为……所以……'等，由于它们之间的联系并不十分紧密，因此，有时也可同时出现在篇章中。换句话说，这些关联词语在篇章中起关联作用时可以有两种方法：一是只用后一个关联词语，而不用前一个；二是两个关联词语配对使用，中间用句号隔开。"（傅由，2003：257-258）尽管这里论述的，多为书面语篇中的关联成分的使用，但是在口语语篇中关联成分的使用也是具有这些特点的。

关联成分在语篇中会体现出比较实在的语义，在语义方面也会体现出其独立性。"从语义上讲，篇章关联词语所关联的两部分是各自独立的，其独立程度高于句子中被连词连接的两部分，这表现为它的前面是以句号为标志的一个话题的结束。因此篇章关联词语比仅仅表达逻辑意义的连词具有更加具体、实在的意义，如总结、解释、与前文表示种种语气的呼应等，一般都是副词、名词、动词或介词短语等实词充当的，正因为如此，它们常常成为一个独立的语言片段，出现在它所关联的上下文之间。"（傅由，2003：258）

例4.25

大卫：……我打算八月底到中国，这样正好能赶上秋季入学。　　　　T_1

朋友：是的，三年前我也曾到中国留学过一年。我记得刚到中国的头一个星期忙得连气也透不过来，先是在办公室报到注册，办理住宿，然后到卫生检疫所检查身体，最后又去公安局办理《外国人居留证》。那时我的汉语糟糕极了，可真把我累得够呛！　　　　　　　　　　　　　　　　　T_2

大卫：听你这么一说，还挺复杂的。　　　　　　　　　　　　　　T_3

……

——刘乃华等（1997：184–185）

关于话轮T_3中的"听你这么一说"的用法，教材编写者在教材的注释中介绍到，"听话人在听完说话人的想法后，表明自己的感受时常用。"（刘乃华等，1997：191）可以看出，这一关联成分的使用，以说话人"大卫"听到对方（"朋友"）的谈话为使用前提，并且把自己的话语表达与对方的话语联系了起来，使话语之间的联系更为紧密。关联成分"听你这么一说"本身，具有很强的独立性，在语篇中是一个独立的语言片段，同时又起着连接起不同的交谈者之间的话语表达的作用。

4.3.3　语篇关联成分在口语教材课文编写中的重要作用

如前所述，语篇中的关联成分有着很重要的作用。实际上关联成分在汉语口语教学中也有着重要的作用。"仅仅让学生进行句子的训练是不够的，因为在我们日常交流、书面表达时，很少是单纯把一个个的句子摆放在那里，如同珠子缺少连接的线绳就不能称其为项链一样。还必须让学生了解句子和句子之间、语段与语段之间是怎样联系起来的。"（褚佩如，2001：163）可以看出，无论是在口语交际的教学还是在书面理解与表达的教学中，语篇关联成分的教学都有十分重要的作用。

但是，在目前的口语教材编写中，对语篇关联成分的重要性认识不足，在教材中对关联成分的重要作用重视和体现得不够。有学者就此问题就提出，"大部分篇章关联词语都有自己的词性（除了连词以外，还有很多其他词），有的还是短语，它们只有在一定的环境中才起篇章关联作用。但教材并没有刻意说明它们在篇章中起关联作用的语言环境、出现位置及意义和逻辑关系，教师们也常常忽略教学生如何发现并使用关联词语，使得很多外国人，除了会用少数常用的连词造句以外，常常不用或错用关联词语。"（傅由，2003：259-260）汉语学习者对关联成分的掌握和使用不佳，就会影响到他们的交际表达和产出的交际语篇。

由于关联成分在语篇中具有重要的连接作用，因此对汉语学习者理解和掌握构成语篇的语言手段有重要的作用。汉语学习者如果对这些关联成分掌握得不好，就会产生语篇性的偏误。"以往有些教材、语法书或词典往往把词语放在一个孤立的环境中（如单句）来教学生如何理解和使用，这样做实际上很容易导致学生产生语篇性的偏误，也不利于学生成段表达能力的形成。因为很多词语都具有很强的语篇连接功能，如'居然、毕竟、倒、与此相反'等，学生在孤立的语言环境中学会了这些词语，能造出合格的单句，这只说明留学生掌握了它的语音、句法知识，并不说明他学会了如何在语篇中运用它进行交际。"（李守纪，2002：404-405）可以看出，语篇性的偏误与教学指导思想和教学方法方面的失误有着密切的关系。只重视语言单位的教学，而不重视这些语言单位的使用条件和使用环境，孤立地进行语言单位的教学，都会带来汉语学习者理解和掌握语篇特点方面的问题。对于语篇关联成分的教学，如果也采取这种孤立的教学方式，也必然会导致产生偏误的不良后果。尽管导致语篇性偏误的原因是多种多样的，但是鉴于关联成分在语篇中的重要地位和作用，我们在进行汉语口语的课堂教学和教材编写时，应当予以足够的重视。

语篇关联成分在语篇生成的过程中具有重要的作用，对于提高学习者的话语表达能力，掌握结构性的语篇生成手段，其作用不可忽视。"语篇都具有把语义成分组织起来使之表达连贯、相对完整的意义的内聚性语篇功能。当学生掌握了具有语篇功能的词语的基本语义模式，他就可以根据这个模式去创造或复制出正确的语篇。"（李守纪，2002：406）在语篇结构中展示关联成分的使用方式，会有更为有效的教学效果。要掌握语篇关联成分的使用方式，仅仅依靠从语法和意义方面的途径是不够的，如果要使学习者能够正确地运用关联成分形成语篇，还需要帮助他们联系语篇结构来深入理解关联成分并进一步掌握在语篇结构中如何使用关联成分，使他们在语篇理解与生成的实际运用过程中掌握关联成分的用法，把关联成分与具体的语篇结构实例联系起来。

例4.26

1

（直美从外面进来，胳膊受了伤）

莉莉：你怎么了？	T_1
直美：别提了，刚才骑车出去，被一辆三轮车撞倒了。	T_2
莉莉：是吗？受伤了没有？	T_3
直美：你看，胳膊和腿都被撞青了。真倒霉。	T_4
莉莉：以后骑车的时候小心点儿。	T_5
直美：不是我不小心，是那个骑三轮车的骑得太快了。	T_6
莉莉：真不像话。	T_7

2

直美：我今天真是倒霉透了。	T_8
莉莉：还有什么倒霉事？	T_9
直美：上午逛商店的时候，钱包被小偷偷走了。	T_{10}
莉莉：丢了多少钱？	T_{11}
直美：五百多块。真气人！	T_{12}

——马箭飞主编（2000b：156-157）

话轮 T_9 中的"还"，能够起到与上一段衔接的作用，照应上一段的内容。其实，两段会话课文是一段连续的会话，可以形成一个完整的会话语篇。尽管编写者也许是因为教材编写体例统一的需要，而把会话切分为小段，但是这两段会话课文是衔接与连贯的，因其内部有语篇关联成分上的衔接手段。

关联成分的掌握并不是一件轻而易举的事，汉语教学者和教材编写者应当充分认识到教学的难度和任务的艰巨性，以及关联成分教学的重要意义，在课堂教学和教材编写中充分体现出关联成分的重要性，设法帮助学习者通过教材中的语篇实例，获得汉语中关联成分使用的感性认识和使用经验，掌握其使用和意义表达的规律性，逐步内化，达到熟练掌握的程度。"这些相近而不相同的关联词，中国人主要靠语感和语言经验来辨别和应用，外国学生要建立这样的汉语语感，是有一段艰难的历程的。"（徐子亮，2000：355）语感是在反复多次语言实际运用实践中，不断积累使用经验而形成的。在口语教材的编写以及课堂教学实践中，正视这一历程性的教学任务，有计划地安排教学内容和教学步骤，这样就可以帮助学习者强化、加速对关联成分使用的语感的形成。目前的汉语口语教材中，在关联成分的教学安排方面还有这样那样的问题需要改进，这也是今后口语教材编写需要重视和努力的方向。

例4.27

张英：你知道吗？肖强要去广州外语大学的对外汉语教学中心工作。　　T₁

黄勇：真的啊？我原来一直以为他会考研究生的。　　T₂

张英：大家都这么想来着，所以我一听到他要去广州也觉得有点儿突然。　　T₃

黄勇：可咱们几个人里边，就你最了解他。　　T₄

张英：你们跟他也不错呀。他这有点儿内向，人非常老实。　　T₅

黄勇：不过，说起来，有时我觉得他有点儿奇怪。　　T₆

张英：其实他很有脑子，常常有些很新的想法。　　T₇

黄勇：光听你说他的好话，他没有缺点吗？　　T₈

张英：当然不是，不过好朋友应该当面说缺点，背后说优点。再说，他的缺点你们也知道。　　T₉

——马箭飞主编（2000c：93-94）

话轮 T₉ 中的"再说"是常用的衔接词语。但在"注释"中未涉及其衔接作用，对于其在口语中的具体用法也未加说明。❶ 这是由于在教材编写中语篇结构层面的问题，尚未受到应有的关注。

4.4 语篇衔接与连贯在口语教材会话课文编写中的重要作用

衔接与连贯在语篇的构成上的重要作用前文已有论述，实际上，在语篇研究和第二语言教学中，语篇衔接与连贯同样应当受到应有的重视。有学者就已经论述了衔接在外语教学中的重要作用："我们在外语教学中要特别注意衔接成分的指示和提示作用，用它们来理解整个语篇。"（张德禄等，2005：137）实际上，进行语言表达时衔接的重要作用也是不言而喻的。对连贯的重要性也有学者进行了论述："美国社会语言学家 Labov 指出，'话语分析的根本问题就是要说明一句话如何以合理的、受规则制约的方式出现在另一句话的后面，换言之，我们如何理解连贯的话语。'（1972：299）"（何兆熊主编，2000：138；Labov，1977）但是，语篇的衔接与连贯在汉语口语教材的编写中，尚未得到足够的重视，因此在编写出来的教材中，存在着一些衔接与连贯的问题。

例4.28

王兰：你家有谁？   T₁

玛丽：爸爸、妈妈、姐姐。   T₂

王兰：你姐姐工作吗？   T₃

玛丽：工作。她是职员，在银行工作。你哥哥做什么工作？   T₄

王兰：他是大夫。   T₅

……

——康玉华、来思平（1999：38）

---

❶ 在教材课文的"注释"中教材编写者说明："'再说'表示进一步说明理由或补充新的理由。用在第二个句子前边。是口语用法。"（马箭飞主编，2000：96）

在话轮 T_4 中，说话者"玛丽"提出的问题："你哥哥做什么工作？"出现得比较突兀。"王兰"的哥哥是在两课以前出现过的内容，在本课课文中并未出现，这样突然提问，与本课的内容衔接不够紧密，与前边课文内容的联系也有些脱节。

例4.29

李红：给你行李，拿好。准备海关检查。		T_1
张　：一路上多保重。		T_2
刘京：希望你常来信。		T_3
李红：你可别把我们忘了。		T_4
玛丽：不会的。我到了那儿，就给你们写信。		T_5
刘京：问候你全家人！		T_6
李红：问安妮小姐好！		T_7
大家：祝你一路平安！		T_8
玛丽：再见了！		T_9
大家：再见。		T_{10}

——康玉华、来思平（1999：251-252）

在话轮 T_7 中，说话者"李红"提到了"安妮小姐"，可是这个人物在整部教材中未曾出现，不知道此人与"李红"和"玛丽"是什么关系。这一突然提到的内容，与教材的其他部分没有关系，缺乏出现的前提条件，在编写教材时课文的安排没有设计周全。

在编写汉语口语教材时，不仅应当注意显性的衔接手段和连贯方式，也应当注意表现和利用隐性的汉语连贯表达方式。因为在口语交际中，隐性的连贯方式使用得更多，而且这也是汉语口语表达的特点，因而就更应该在编写汉语口语教材时加以关注。"在口头交际中，间接地使用语言的现象很普通，但话语的连贯性却并不因此而受到影响，无论是交际的参与者还是没有参加交际的旁听者，一般都不会因此而感到话语有什么不连贯。"（何兆熊主编，2000：138）对于口语交际的这种表达特点，在编写教材时也不应忽视。"文本的连贯性很大程度上不仅体现于语言表达，即语言中明白说出的，而且体现于语言表达和它所促成的推断之中，也即言内和言外的全部含义。"（程雨民，1997：108-109）这种语篇理解时的推断和含义利用，也应当在编写口语教材的课文时予以考虑，因为这些因素与语篇表达和理解的深层含义有关，既可以使口语教材课文的语义不停留在话语的表面，也可以使课文的编写手段和途径更为丰富和多样化。

语篇的衔接与连贯和话语使用者的状况有密切的关系。"他们（说话者）说的话原则上都是连贯的，但这连贯性很可能并不存在于话语的表面，而需要由听者自己去建立。所以听者总是从有连贯性的角度，去理解对方所说的话，有歧义处予以解歧，有漏洞予以补足，尽量对说话的意义和含义作出自己的解释。在这样做的时候，他不仅需要利用他的语言知识、世界知识和语境知识，从而作出推理，而且他还必须考虑到说话人的意向和'知识系统'。"（程雨民，1997：110）这段论述里所说的，是对母语或目的语掌握得非常好的交际者的情况，但是第二语言学习者，尤其是处于入门或初级阶段的学习者，作为听话者、交流者是不成熟的，与母语使用者完全不同，因此他们需要得到的是帮助而不是考验❶，因而在编写初级口语教材时，对于学习者表达方面的要求不能太高，再加上学习者表达、模仿的需要，因此，教材课文中的语言不能是纯自然的、与发生在母语交谈者之间的话语一样的口语。

在实际的话语交际中，也会出现一些语篇连贯性不足的情况，但是话语交际者的主观能动性可以弥补话语连贯性的不足，从而建立对语篇中话语理解的连贯性。当然，连贯性不足的程度太大，也会给话语理解中连贯性的建立造成很大的障碍，所以连贯性的不足也应有一定的限度，对于初级水平的第二语言学习者来说，尤其应当关注到他们的语言水平和理解能力。连贯程度的掌握和运用，要靠对一种语言的具体使用而积累经验，这也是语言学习和教学的重要任务之一。"由于语言使用的效率原则，语篇的表面语句时常是不连贯或很不连贯的，必须通过推理把蕴含着没有表达出来的环节分析出来，才能使它的连贯性显示出来，这就是这里要说的建立连贯性。"（程雨

---

❶ 当然适当的考验也是必要的，但是难度不能太大，不能对他们提出类似于母语使用者那样高的要求。

民，1997：140）显示在话语交际中的这一特点，可以使教材编写得到启示，在编写汉语口语教材的课文时，不必处处都在话语的表面结构上建立完整、完美的衔接，也不必把连贯性都要建立得十分充分。

实际上，连贯性的程度高低也是相对的，对于连贯性的理解与话语使用者有很大的关系。"这里所说的相对连贯，对说话人而言是：同一番话，由于需要（如话语的重要性等）不同或估量到对方的准确传递不同，而须用具有不同程度的连贯性的话语来表达；而同样一番已经表达出来的话，对于具有不同背景知识的听话人而言，具有不同程度的连贯性。"（程雨民，1997：116）可见，连贯性的建立与理解跟交谈者双方都有密切的关系。在编写教材时，也可以利用语篇中连贯性的这一特性，避免使口语教材的课文在语义关系等方面，都是一览无余地处于表面，可以在教材的内容和学习者的目的语水平允许的条件下，适当地控制课文中语篇的连贯性程度，帮助学习者提高理解和建立语篇连贯性的能力。

在第二语言学习的过程中，学习者建立话语连贯性的能力也处于不断成长的进程中，编写教材时可以按照学习者的习得顺序，在教材中逐步增强理解和建立语篇连贯性的难度。这样不仅符合"循序渐进"的语言教学原则，也是通过口语教材课文在连贯性程度上的变化而带来编写丰富性的一种手段和途径。

第五章

会话语篇结构特点与汉语初级口语会话课文的编写

5.1 会话语篇整体结构的特点

5.1.1 语篇整体结构的形成

在交际的过程中，交际者不仅需要考虑如何组织安排词语和句子，在语篇层级的组织结构也是十分重要的，语篇整体结构在形成语篇的过程中有着重要的地位和作用，应当受到足够的重视。"经验自我要解决怎样组织语篇（text）以体现其意识活动结果的问题，也即围绕主题（topic）决定语篇如何起承转合。其中包括句子成分计划，句子计划和语篇计划。"（张中华，2000：29）语篇结构的组织安排，无论对话语表达还是话语理解而言，都有着重要的作用。

在自然口语交际中，发生在特定场合的一些交谈，已经形成了明显的固定结构。"程式化会话已形成比较固定的结构程式。这类会话大多发生在陌生人之间，人们在会话开始时就可以预见整个会话的大致过程。比如问路，商店里顾客与营业员之间的会话，都属于这种类型。"（刘虹，2004：178）实际上，通过对汉语初级口语教材会话课文进行研究，我们发现教材中的会话语篇也有一些固定的模式。这些固定的模式不仅体现在口语教材中会话课文的局部，而且也体现在会话课文的语篇整体结构上。

有学者提出了"情节"的概念，这种"情节"的含义与通常所说的故事情节并不相同。在交际之中的情节，更多的是着眼于交际的规则和一种结构性的话语安排。"社会语言学家们并非为情节而讨论情节，他们强调的是某一特定情景中的交际事件发生的顺序，特定情景中的交际规则，例如交际如何开始，如何结束等规律。正如Forgas（1979）给情景下的定义所说的那样：'……（情节）是某一特定文化环境中典型的交往序列定势（stereotypes）'。"（贾玉新，1997：489）情节的概念实际上也是对会话语篇的整体结构以另一视角的概念加以描写所得出的结果。

语篇中的情节具有独特的内容，是语言交际所积累的惯例和规则，而且这些惯例和规则会体现在会话语篇的整体结构上。"对某一情节的规约不了解，就不可能达到交际适应性的要求。难怪社会语言学家Gumperz（1982）给情节下的定义是：情节是被谈话人当作一套完整的交际惯例（communicative routines），它们独立于其他语篇，而且有一套独特的言语和非言语规则，它们是重复性的，是可以预测的，它们尤其具有一套可以辨认的开始和结束的序列（opening or closing sequence）。"（贾玉新，1997：489；Gunperz，1982）情节可以在语篇中反复出现，而且这些情节所形成的语篇结构，是可以被交际者所理解和预测的，这对于言语交际的顺利进行有着重要的意义。

语篇的整体结构，是在语篇推进形成的过程中，一步一步地逐步建立起来的，尽管可能在语篇建构的过程中出现反复、曲折等各种复杂的或意想不到的情况，但是建立语篇仍然大体上是依照一定的顺序进行的。语篇的这种形成和发展的过程，有学者称之为"语篇推进"。"语篇话题的引入和展开方式，经常称为语篇的推进（discourse progression）……语篇推进过程中的组织方式，导致了一种修辞结构（rhetorical structure），这一结构，是围绕这样的选择构建起来的，这个选择是从（在）不同结构组织层面上具有功能意义的话语成分之间或（当涉及话语束时）话语之间的可鉴别性关系构成的开放集中所做出的。"（维索尔伦，2003：164）语篇推进所形成的语篇整体结构，是具有层次性的。这种层次性一方面体现在语篇推进历程所形成的各个不同阶段的层次性，另一方面也存在于语篇的组成部分的各种基本单位和基础结构在组成语篇整体结构时所形成的不同层次上。

语篇的推进并不是漫无目的、毫无章法地任意而为，而是有章可循的，要依照一定的规律并遵循一定的组织规则。"会话中的语篇话题大多是由取得发言权的人决定的。语篇的推进受制于（可以调整的）话轮转换规则，受制于在共同相邻话对和互动优先制约下的种种期望。而且，语篇的推进总是有犹豫、错误发话以及纠错伴随。"（维索尔伦，2003：166）但是，尽管有如此多的阻碍因素，交谈的发展总会形成一个语篇的结果。"最终结果是一个由不同的会话步骤（move）和会话交流（exchanges）构成的一个有组织的或有自组织性的（self-organizing）的序列（sequence），该序列不一定会有一个线性顺序，但会遵守连贯和关联的一般性原则。"（维索尔伦，2003：167）语篇正是因为要受到许多限制，依照种种规则才能够建立起来，也因此就可以形成一种整体性的结构规律。这并不排除语篇在形成的过程中，会有很多灵活运用、创造性发挥甚至反叛性破坏的情况发生，从而造成语篇构成的复杂局面，但是从大的、总体性的角度来看语篇的结构，还是能够发现其整体性的特征。

语篇整体结构可以作为先在的因素存在于语篇形成之前，但是要真正把它以实体的形式表现出来，仍然要靠语篇的建构过程来完成。而且在这一语篇建立的过程中，经常可能会出现实际建构成的语篇整体结构与建构之初对语篇整体结构的设想有所不同的情况。这说明无论在建构语篇整体结构的交际行为之前和之中，对语篇整体建构的考虑都是非常重要的。

5.1.2　对会话过程整体结构的不同描述

学者们在对语篇整体结构进行分析的过程中，发现了语篇整体性的组成结构规律，由于研究视角和研究方式的不同，因而得出了对会话语篇整体结构的不同分析结果。在对语篇整体结构进行分析的过程中，学者们提出了不同的分析结论，例如，有的提出了"三分法"，有的提出了"七分法"。

5.1.2.1　会话语篇整体结构的三分法

在对口语交际进行研究时，有学者从宏观视角发现了口语交际进程的固定模式，认为这种模式由三个部分组成，这种对口语语篇整体结构的分析结论，可以称之为"三分法"。"社会语言学家认为相互交往的言语行为有其固定的模式，R. A. Hudson（1980）指出人际交往的交际结构由三部分组成：

'招呼'—'事件'—'道别'（Greetings-Business-Farewell），他又用'入场'和'出场'（Entries 和 exits）分别比喻'招呼'语和'道别'语，说明'招呼'和'道别'在言语交往中的重要性。"（贾玉新，1997：404；Hudson，1980）这种口语交际言语行为的固定模式在形成语篇时，也必然会形成固定的结构。这种固定的语篇结构不仅在整个语篇结构上，而且在语篇整体结构中的各个部分，对其中的语言使用也都是有其要求和影响的。

也有学者从另外的角度对会话交际的整个过程进行了功能的划分，也得出了分为三个部分的结论。"Sinclair 等学者还认为，口头话语中的'言语动向'（move）包括完成主要话语功能的'中心行为'（head act）以及置于其前后的完成辅助功能的'起始行为'（pre-head act，starter）和'后续行为'（post-head act）。"（卢伟，2002：162；Sinclair & Coulthard，1975）这种从功能的角度对口头话语交际过程的描述，揭示会话话语表达过程的整体性结构，从语篇的角度来考虑，实质上也是对会话交际语篇的整体结构的一种描述。这实际上也是一种对于会话语篇整体结构的三分法，其结论与前述 Hudson 的看法是一致的。

5.1.2.2　会话语篇整体结构的七分法

还有学者对会话的整体进程进行研究时，提出把会话过程划分为七个阶段。"Ventola（1979）认为会话过程中存在着性质完全不同的信息传递和相互接触两种功能，他认为会话由七个阶段组成，而且在每一阶段，这两种功能或者占主导地位或者占次要地位。会话开始阶段（opening stage），相互接触功能显然占主导地位，信息传递几乎不重要。会话开始阶段由四个部分组成：首先是问候阶段（greeting phase），这显然是寒暄语阶段。之后选用安全的话题（safe topic）建立一个使对方感到心情舒畅的关系；……。然而，在直接和间接接触之前还有两个阶段：称谓（addressing）和自我介绍（identification of self），这是建立社会距离的过程。第五个阶段是中心（centering）阶段，这是真正的话题阶段，其话语的内容显然具有认知和信息性。会话结束阶段由告别前阶段（pre-closing）和 Good-bye 阶段组成。"（贾玉新，1997：404；Ventola）这种把会话过程划分为七个阶段的观点，如果落实到与会话过程对应的语篇上，也可以认为会把会话语篇的整体结构划分为七个部分，因此也可以把这种观点称为会话语篇整体结构的"七分法"。

可以看出,"七分法"中的七个阶段,主要是从三个大的阶段:会话开始阶段、中心阶段和会话结束阶段进一步划分所得出的。因此,实际上"七分法"是"三分法"的再细分,两种分析结论的核心部分基本上是一致的。这也说明语篇的整体结构,是一种有规律性的客观存在,不同学者的研究对这一语言现象的认识,尽管有深浅精粗的不同,但是都证明而不是否定了语篇整体结构的存在。

5.1.3 语篇整体结构在交际和教学中的重要作用

5.1.3.1 语篇整体结构在交际中的作用

语篇整体结构在交际中有着重要的作用。语篇整体结构可以提供一个大的话语结构框架,交际者把细部的言语材料填充进这个框架以后,才能组成一个完整的语篇,完成交际的目的和任务。因此,应该熟练地掌握语篇的整体结构框架,这样,细部的言语材料才能够被有效地组织进一个整体性的语篇框架之中。而且,交际者掌握了语篇框架,既可以有助于他们预测交谈的进展,并及时对交谈对方的话语作出反应和应对,也可以令他们自如地开始、发展和结束谈话。交际者把交际的任务和目的对应于一个语篇框架,可以提高交谈的反应速度,既可以发出合适的始发语,也可以快速找到合适的应答语,从而使交谈进行下去。

有学者认为会话交谈有三种发展的模式,在话语结构之中可以发挥不同的作用。"顾曰国(1999)认为会话中交谈的发展有三种形式,具有三种功能:向上(backward)、向前(forward)和向下(downward)功能,交谈者的话轮至少具有两至三种功能。这一划分是以语义为基础的。向上功能指当前话轮与前面的话轮相关,向前功能指交谈者对谈话做出贡献使得会话向前发展,向下功能指当前话轮对下一发话人的话轮有影响。"(李悦娥、申智奇,2003)

其实语篇的表述功能对语篇结构的形成会产生重要的影响,语言发挥语篇表述功能的要求会使语篇的结构形成一定的布局安排的特点。反之,语篇的结构也会发生功能性的作用。"篇章功能结构指的是——实体及其内部较大的篇章局部内部各直接构成部分之间的在言语兑现的过程中，各自所发挥的表述职能上的相互关系及其铺排规则。"（郑贵友，2002：223）

在日常交际的会话之中，交际者在进行交际活动时所发生的言语行为，都是要按照一定的程序来进行的，由此交际活动就带有一种模式化的结构性特点。"在日常会话中，交际参与者始终处于某种不确定的状态，通常是先作出暂时性的推论，当得到进一步的信息时，再在这些推理基础上不断加以修复或确认。"（罗纳德·斯考伦、苏珊·王·斯考伦，2001：89-90）交际者在掌握了交际活动进行的模式化惯例以后，就可以使交际比较方便地进行，而且只有当交际双方对交际模式达成共识或者具有有关交际惯例的共同背景知识之时，交际也才能够在交际双方之间顺利地展开。

掌握了口语交际中的一些结构特点，可以对建立会话语篇结构以及话语的产生和理解都带来便利的条件。有学者针对口语交际中句尾经常形成信息表述的中心，提出了"句尾核心原则"。"在句子的信息结构里，未知信息是句义重心。在口语表达时，话句的句义重心常通过全句的语调核心（tonic syllable）来显示。正常情况下，话句的语调核心在句末。在书面表达时，句末常是重要信息出现的地方，或称为'信息焦点'（information focus）。因此，句义重心常在话句的后半部，最重要的部分则安排在句子的末端。可称为'句尾核心原则'（principle of the end-focus）。这一原则有助于我们在特定的环境中选择合适的话语线性结构，有助于我们把握话句的新信息，也就是说有助于话语生成和话语理解。"（刘焕辉主编，2000：311）这样一种对口语语句和语篇中的信息分布特点的认识，也有助于交际者正确把握口语交际中的语句和语篇的信息结构，提高对话语交际的整体把握。这一点对于母语交际者似乎意义不是十分重要，但是对于不熟悉目的语语篇结构特点的第二语言学习者来说，则是有着尤为重要的作用。

5.1.3.2 语篇整体结构对于汉语教学和教材编写的重要意义

应用于实际交际的语篇会有比较固定的交际模式和语篇结构。在不同言语社团里，这些模式和结构会有所不同。"受文化语境的制约，各个言语社团都在其长期的社会交际中形成一些比较固定的交际模式或语篇的语义结构。这些固定的交际模式有利于本言语社团的成员交流意义，同时也是惯常交流的意义长期积淀的结果。"（张德禄、刘汝山，2003：8）各种语言富有特色的交际模式，会带来语篇整体结构上各自的特点，会话语篇也是如此。对于长期生活于某一言语社团的成员来说，由于有习得这一言语社团的交际模式的便利条件，所以通常都不会显示出或意识到对于交际模式习得的困难之处。但是，对于第二语言学习者来说，获得有关目的语交际模式的有关知识并且掌握这些交际模式而且能够熟练运用，则远远不是一件轻而易举的事情，而是恰恰相反，由于习得条件的限制，他们往往不能有机会有效地掌握与母语交际者同样多种类和熟练程度的交际模式，因此在提高和深化他们的口语交际能力方面就会遇到很大的障碍，他们需要在这方面得到专业化、系统化的帮助。

鉴于会话语篇整体结构的重要作用，及其在第二语言学习者获得交际能力时的重要地位，在课堂教学和教材编写时对会话语篇整体结构都应当加以重视。对语篇整体结构的重要性有了清醒的意识和充分的认识，也可以使教材编写者在编写口语教材的课文时，能够控制和把握课文的整体结构，既可以使编写的课文具有整体感，也可以使课文编写的推进获得清晰的脉络。

5.2 会话课文语篇结构与会话语篇的产生

5.2.1 会话课文语篇结构在语言教学中的重要性

5.2.1.1 会话交际互动能力的教学重要性

会话语篇表达与成段表达的含义不同。成段表达能力的培养，通常都是侧重于独白式的成大段的表达能力，例如，演讲时的表述能力。但是这种成段表达，在语言方面一般只要照顾好自身话语表述的完整性、话语运用的合理性和话语结构的安排符合目的语的特点等方面，就可以形成比较成功的表达结果。但是会话交际中的口语表达，仅仅是自身的话语表达的自足完备，并不能保证话语交际就能够顺利和高质量地完成。在会话交际中，交际者之间的互动非常重要，如果话语表达不能完成交际的互动，没有达到交流的效果，则表达通常就会流于失败。虽然会话中的交际互动能力与成段表达能力，在某些方面和情况下有一定的关系，但是在许多主要的方面两者之间还是有很大的不同。

初级口语教学并不是要培养学习者滔滔不绝的演说能力，而是运用话语进行交际的互动能力。会话教学并不排除对大段口语表达能力的培养，但是大段口语表达的能力，在会话教学中也只是口语交际互动能力的一个组成部分，而且会话教学中的大段口语表达的教学，也一定要以培养交际互动的会话能力为目标。❶

许多由于口语表达不清而产生交际障碍与误解的情况，并非因为学习者对语言结构成分掌握的水平不高，而是对这些语言结构成分的运用能力不高。许多HSK考试成绩很好的学习者，口语的交际能力却不太好，造成这种情况发生的原因，就是对语言的运用重视得不够。❷

有学者认为，"从语言学习的角度看，会话体话语经过一定时间的学习比较容易掌握，因为对话时，上下文的语境十分明确，往往采用最简短的言语方式（比如单句，有时甚至只需一两个词）就能够满足双方的交际需求。换言之，对话体的口语交际形式要求学习者输出的言语形式是比较有限的。"（陈晨，2005：68）但是实际上，第二语言学习者对会话交际互动能力的掌握并不简单，也并不容易，这已经由汉语教学和学习者的交际实践，以及本文前面的例证和论述所证实。

在会话交际互动能力中，对会话语篇结构的掌握能够达到熟练运用的程度就更不容易。也许单从语言结构单位的角度看，会话语篇结构并不是十分复杂，但其在话语交际中的具体使用却是十分复杂的，要涉及很多因素，并

---

❶ 本文没有采用通常在研究口语教学时常用的"成段"表达能力的概念，是因为在会话教学中更应当重视的是交际互动时所形成的"段"。在会话里"成段"概念的含义，应当是成会话的"段"，而不是交谈者单方面的话轮成为较长的、孤立的"段"。所以，本文另外采用"大段"的概念，以表示会话中交际互动所形成的较长的段落。本文并不摒斥在会话的话轮中有较长的"成段"表达并重视话轮中成段表达能力的培养，而是力求避免对"成段"表达能力的重视会代替或淹没对交际互动能力的重视。

❷ 语言学习如果只是为了通过考试，则是本末倒置了，对教学者来说是无奈的，如果以此为教学目标则更为令人感到悲哀。

不像想像的那样简单。如果在课堂教学和教材编写时对此不加以注意，如果会话语篇结构的学习与教学不能够得到足够的重视，就会影响学习者对其的学习和掌握，尤其会影响到他们实际的话语交际。在实际的目的语话语交际中运用所学到的目的语，既是学习者语言学习的主要目的，也是对他们语言学习结果最好的检验。

在汉语口语教材会话课文的编写中，应当注意增强课文的互动性与交际价值。结合口语教材会话课文的实例，就更容易清楚地看到这一点。

例5.1

A：明子，你什么时候到北京的？

B：昨天到北京的。

A：现在你住在哪儿？

B：我住北京大学留学生宿舍。

A：你住几号房间？

B：我住三号楼507房间。

——陈光磊（2000：53）

这段课文的交际互动性不强。说话者A的提问只是单纯的询问，交际的意义不大。课文中话语的交际意图不明确，话语表达的目的不知是为了关心对方还是为了获取信息？在会话交际中，交谈者之间的交际应为双向互动，而不应像这段课文里的情况一样是单向的。另外，话语应用场合的语境条件也不明确，不知道这段对话是发生在什么场合，这样也不利于学习者模仿和应用。

例5.2

顾客：师傅，香蕉多少钱一斤？

小贩：一块八一斤，怎么样，来一斤？

顾客：这么贵呀！

小贩：贵?! 您先看看这香蕉又大又甜！

顾客：这香蕉好是好，就是价钱太贵了。能不能便宜一点儿？

小贩：您要多少？

顾客：要是能便宜一点儿，我就来两斤。

……

——刘乃华等（1997：36）

这段课文的内容，是购买水果的"顾客"和"小贩"之间的讨价还价。两位交谈者之间的话轮和话轮转换，形成了比较强的互动关系，课文表现出的是一种互动性的交际。这样的口语教材课文就有实际的交际价值，学习者可以体会到在进行购物讲价时汉语话语交际语言使用的情况，还可以模仿操练，进一步在实际的购物交际中加以运用。

通过两段课文的对比，可以看出不同的会话课文中交际互动性的差异，由此也提示我们，应当在编写汉语口语教材中的会话课文时重视课文的互动性和教学价值。

5.2.1.2 在初级口语教学中会话语篇结构的重要性

汉语初级口语教学经过多年的实践取得了很大的成绩，积累了丰富的教学经验和教材编写的成果，但是仍然存在着一些问题。有学者对此进行了总结，"在初级口语教学的过程中，我们常常遇到这样一些普遍性问题：学生在真实生活交际中想要表达某一意思但却不能激活储存在他们头脑中的已经在课堂上学过或练习过的句型和词语；学生只会说简单的问答句，而不能成段地表达自己的思想；学生的语言输出由于过分注重形式而影响了流利性，说话语速过慢等。"（李燕，2006：31-32）学习者话语生成的速度慢，语言形式的提取速度慢只是其中的一个方面的原因，另外还有多方面的原因。在影响学习者口语成段表达和流利表达的各种因素之中，对语篇结构掌握的不足也是其中之一。

有些学者已经发现了汉语初级口语教学中的一些问题，提出了超越单个句子教学，进入语篇教学阶段的必要性。"在初级汉语口语教学阶段，单个句子练习的教学法虽然有助于汉语句型的认识，但是，它是孤立的、单向的、硬性的口语学习，需要学生死记硬背，需要学生在非互动的语境（没有上下句子关联提示）中，直接理解并熟记句子的意思，这种理解并记忆汉语的方法操作很困难，而且往往运用时会有偏差。"（卢微一，2005：110）解决这样的问题的出路，是在进行课堂教学时增强交际互动性，落实到教材的编写上，就要通过增强口语教材会话课文的互动性来体现，这就要重视口语会话教材的编写中语篇结构的重要作用。

如果在编写教材时要增强交际的互动性，就应当重视整个会话课文的语篇结构。因为互动性的体现，除了内容方面的设计安排以外，在很大程度上，也要依靠会话课文语篇结构的编写设计。如果课文能够体现出互动性，课文中的语句就会形成相互之间的关联，这样就可以避免学习者所学习的只是孤立的单一句子，也就可以使学习者在互动性的会话课文中，学习到汉语口语会话中语句联系语境的具体使用方法。

许多学者在谈到初级口语教学时，都在寻找增强交际互动性，提高学习者交际能力的出路。有学者提及情景教学的重要性，认为这是解决单一句子教学难以避免句子的孤立性，从而造成交际使用问题的重要出路。"初级口语教学重在常用语句的记忆、模仿和运用。不仅要抓单一命题的不同功能表达，而且要让学生根据对话的需要熟练地配搭和组合相邻对子。不仅要学会在相同的场合下使用某种语句（水平迁移），同时要学会同一语句在不同情景下的应用（纵向迁移）。"（徐子亮，2002）也有学者提出了话题教学的路子，通过提出话题、设置情景作为提高学习者"说"的能力的重要途径。"初级汉语口语教学，重点是'说'，即让学生获得最初的'说'的能力，从而获得汉语的语感。而'说'是需要语境、需要互动、需要反应的。只有充分营造了说的'生态圈'，说才有效果，才不会走样。因此，对初学者就采用口语话题教学，为他们设置一定的情景或场景，去除句子的孤立性，强化其关联性，能使留学生更好地理解话题中的每个句子，掌握并学会运用它。口语表述就是对话交流，上下句子很重要，要准确理解，就要看是在说什么；要准确表述，就要知道其中的关联关系。"（卢微一，2005：111）

情景、话题教学固然重要，但是把语句直接连接到话题，从句子到情景，跨度太大，应当有一个中间阶段。把语句安排到语篇之中，以语篇作为连接起句子和话题与情景的中间阶段，这样就为语句之间建立起一种关联性，而且这种关联性是建立在结构性关系的基础之上的。这样建立起了关联性的语句（如相邻对的各种应对搭配）就处于了语篇结构之中，把这样的语篇结构对应于交际话题和情景，就比单纯的句子要方便顺利得多。在汉语初级口语教材的编写中，注重课文的会话语篇结构，可以使课文中的语句处于一定的语篇结构之中，与上下文的语句（言内语境）形成了密切的关联，这样就可以使学习者避免掌握的语句是孤立的，无法在交际实践中应用。

实际上，在编写口语教材时，重视把语句放入会话语篇结构之中，也就把教材编写的立足点从着眼于编写句子，转移到注重语篇结构上，这是口语教材编写视点的一种重大的转变。重视会话语篇结构的编写，也是注重语言教学中学习者交际能力培养的教学总目标的一种体现。重视会话语篇结构的编写，并不是否认语句的重要性，实际上语句是语篇结构建立的基础，两者之间有密切的关系，而且通过语篇结构的教学，可以使学习者对句子的安排使用掌握得更好。

口语教学的根本目的，是帮助学习者掌握完成交际任务的能力。在完成交际任务时，语言表达的完整性十分重要，只有达到了话语表达的完整性，交际任务才能够完成。"交际任务是需要使用目的语完成的语言任务，虽然在不同的任务活动中语言的信息量并不一样，但都具有语篇（话语）完整性。无论交际任务中提供了多少语言信息，即使是以词汇和句子的形式出现，也同样是话语或语篇层面上的。交际任务不把语法或功能项目独自剥离出来，相反，要把这些内容与其他交际要素交织在一起为交际活动服务，它是言语交际活动的一个相对完整的片段。交际任务的语篇性特征赋予它同时具有真实性特征。"（马箭飞，2002）由此也可以看出，语篇完整性在交际任务完成中的重要作用。因此在编写口语教材时，要达到保持语篇完整性的目标，就要在语篇结构的组织上下功夫。在汉语初级口语教材中，经常会出现一些语篇整体结构和局部结构不够完整的情况，这样就会影响学习者在课堂学习和实际交际中交际任务的完成。

例5.3

小伙子：换季打折喽，请随便看看。　　　　　　　　　　　　　　T_1

小　雨：我想试一下这件T恤。　　　　　　　　　　　　　　　　T_2

小伙子：您穿多大号的？ T₃

小　　雨：中号。稍微大了一点儿，有小号的吗？ T₄

小伙子：红色的没有小号的，白色的有。 T₅

……

——北京外交人员语言文化中心编（2003b：78）

在话轮 T₄ 中的话语"中号"和"稍微大了一点儿"之间，应当有时间的间隔，因为"小雨"在话轮 T₂ 中也表示过要试衣服，而衣服是否合适，只有在试了之后才能够判断，因此"稍微大了一点儿"是只有在试穿了衣服之后，才能够表达出来的话语。可见，在话轮之间，缺少了一个话语表达的环节，也许更为准确地应当说是教材设计编写时在语篇的结构安排上缺少了一个环节。缺少了这一环节，使得两个本来有一定间隔的言语行为之间缺少了在实际交际中必然发生的间隔，这样也会影响课堂教学和学习者的交际实践。

5.2.2　语篇的生产与接受

5.2.2.1　语篇的生产

如果从生成的角度对语篇进行认识，语篇实际上是交际活动的一种结果。在语篇生产的过程中，语篇的创造者和接受者都对语篇的生成起着重要的作用。至于在会话语篇的生产过程中，交际双方也同样是处于一种互动的过程中，共同对语篇的生成起着重要的作用。"篇章在生产过程中具体体现为由一个或多个行为主体为了实现某种状态，在某一个行为场景中出于某个用意生产出来的言语表述序列。此时，篇章生产者相信，篇章接受者根据种种场景条件能够从这些言语表述中理解篇章生产者的用意。换言之，交际活动的结构和过程会明显地反映出对交际场景和交际伙伴的认知结果。"（钱敏汝，2001：236）在会话语篇的生产过程中，话语表达者对接受者的理解能力也同样要在其生成语篇时加以考虑，表达者和接受者是交互地在起作用。另外，交际语境和交际对象也都是语篇生产者需要考虑的重要因素。由此可见，语篇生产的过程要涉及多方面的因素。

语篇并不是只靠生产者一方的努力就可以生产出来，要在语篇生产之初就考虑到语篇接受者一方的因素。而且语篇生产的目的就是为了使交际的对方能够接受，从而达到交流的语言表达效果。如果语篇不能被接受，则语篇的生产就变得毫无意义。"只有在篇章接受者方面出现了'言后之果'（perlo-cution）才是真正完成了一个言语行为……完成一个言语行为必须在'言后之果'出现之后，也就是说篇章生产者不能单方面完成，而必须与篇章接受者共同完成。这样，言语行为的互动性质就更明确了，即不仅只有针对对象，而且还必须由篇章生产者和接受者双向合作，共同完成。"（钱敏汝，2001：246）语篇的生产带有明显的合作性质，会话交际的互动特性，使会话语篇的生产过程就更必须是在交际互动的合作中完成。而且会话语篇的生产更是带有自身的特色，会话语篇的生产者与接受者的角色在会话语篇生产的过程中是不断交替变化的，因此语篇生产者（会话过程中的交际双方）必须随时经常要考虑接受者一方的因素，尤其要对"言后之果"的产生多加考虑。

语篇的产生是要在一个交际互动的过程中完成，而且这一过程的动态性特征十分明显。"正因为通过篇章生产会改变互动行为场景，篇章生产者用篇章影响对方交际者的知识、态度、动机、评价，所以篇章生产必须作为动态的、建设性的和逐步实施的过程来进行描写和解释。在这个过程中交际者双方的合作是最突出的方面。"（钱敏汝，2001：261）在会话语篇的生产过程中交际互动更为频繁，因此更突出地带有动态性的特征。会话语篇只有依靠交际者的交互影响、互相合作，才能够顺利地生产出来。

例5.4

张英：你知道吗？肖强要去广州外语大学的对外汉语教学中心工作。

黄勇：真的啊？我原来一直以为他会考研究生的。

张英：大家都这么想来着，所以我一听到他要去广州也觉得有点儿突然。

黄勇：可咱们几个人里边，就你最了解他。

张英：你们跟他也不错呀。他这有点儿内向，人非常老实。

黄勇：不过，说起来，有时我觉得他有点儿奇怪。

张英：其实他很有脑子，常常有些很新的想法。

黄勇：光听你说他的好话，他没有缺点吗？

张英：当然不是，不过好朋友应该当面说缺点，背后说优点。再说，他的缺点你们也知道。

——马箭飞主编（2000c：93-94）

这一段对话的互动性非常强，而且交谈者之间的人际关系表达得非常清楚。几个交谈者之间的共同努力、充分合作，每个交谈者都积极地参与到会话当中，积极地表达自己的看法，使产生的会话语篇带有强烈的动态性。

在语篇生产的过程中，语篇生产者会表达出许多话语，是有关语篇生产活动本身的，其中既有帮助组织语篇生产的言语行为，也有帮助理解语篇的言语行为。"篇章生产者用于重复、阐释、综述、详述和修正自己和对方交际者的言语行为，被称为组织篇章的言语行为、言语组织行为、元交际言语行为、交际性言语行为、篇章构建行为、改述/再述行为等；为篇章接受者提供理解帮助的言语行为有：解释、驳斥、肯定、更正、细述、明述、概述、复述、补充、综述、续述、证实、强调、举例说明、评论等。"（钱敏汝，2001：256）这些言语行为虽是如此多样，但其使用目的都是为了更好地使语篇达到交际的目的和效果。而且，这些言语行为被称为"元交际知识"。"虽然篇章生产者用这些言语行为能够达到各种不同的目的，并且这些言语行为的功能也各不相同，但基本性质还是相同的：篇章生产者欲为篇章的理解提供保障，它们用以建立与交际过程的关联。换言之，篇章生产者和篇章接受者能够通过这些言语行为激活一种特殊的知识，这种知识将有助于排除交际障碍。这种知识可称为元交际知识，是互动知识中一个专门的组成部分。"（钱敏汝，2001：256）这些谈论语篇生产和理解本身的言语行为，涉及的都是有关语篇这种语言现象本身的，而且都是围绕着语篇的生产与理解的，因此也可以称之为语篇生产的"元表达行为"。

5.2.2.2　语篇的接受

语篇的接受在语篇的形成与交际目的的完成中，都有着重要的作用。

语篇的连贯性在话语交际中有非常重要的作用，缺乏连贯性的语篇往往难以完成交际任务，在课堂教学和教材编写中如果对语篇连贯性重视不足，也会对学习者交际能力的培养带来阻碍。可是语篇的连贯性不仅仅与语篇本身的连贯性有关，而是与对语篇的接受有很大的关系。"篇章接受者能够根据他对反映在命题中的事物相关性知识使一系列的表达连贯起来。这说明，连贯性并不像在有些关于篇章语法的论述中所说的那样，应被理解为一种篇章内在固有的性质，而是在篇章理解的结果中被确定为'连贯'还是'不连贯'的评价的形式体现。"（钱敏汝，2001：268）

例5.5

（上午第四节下课以后）

安　妮：田老师，现在您有空儿吗？ T_1

田老师：对不起，我现在没空儿，你有事吗？ T_2

安　妮：（打开书）这几个问题我还不懂。 T_3

……

——戴桂芙等（1997a：30）

在话轮 T_2 中，说话者"田老师"已经说了"没空儿"，不知道为什么"安妮"在话轮 T_3 中仍然提出她的问题？"田老师"在话轮 T_2 中的提问"你有事吗"，只是礼貌性的问话，并非是实质性的征询，并非真要解答"安妮"的问题。也许这是因为"安妮"对话轮 T_2 中"田老师"话语的含义有误解，而按照话语的表层意思来理解，以为"田老师"真要回答她的问题，以致在话轮 T_3 中的话语表达就真的去问问题，如果学习者也按此进行交际就会显得不懂事，实际上这是因为没有能够理解对方的交际意图，至少在这里是没有遵守汉语交际的习惯。但教材编写者编写课文时的意图并非如此，教材的编写者恐怕不是为了显示"安妮"对"田老师"话语的误解才这样编写课文的。也许是教材编写者没有注意到话语之间的矛盾，话轮之间的关系没有照顾到，没能处理好，以至于造成了语篇的连贯性出现了问题，这样尤其会使初学汉语的处于入门或初级阶段的学习者产生困惑或误解。

语篇的生产和接受是一种动态的复杂过程，要按照一些步骤有序地进行。因此在语篇的生产和接受过程中，语篇的生产者和接受者会采取一些措施，采取一些策略性的手段或程序化的步骤，以保证语篇生产和接受的应有步骤都能够顺利地完成。"具有不同交际功能的篇章不仅用于完全不同的场景，而且还在篇章生产者和篇章接受者双方所使用的方法执行程序方面有很大差别。这里'方法执行程序'指交际者为了有效地达到预期的或者由某个场景中临时产生出来的目的所采取的一整套措施，也可作为有策略、有决策的一种程序来理解……这些方法执行程序也就是有目的、大多数情况下有意识地进行的篇章处理过程，因而也是篇章生产和理解的策略方案。"（钱敏汝，2001：302）这些措施和策略，形成了一种程序化的步骤，有序地在语篇生产和接受过程中展开，从而带来语篇结构的有序生成。对于汉语教材的编写者来说，如果想顺利地编写出会话课文，就需要对这些措施和策略多加利用，以便能够编写出结构完善的会话语篇来。而且也应当尽量在教材的会话课文中，体现出汉语会话语篇生产和接受的措施和策略的特性，以便汉语学习者对此有所体会、感知和认识，经过不断地反复操练内化而最终掌握。

语篇的接受并不单纯只是一种被动的接收，语篇接受者的积极、主动的能动性作用也是十分重要的。"'接受'不同于'接收'，而是'接收＋阐释/领会'才等于'接受'和'理解'，因此'接收'和'解释'只分别是接受/理解过程中的两个步骤或两个阶段，当然也可看作是组成'接受'活动的两种活动，它们的顺序不能颠倒，一般来说也不会颠倒。"（钱敏汝，2001：227）接受者对语篇的理解能力强、主动性高，就会对语篇的生产过程产生积极的影响，使语篇的生产过程变得相对容易一些，使语篇的生产者可以省略许多解释性的语篇成分，这样就使语篇结构更为简洁，语篇的交际效率更高，语篇的交际功能能够发挥得更好。

语篇的生产过程，必然要考虑"接受"（语篇的接受过程），两者是互相关联的。"在此过程中，篇章生产者根据自己对确定的和/或可能的和/或未知的篇章接受者和交际场景的各种因素通过认知作出评价，并同时激活大脑中的各种知识系统，这些知识会在篇章里以特殊的方式体现出来并形成多种维度的结构。"（钱敏汝，2001：227）接受者自然同样也要考虑生产者的情况（尤其是语篇生产的意图），这有助于理解对方生产出来的语篇中所具有的特殊含义。

5.2.3 语篇表达能力培养中会话语篇结构的重要作用

5.2.3.1 语篇表达能力培养的必要性

语篇教学的重要性，日益受到了学者们的重视。但是在语篇教学方面还存在着许多问题，引起了有关学者的关注。"由于缺乏对汉语篇章知识全面、系统的讲解及大量的配套练习，导致学习者不能形成对汉语篇章表达模式和衔接手段的整体的、清晰的认识，在进行语段、语篇表达时常处于'无意识'或'半意识'的状态，无法有效地控制自己的思维模式及语言要素的选择，出现大量的语段、语篇偏误，语段、语篇表达能力的提高缓慢，不显著。"（郭颖雯，2003：67-68）这里提及的提高学习者语篇表达能力时的一些问题的解决出路在于，在编写口语教材会话课文时重视会话语篇结构的作用，因为"篇章表达模式和衔接手段"都与语篇结构直接相关，重视语篇结构的教学是解决问题的最有针对性的出路。

学习者对于汉语语篇特性的认知，仅仅建立在有关知识的讲解上是远远不够的，要把这种理性的知识与感性的实际经验结合起来。而且，要以感性经验的感受为基础，理性知识的讲解和学习者对语篇的认识也才能扎实地建立起来。而感性经验的获得，要依赖于课堂教学并以教材中所呈现的语篇为基础。因此，口语教材中会话课文语篇的编写就显得十分重要，这之中尤其要注重语篇结构，因为语篇结构在教材编写和学习者掌握"汉语语篇表达模式和衔接手段"等方面，都具有重要的作用。

5.2.3.2 在初级阶段培养语篇表达能力的可行性

除儿童以外的第二语言的学习者，已经具备了掌握语篇表达能力的条件，具备了开展语篇表达能力培养的可行性，因此可以在第二语言教学的初级阶段就开始进行语篇表达能力的教学。有学者论及了这种可行性："从语言习得过程来看，成人习得第二语言与儿童不同。成人在学习第二语言时，头脑里已储存了有关第一语言的大量的概念，已经形成了一套语言系统和与之相对应的逻辑思维方式。他们能运用语言规则表达复杂的思想，也能分析语段的表层结构及意义，还具有理解语段的深层意义和逻辑关系的能力。正是具备了这些使用语言的经验，使他们在学习第二语言时接受能力强，能将输入的语言材料迅速归纳整理，并在此基础上通过模仿、记忆逐渐学会使用新的语言规则和语用规则。因此，在初级阶段训练成段表达能力是可行的，有助于迅速提高学生用第二语言进行思维的能力。"（李小丽，2001：39）在会话教学中，同样可以进行提高语篇表达能力的教学活动。这样做，不仅可以增加学习者会话交际时的话语表达的量，从而使他们的话语在表达的篇幅长度上可以容纳比较复杂一些的思想，而且更为重要的是可以使他们把握汉语会话交际在语篇结构上的特色，从而自觉地注意对自己的交际互动能力的培养，从语篇结构的途径提高互动性的语篇表达能力和交际中的应对能力。

在初级阶段就开始进行语篇表达能力的培养，实际上是从学习者的具体实际情况出发，是"以学习者为中心"的语言教学观念的具体实践。这是从学习者需求的角度出发来考虑教学问题的教学思路的具体体现。这样来进行教学安排，符合学习者的特点和需求。"从学习目的和学习动力来看，在初级阶段进行成段表达的训练符合学生的求知欲望……尤其是在过了最初的简单的语言关后，他们迫切希望能直接跟中国人进行交流，迫切需要了解中国国情、中国人的现状以及有关中国文化方面的知识，因而对口语课上成段表达能力的训练热情很高，能保证这一教学环节顺利进行。"（李小丽，2001：39）如果仅仅在初级阶段对学习者进行单句的教学不能满足他们的交际和学习需求，不利于他们交际能力的培养。"由于他们学习汉语的初始动机与实际目标相距遥远，加之动机在学习过程中会不断更新强化，如果在整个初级阶段只满足于训练单句表达和会话，就会降低学生的学习兴趣，影响教学效果。"（李小丽，2001：39）实际上，汉语教学的实践也证明了在初级阶段进行语篇表达能力教学的可行性，尽管这种教学并不能使学习者达到长篇大论程度的表达水平，但至少可以改变通常对初级会话教学只是简单对话的误解，使学习者至少可以获得进行一定篇幅口语表达的能力，以及更为重要的建立在语篇表达基础上的交际互动能力。

5.2.3.3　会话语篇结构在培养语篇表达能力中的作用

由于口头交际对于互动性的要求，会话并非仅靠单句就可以完成表达，会话本身也能构成复杂的会话语篇，本文前边的章节有关会话语篇结构的论述，也都已经证实了这一点。"从单句到完整的话或完整的作品之间有一个很大的距离，不给学生任何台阶就想让他们跨过这段距离，恐怕会有相当的难度。这也许就是学生在成段表达方面存在问题的症结所在。"（张宝林，1998：109）要想使第二语言学习者有能力完成一段完整的、有始有终的会话交际，并且在会话的开头、发展和结尾部分都能够有能力进行表达，就需要加强会话语篇结构的教学。在课堂教学和教材编写等重要环节，都要有意识地把会话语篇结构的教学考虑在内。教材编写者要在编写口语教材时提供目的语会话语篇结构的范本，以便学习者可以在学习的过程中有机会感受、领会汉语会话语篇结构的特点，以便更好地掌握这些特点，提高语篇表达能力。

第二语言学习者语篇表达能力得到提高，达到一定的水平以后，就会建立起一种对目的语语篇整体上的感觉。这种感觉是积累的结果，要经过学习者对目的语语篇的组成部分和整体结构有了充分的感受和理解，并且经过反复的实践以后才能够形成。"语篇感，顾名思义是对语篇的敏锐感觉。我们认为，语篇感生成的基础是人的认知模式。它是主体对各种言语表达式、语篇衔接方式、语篇连贯及转换、调整机制的长期揣摩、积淀的结果，而且是一种融会贯通式的积累。就其形态结构而言，它又是由许多敏感程度不同的、有待激活的节点构成的一个纵横交错的网络系统。"（孙雁雁，2006：44）对目的语语篇结构特色的整体性把握，能够帮助学习者顺利地建立起语篇感，也是第二语言课堂教学和教材编写的重要责任和努力的目标。这种语篇感的形成，只依靠对语篇各个组成部分的掌握还是不够的，把这些局部的组成部分结合成为一个整体的表达能力更为重要，否则这些局部性的语篇组成部分也不能充分地发挥出它们的作用，交际互动也难以形成。

对语篇表达能力的培养，不能仅仅满足于词语和句子的教学，而是要特别重视对会话语篇结构的教学。"语篇结构模式的训练将使学生逐渐形成口语表达的固定化程序，这种程式化的产物尽管刻板，但比较规范，使学生能在尽可能短的时间内'生成'出结构完整的表达框架。"（龚常庚，2000：66）所以，可以认为语篇结构的教学对于提高学习者的语篇表达能力具有不容忽视的重要作用。

5.3　会话语篇结构在口语教材编写中的重要作用

5.3.1　汉语课堂教学和教材编写的实践要求重视会话语篇结构的作用

5.3.1.1　汉语口语课堂教学提出重视会话语篇结构的要求

在初级阶段的口语教学中，词语和句式的教学已经得到了一定的重视，但是语篇结构教学的重要性才刚刚被认识。"初级阶段应该是在头脑的语言网络中建立起目的语的词语和句子形式的众多结节，因为只有储存一定数量的语言材料才能在表达时进行提取。可见，储存有关词语和句式是口语教学的基础。"（徐子亮，2004：192）词语和句式并非不重要，它们可以在口语表达之中，起到有如砖瓦一般的作用。但是这些语言材料如果要成为可提取性强的，那么储存的时候就要把它们与运用相结合，与更大的语言结构单位相结合，而非是孤立地、静态地去死记硬背。词语和句式只有和语篇结构联系起来学习，其用法才能够有效地被学习者掌握。

而且，会话语篇的结构有自己的特点，与词语和句子有所不同。从语篇分析的角度进行的研究，已经发现了会话语篇结构的许多特点，而从心理学的角度对于交谈者会话时的言语行为进行分析得出的结论，也印证了语篇分析研究会话语篇结构得出的结论的正确性。"对于会话型语篇，心理学家主要从：参加人如何轮流说话，如何开始一段话，如何结束一段话等三个方面来考察。这里牵涉到三种与口语直接相关的话语，即承接性话语，施为性话语和叙述性话语……会话实际上是这三种话语❶的灵活运用。"（徐子亮，2004：200）这段引文中涉及的"三个方面"，实际上是语篇表达的话语结

---

❶ 对于三种话语，该学者在此文中解释其含义为："承接性话语是说话人依据对方的话题作出原则性反应的话语（如'可不是''哪里''没事儿''没错儿''你瞧你''怪不得'等），意在初步表态，把对方的话题接过来，然后述说自己的想法。施为性话语是说话人传递自己话语行为的期望和意图的话语（即不同表达功能的话语），如断言、提问、警告、命令、请求等。叙述性话语是说话人述说事件、见闻、体会等内容的话语，有列举、介绍、解释、说话、溯原因、谈效果、下结论等。"（徐子亮，2004：200）

构、话语过程。文中提及的"三种话语"，实际上是语篇结构中的话语类型（从功能角度的分类），它们也会显性地体现在语篇结构上。"施为性话语和承接性话语常结成相邻对子，如问—答，打招呼—打招呼，建议—应对，断言—认可，表扬—反应，请求—承诺等，构成了轮流说话的会话型基本形式。相邻对子中间还可插入叙述性话语，以展开话题。"（徐子亮，2004：200）

培养学习者的交际能力，是第二语言口语教学的主要目标，要完成这一教学的主要目标，会话语篇结构方面的教学也是非常重要的。在交际能力的培养中，有学者提出了培养学习者掌握目的语话轮转换能力的必要性。"如何培养学生的交际能力呢？话轮转换系统理论告诉我们，要成功的进行交际，只靠语音、词汇、语法的知识是远远不够的，外语学习者还必须掌握话轮转换的功能。"（李悦娥、范宏雅，2002：29）在教学中如何具体进行操作呢？"在课堂教学的过程中，教师除了教给学生一定的语法知识外，还要重视学生话轮转换技能的培养，让学生掌握话轮转换的规则和机制，懂得如何开始和结束说话，如何使自己的谈话不被别人打断，如何在会话过程中运用各种非言语手段等。"（李悦娥、范宏雅，2002：29）话轮转换能力在口头交际中起着十分重要的作用，而第二语言学习者如果不能掌握目的语话轮转换的特点，则会在实际的交际中无法获得发话的机会，即使得到了这样的机会也无法及时地进行应对。

目的语的话轮转换的能力也不能仅仅依靠学习者在目的语环境自然习得，而是要在语言教学中有目的、有计划地进行培养。掌握目的语的话轮转换系统，就是要会使用，而非仅仅只是知道、了解而已。有学者对于展开话轮转换技能的教学程序，提出了一些建议。"我们可以根据里特伍德（Littlewood）的分类，将培养外语学习者话轮转换技能的教学程序归纳为：①交际前活动——结构活动，准交际活动；②交际活动——功能性交际活动，社交活动。在学生进行会话之前，首先，教师应该让学生熟悉各种话轮类型以及进行话轮转换时所惯用的词语或句法结构。"（李悦娥、范宏雅，2002：20-21）

教学的第一步当然是要使学习者了解，要在课文中充分展示出目的语话轮转换系统的各种特色和类型。但是不能停留于此，要以课文的展示作为基础，进行反复操练，课文的展示实际上也提供了操练的最佳样本。让学习者了解和熟悉在会话语篇中话轮转换的具体应用条件和环境，是为了下一步在展示之后，使学习者能够模仿，练习和运用。样本在第二语言的学习和教学中具有重要的作用，因此对于作为样本的口语教材课文的编写应当加以重视。

目的语话轮转换系统的有关内容，只是会话语篇结构之中的一个方面，语言表述中的话语输出，实际上是一个复杂的过程。"从头脑的意念到说出话语，其间有三个连续的阶段：话语计划、话语建构和话语执行。也就是说，说话者的头脑（言语中枢）里必须先计划好说话的内容，即心理码，然后把话语内容转换成语言形式，即语言代码（包括语音码和语形码），最后由语音码指令口腔肌体执行，说出话语。"（徐子亮，2004：197-198）语言形式层面的一些语言结构单位只是一个话语表述所有涉及因素当中的一个部分，而且语言结构单位还需要经过表达者头脑中的"转换"才能在话语表达时使用，并不能直接使用。

另外，会话当中的话语表达，也不仅仅是一种单方面的输出。"会话性口语，有说话双方的协调问题，制定计划时要考虑这样一些因素：①说话内容符合听话人的知识；②说话人和听话人都遵循合作原则；③谈论的事件、状态、事实，都可从现实中去理解；④使用的词汇适应一定的社会语境；⑤可供采用的各种语言手段（如修辞法）和非语言手段（如身势语）等。"（徐子亮，2004：199-200）会话交谈双方的交际互动的因素，对于会话交谈的顺利进行和话语表达的最终完成，都有着重要的作用。

在第二语言的口语课堂教学中，会话教学的许多方面实际上都要涉及会话语篇的结构问题。这是因为会话语篇的结构涉及或者说控制着会话交际中话语表达的许多方面，因而在会话教学中，会话语篇结构的许多方面都要起到重要的作用。"会话性训练，课堂上注重的是一般的会话规律：即如何开始会话，练习用称呼式、提问式、介绍式、启发式等提出话题；如何轮流说话，练习用毗邻应对、轮流问答方式控制和展开话题；如何结束会话，练习用建议、提醒、道谢、告别等方式转换话题或结束话题。"（徐子亮，2004：200）对于会话教学中所涉及的这些方面的教学内容和教学任务，如果不加以重视，就会对学习者的目的语会话交际能力产生不利的影响。

语言教学中所面临的许多问题，特别是提高学习者交际能力的重要教学课题，使得许多第二语言教学者和教学研究者为此进行了多方面的探索。例如，功能教学法的提出，主要就是想解决交际能力培养中语篇表达能力掌握的问题。"所谓功能法，就是以语言的交际功能为纲的一种教学法，它所研究的不是语言符号本身的规律，不是静态的语言含义描写，而是人们在社会中使用语言的规律，是语言受人类社会影响所产生的各种变异因素，即语言受使用环境影响所产生的各种变异。我们认为，这种'变异'就是'话语'和'篇章'形成的规律，即语篇规律。语篇规律是一种动态的，使用语言完成交际任务的规律，它不是任何句法规律所能替代的语用规律。"（赵燕皎，1998）功能教学法关注"语篇规律"，实际上必然涉及语篇的结构规律，这是因为语篇结构规律在各种功能的理解和表达中占据着重要的地位，有着不可忽视的重要作用。

5.3.1.2　教材编写的实践也要求重视会话语篇结构的作用

目前的许多汉语初级口语教材，在课文情景的设置和语篇结构类型的编排上，并没有经过充分的调查和科学的研究，所以无法避免课文编写的随意性，在会话语篇结构的编排方面也缺乏合理的安排。这样编写出来的教材，缺乏科学的依据，会对学习者的口语交际能力的培养带来不利的影响。

学习者学习到的教材内容并没有经过科学的设计编排，那么在所学的教材内容缺乏类比性和可扩展性的情况下，学习者无法在交际实践中顺利地加以运用。这种问题有学者早已提及："以前口语教材大多是随意选取较为常见或者较实用的会话情境来编写。这样编写的教材，不可能将人们日常所进行会话类型全部包括进去，所以学生只能是知其一不知其二。遇到课文中没涉及的情况（因为这种情境是无穷无尽的），他又不知该怎么办了。"（刘虹，1995：40）学习者如果出现了这样的问题，原因恐怕主要不能仅仅归之于是他们的学习能力不强，或者是课堂教学的效果不够理想，而主要首先是教材编写方面出现了问题。如果教材的内容不够典型、实用，整体结构的安排不够合理、科学，那么学习者必然对教材中的学习内容难以扩展、应用。

解决问题的出路就在于，对会话语篇结构的各种类型进行系统的研究，在制订教材编写大纲时就可以有科学的依据。教材的编写大纲如果是建立在对语篇结构进行了分类研究的基础上，一方面可以避免教材编写者的盲目性、随意性，另一方面也可以使教材的编写设计把主要的、典型的语篇结构类型都覆盖到，不出现大的遗漏。在这方面如何展开具体的操作，有学者提出了设想："如果我们能将汉语日常进行的任何种类会话分门别类地系统地加以科学的分类，并且在大量实际调查的基础上归纳出每种类型会话的结构框架，以及每个小环节所使用的话语功能类型，归纳出每种话语功能类型的语句表达形式……"（刘虹，1995：43–44）对使用频率的研究，也应当包括各种不同类型的语篇结构框架，应当对自然口语中的语篇结构类型进行统计调查，然后依据课堂教学和教材编写的需求，有计划、有选择地依据轻重缓急，安排进口语教材的会话课文之中。

如果在口语教材中能够充分展示出汉语会话语篇结构的特点，就可以使学习者能够有条件输入这些有关的内容，为表达时的"输出"建立起一个良好的基础，从而使交际互动成为现实。"朗（1983）认为要使输入变得能被学生理解，有三种途径；第一、使用学习者已掌握的词汇、词语结构；第二、依靠'此时此地'（here and now）的语言语境（linguistic context）和情境语境（extralinguistic context）；第三、师生进行意义协商（meaning negotiation），并且认为第三种途径尤为重要。"（李悦娥、范宏雅，2002：20；Long & Sato，1983）如果话语表达者想要使对方理解自己的话语，使交际能够形成交流互动，能够展开和延续下去，也必须依靠和通过这三种途径，因此对涉及进行意义协商的这种互动性的语篇结构的建立，交际互动在教学中的作用尤其应当引起重视。

语篇教学并非只是让学习者了解一些概念，而是通过实例来展示汉语话语表达的特点。系统性地展示出各种类型的会话语篇结构在汉语的话语表达中的面貌，也是教材编写者的重要责任。有学者提出，"只有那些具有汉语特色的语篇规律才和对外汉语教学有密切的关系，才有针对性和实用性，可以直接为当前的教学服务。"（赵燕皎，1998）但是，教材编写者不能只盯着带有汉语话语特色的会话语篇结构，当然可以在教材中突出汉语的特色，然而在教材中，更应当关注和呈现汉语会话语篇结构各个方面的情况，使学习者能够全面地体验、学习到完整的各种类型的汉语会话语篇结构的话语表达方式。要展示出在各种情况下的汉语话语表现，教材编写者因此要注意能够使教材覆盖全面。

从会话语篇结构的角度来考察目前的汉语口语教材会话课文的编写情况，我们会发现汉语口语教材的编写已经取得了很大的成绩，许多教材出色地、巧妙地展现了汉语会话语篇的结构特点，为学习和教学提供了良好的基础。但是在不同的教材之间，以及同一部教材的各篇课文之间，在语篇结构的编写方面还存在着编写水平参差不齐的情况。这也说明，对会话语篇结构的重要作用的认识尚未成为编写者的自觉意识，尚未充分地将其应用于教材编写的实践活动中去。汉语初级口语教材的编写成果中，还存在着这样那样的问题，其中在会话语篇结构方面的编写问题也是不容忽视的。例如，在有些会话教材课文的话轮之间的关系处理得不是十分周全，从而使整体语篇结构的设计出现了问题。

例5.6

A：你在干什么？	T_1
B：我在听音乐。	T_2
A：你喜欢听音乐？	T_3
B：对，我最喜欢听音乐。你喜欢什么？	T_4
A：我喜欢打篮球，踢足球。你喜欢不喜欢？	T_5
B：对不起，我一点也不喜欢。	T_6

——陈光磊（2000：11）

除非在电话交谈中，可以出现这样的对话，否则面对面交际时，话轮T_1有"明知故问"之嫌，缺乏交际中实际应用的价值。话轮T_3中的问题也没有交际意义，不合乎逻辑。不喜欢的事情难道还会去做吗？这也是明知故问，没有实际的交际使用价值。

例5.7

A：你真用功，又在听课文录音了？

B：不，我在听音乐。

A：听哪国音乐？

B：中国音乐。

A：你都喜欢哪些乐曲？

B：喜欢二胡独奏曲，如《二泉映月》《光明行》等。你喜欢中国音乐吗？

A：我也很喜欢。我特别喜欢江南丝竹调和广东器乐曲。

……

——朱旗（1985：151）

　　这段课文里的对话，有交际意义，而不是明知故问。说话者 A 在话轮中对说话者 B 正在进行的行为，按照对方是第二语言的学习者通常概率比较高的行为多是"听课文录音"进行了判断，结果出现了判断失误。这样的判断失误在口语交际中并不鲜见，这样就使得会话课文有比较实际的交际意义，在交际中的实用性也比较强。

　　对比例 5.7 和例 5.6，可以发现在话轮的编写和话轮之间关系的处理上，不同教材之间存在的差异。这也给予我们重要的启示，在编写口语教材时编写者如果关注会话语篇的结构问题，并且在这个方面处理得好，就可以带来教材编写的改进，从而提高教材的编写水平。

　　有些口语教材的会话课文，没有注意整体设计的问题，因此在会话语篇的结构上出现了前后矛盾的情况。这样，也就影响了会话语篇内部的连贯性和会话语篇结构的整体性。

　　例 5.8

A：今天上海足球队跟哪个队比赛？　　　　　　　　　　　T_1

B：北京队。　　　　　　　　　　　　　　　　　　　　T_2

A：上海队能赢吗？　　　　　　　　　　　　　　　　　T_3

B：上一场比赛上海队输了。　　　　　　　　　　　　　T_4

A：可是今天是在上海比赛，上海队一定能赢。　　　　　T_5

B：那不一定，不过今天的比赛一定会非常精彩。　　　　T_6

——陈光磊（2000：99-100）

在话轮 T_5 中话语表达的是一种确定无疑的看法，这样就与话轮 T_3 中所表达的疑问性话语内容，产生了矛盾。这样就产生了课文内部前后话语之间的冲突，使话语的连贯性和语篇的整体性都受到了影响，对学习和教学中的使用也会产生不利的影响。

例5.9

A：告诉你一个好消息。 T_1

B："好消息"？ T_2

A：今天下午学校放映电影，是新片子，你看不看？ T_3

B：什么片子？ T_4

A：中国和日本合拍的故事片。 T_5

B：是黑白片还是彩色片？ T_6

A：是彩色宽银幕故事片。 T_7

B：看是想可，可是我没有买票。 T_8

A：已经给你买了，座位很不错，15排3座、5座。 T_9

B：几点放映？ T_{10}

A：下午一点半。一点二十我在大礼堂门口等你。 T_{11}

B：好的，谢谢你。 T_{12}

A：不谢。 T_{13}

——朱旗（1985：144-145）

在说话者A的话语表达中，话轮 T_3 的话语内容还是在征求对方的意见，但是到了话轮 T_9 却说"已经给你买了"。当然，这种主动提供是一种担心给对方的接受造成负担的一种客气的表述方式，但是，这种主动的提供似乎是事先料到并确定对方一定要看电影，并且有可能接受所提供的电影票，因此才提前就已经给对方买好了。可是这样一来，话轮 T_9 的言语行为带有强加给对方的嫌疑，而更为重要的是，话轮 T_3 与话轮 T_9 的表述产生了矛盾，因而，在语篇结构的连贯性上也出现了一些问题。话轮 T_3 在征求对方的意见，可在话轮 T_9 却说已经买了票，那么话轮 T_3 的表述就不是真实的征求，有不尊重对方的意志的嫌疑，可能到最后会使交谈对方，尤其是不了解汉语交际习惯的汉语学习者，会产生被欺骗的误解，使本来是积极主动地提供给对方一种好处，却没有达到应有的交际效果。

在编写教材时，应当注意话轮之间的关联性，这样才能够形成语篇的连贯性，也才能够使学习者使用教材进行学习和教学者使用教材进行课堂教学时能够顺利地进行，不至于受到教材编写中出现的问题的不利影响。

5.3.2　汉语初级口语教材的会话课文语篇结构应适应教学的需要

在对口语表达进行的心理学研究，已经总结了口头话语的产生过程："口语的产生过程，实际上包含着接收—辨识—理解—储存—反应—提取—整理—编码—发送—传播等一系列的心理活动的组合。"（徐子亮，2004：192）这里所描述的是口语产生过程中，由各个心理活动环节组织在一起所形成的一个完整的过程。从这里也可以看出，口语表达话语的产生过程，是一个复杂的心理过程，同样也是一个复杂的语言使用过程。学习者话语表达输出能力的培养，是第二语言教学中艰巨的任务，因此课堂教学和教材编写就更应当起到积极的作用。第二语言学习者口语表达能力的培养，只依靠他们自身的努力难以快速、高效地达到目标，更多地需要依赖外在的指导和辅助的条件。教学的重要作用，在口语交际能力的培养中有着突出的表现，教材的编写就更要为充分发挥教学的重要作用提供良好的条件。

在从认知的角度对口语教学进行研究时，有学者发现仅仅学习陈述性的表达知识不足以获得口语表达能力。"从头脑词库中提取词语，固然是口语形成的重要因素，但断续的、零星的、孤立的词语只能表示一些简单的概念，不能形成命题，必须把离散的词语按照一定的语法规则加以整合，生成句子，组织成一定的连续的语流，才能充分而有效地表达出头脑中的意念。课堂学习到的生词、语法术语和句式等，只是一种陈述性知识，它只能起辨认和分析的作用，不能马上产生句子，一定要转换成程序性知识，才能生成语句。"（徐子亮，2004：194）与口语表达有关的"程序性知识"在学习口语表达时起着重要的作用。"所谓程序性知识，是在陈述性知识的指引下，根据词语概念和语法规则，为程序建立命题表征，建立起一个产生式以表示动作的每一步。"（徐子亮，2004：194）这种程序性的知识，体现在表达的话语层面上，就会形成一种"生产式"，如果表现在口语表达最终的语言成果上，就会形成结构性的语篇。从另一个角度来分析，我们也可以发现，在语言教学中应当重视这种"程序性知识"所体现出来的"生产式"。从语篇分析理论的角度看，也就是"语篇结构"。

为了提高第二语言教学的效率，达到更好的教学效果，语言教学研究的学者们进行了长期的、多方面的探索，总结出了许多教学方法，形成了许多教学流派。功能法、交际法盛行一时，近期又提出了任务型教学法。在任务型教学法中，任务的设计是十分重要的，可以说是该教学法的核心。"仅从任务的设定来看，至少就有两方面的教育学考量。第一，这个任务必须是适当的，符合学习者目前第二语言能力的现实，他可以进行有意义的信息输入和输出；第二，这个任务必须可以使学习者在有意义的交际活动中最大限度地了解语言规则、获得编码能力。因此，单纯地应用情景、话语分析的语言描写并不足以恰当地设定任务，更不用说其他。"（祖人植，2002：573）可以看出，在交际任务的制定与设置的过程中，交际任务能够通过提供有意义的交际活动从而有助于学习者获得编码能力，是尤为重要的。实际上，无论是提供有意义的交际活动还是帮助学习者获得编码能力，都离不开会话语篇结构能够起到的重要作用，而且任务的完成更需要依靠语篇结构才能够实现，没有语篇结构作为表述的基础，完成交际任务时的话语表达将处于盲目、自发、无序的状态，生成的语篇将会"杂乱无章"，交际任务的完成质量将受到很大的影响。任务型教学法中的话语表达对语篇结构的要求更高，对教材中所展示的目的语语篇结构的要求也更高，因此口语教材的编写者应当更加重视课文的语篇结构的编写，以使之能够适合完成交际任务的需要。

汉语初级口语教材会话课文在语篇结构的编写方面表现出来的一些问题，会更为清楚地显示出，使会话课文的语篇结构适应教学需求的重要性。

例5.10

A：你是什么时候到上海的？

B：上月25日。

A：这次来中国学习多长时间？

B：六个星期。

A：你的学习几号结束？

B：本月28号结束。

A：你们去外地旅行吗？

B：去。星期三去苏州，星期四去杭州，星期天回上海。

A：你们什么时候回国？

B：下月5号。

A：到那天我去送你。

B：不敢当。

——朱旗（1985：45）

　　这段口语教材会话课文当中的对话，像是说话者A对对方说话者B的盘问一样，缺乏交谈双方之间的交际互动。汉语口语交际的丰富性，表现在语篇结构方面的灵活多样等，在这段会话课文中都没有能够有效地展示出来。这种表现在会话课文语篇结构设计上的问题，也会对教材课文的实用性、趣味性带来负面的影响，因而也会给学习和教学的使用带来很大的问题。

　　汉语初级口语教材的编写应当以交际能力的培养为目的，对教材从会话语篇角度进行编写设计的考虑能够为完成交际任务打下良好基础，教材所提供的语篇结构框架可以使学习者掌握语言实践的模式，并且能够在此基础上走向实际应用，从而顺利地完成交际任务。如果在教材课文的会话语篇结构编写方面出现问题的话，也会影响到交际任务的完成与交际能力的培养，会使学习者的话语表达缺乏语篇结构方面的基础。

第六章

结 论

6.1 研究汉语初级口语教材会话课文语篇结构问题的应用价值

本书的研究在有关会话语篇结构的具体内容上并非没有理论支撑，但从总体上看是一种实用性研究，更注重对教材编写实践的指导意义，以及对教材编写操作的指导作用。细化的、具体化的编写操作指导，对于教材编写更具有实用性的参考价值。可以说，本书的研究是一种教材编写的实用性研究，而并非是理论的探讨，研究的结果也不追求能够纳入某种理论的框架，但对于编写教材具有实效性的作用，是面向汉语教学实践的研究。本书的研究并非纯理论的研究，而是有关的语篇结构分析理论的应用性研究，是对语言现象的规律和教材编写操作规律的探索。

6.1.1 会话课文语篇结构的合理安排是会话课文编写的基础

对语篇结构进行分析研究，可以使口语教材会话课文的编写在语篇结构上得到控制。这种结构控制并非是要使口语教材的编写形成固定化的模式，而是可以保证在会话课文中各种话语表达基本结构类型都得到全面的呈现，从而使一部教材各课之中的会话语篇的整体安排趋向合理，也趋向变化与丰富。这也是避免课文编写的盲目性、增强各篇课文总体的系统性，最为有效的重要措施之一。如何选择语篇结构要素并把它们组合起来，要视教材编写的具体情况而灵活掌握，要根据学习者的学习需求，以及教材编写的目标和需求来掌控。

语篇分析理论有关会话语篇结构的许多研究成果，对于编写口语教材的会话课文有重要的参考价值，但是语篇分析理论的许多研究针对的是自然口语交际，其研究对象与本书有所不同，因此，其研究结果也不能全盘照搬到与本书有关的汉语教学领域。汉语教学中的教材编写问题，是一个有自己特殊性的研究领域，可以吸收其他相关领域有益的研究成果，但是仍然要依靠本学科的研究进展来解决所面临的问题。"教材可以语言描述为基础编写，但编写教材是一种专业工作，与语言描述不完全是一回事。"（张德禄等，2005：32）在口语教材会话课文的编写问题上，也同样有许多问题不能依赖其他学科的研究成果，因为在学科之间有许多差异，这些差异也会表现在有关的研究成果不能完全适用于另一学科领域的情况上。在编写口语教材时，所采用的话语与自然话语必然有所差异，这一点会表现在许多方面。比如，话语的流畅性问题、交际中话语的重叠、重复问题、话语歧义的问题、交谈者的角色设置问题等。

第二语言教材课文中的语言，应当注意保持一定的流畅性，因为这样会在学习和教学中使学习者所接触和使用的都是流畅的目的语话语。但是有时在母语使用者的实际交谈当中，为了考虑措辞，也会字斟句酌，此时也会影响话语的流畅度和自然程度。例如，外交官的话语（外交辞令），特殊用途的汉语（CSP）等。但是，在言语交际中的这些情况都属于特殊的情况，并不能成为影响口语教材课文流畅性的原因。而且汉语初级口语教材的课文内容多数是有关日常生活的话语交际，交际的实用性和汉语表达的流畅性，应当成为教材编写者首要关注的目标。

尽管口语教材中会话课文的编写要以目的语会话交际为依据，但是教学的要求又使得会话课文不能等同于自然交际中的口语。由于口语教材的课文是教学过程中模仿和操练的对象，因此实际口语交际中经常出现的重叠、重复等话语交际现象一般不宜出现。这也会使得课文的语句形式过于规整，易于造成口语教材会话课文编写得不够自然的印象。但课堂教学和教材编写时所用的话语，必然与自然交际中的有所不同，完全模仿照搬自然口语难以适合开展教学的要求。口语教材会话课文，反映的是教材编写者心目中比较理想的汉语交际者的会话情况，是一种主观的构拟，依据的是教材编写者本人的母语会话经验和教学经验，并基于教学的要求而进行过滤等思考工作之后的一种撰写，不是直接采用实际交际中的自然话语。

初级汉语教材中的交际话语，应当是消除了歧义的话语。实际生活中的会话，因表达或理解中的一些原因，会导致话语意义会出现歧义的情况。但是在初级教材的编写中一般是要力求避免出现这样的歧义现象，以免初级水平的学习者在学习时遇到障碍，或者在使用时出现误用、迷惑的情况。

口语教材会话课文中交谈者的角色设置问题，也是一个难以处理的棘手问题。留学生谈论自己的生活，用汉语表达方式的话语，这本身就是有矛盾之处，不真实之处，但是，这又是学习者的目的语水平以及教学的需要和要求所决定的。这里追求的目标是语言的地道性和表达内容的近身性，目的是要像母语使用者那样进行交际，但是交际的内容又与母语使用者有所不同。这里既有学习者生活内容和表达内容的差异问题，也有文化差异和语言水平落差的问题。如何处理，是需要教材编写者认真考虑的。

至于在会话语篇结构方面，这种口语教材中的话语与自然交际中的话语之间的差异性也有许多表现，应当引起教材编写者的关注。教材编写者应当把教学的需求作为编写取材的标准，而不是只为了顾及教材中的话语的"真实"、"自然"而放弃对教学适用性的追求，对汉语会话语篇结构的表现处理，通过合理的设计安排，在教材的课文中全面地呈现出来。

6.1.2 重视会话语篇结构是提高会话课文编写质量的重要途径

本书作者从对口语教材编写的研究和自身编写口语教材的实践中，深深体会到教材编写，尤其是教材编写创新之路的艰难。就口语教材的编写而言，目前的编写成果，有些口语教材已经取得了不错的成绩，但是依据的是一些国外流行的教学理论和教材编写思路，例如依据功能教学法、任务型教学法所编写的教材；有些汉语教学界反复提出和研究的教材编写思路，在汉语口语教材编写领域尚未取得佳绩，例如交际教学法、"结构—功能—文化相结合"的教材编写路子等，还无令人十分满意的成果。汉语教学界对教材的编写也力求开启创新之路，在有些方面已经有了新的方向和思路，但这些新的分析和研究思路尚未受到重视，因此也更无法在具体的编写中落实。从有了创新性的编写方向和思路，到在具体的教材编写实践中落实，其间还要经过一个复杂的过程和许多中间环节，还要面临解决操作方面的许多具体问题和克服许多具体的障碍。教材编写是创造性的工作，有时常常是无所依凭的，所以其难尤甚。要想通过创新提高教材的编写水平，其难度就更大。

口语教学不应当依赖语法教学，要有自己独立的课程目标和教学目标，编写的教材也要适应这种特有的课程和教学目标，有自己的特性，从而也可以形成不同于其他教材的自身的特色。

语篇结构分析的有关理论和研究成果，既有整体性的宏观结构，又有微观性的结构要素，这样就形成了课文会话语篇在结构组合方面宏观与微观相结合的多样化手段。编写渠道和编写方式的丰富与多样化，可以使教材的编写有步骤、有层次、有序地进行，可以保障教材编写针对性的实现。语篇结构方面的因素是易于检查的、显性的语言方面的因素，是教材编写者易于把握、易于实现的，因而也可以保障编写意图的实现和编写质量的控制。

对语篇结构分析有关理论的掌握和运用，是口语教材编写优化升级的重要途径，可以使编写者依据课程的特性和教学目标，充分发挥课程的优势性特点，充分展现出汉语口语会话在语篇结构方面的特点，从而使教材的编写能够多样化，避免趋同，使整部教材各篇课文的编写成果形成一个有机、协调的整体。

把握课文编写的语篇结构，不会带来教材编写雷同化、模式化、单调化的不良后果，不会以树立样板的方式使教材的编写定于一尊。因为语篇结构方面的编写手段是十分丰富多样的，这些手段的组合配套方式也是丰富多样的，会带来整体语篇结构的多样化。而且，还可以避免教材编写者只依靠感觉、依靠感性经验来编写教材所带来的不可靠性，可以使教材编写者依据对汉语会话的语篇结构规律和汉语会话特点的把握，以理性化的思考和丰富多样的操作手段，合乎汉语语篇结构规律地进行编写。目前口语教材课文的单调感，是因为语篇结构的多样性展示得不够充分，语篇结构分析的许多研究成果尚未运用于教材编写的实践之中。

把语篇的结构要素以灵活的手段与课文内容相结合，在课文中组合起来，扩大和丰富了教材编写的手段和内容，同时在教材评估时也具备了控制和检查课文编写的手段。这些手段既是教材编写和评估时带有必要性的手段，也是一种保障性的手段。这样，可以使教材编写者有意识地调控、修改已经编写的课文，也可以使教材的教学使用者在备课、上课等各个教学环节中，对课文进行分析和处理时，在语篇结构方面可以有所依凭，增加并丰富了对课文进行分析和教学的手段。对语篇结构的研究为核查汉语初级口语教材课文编写的质量，为改进和丰富会话课文编写的手段也可以提供一些帮助。

语篇结构分析，使教材编写者既可以有明确的语篇结构意识，同时也有了具体的编写操作手段；还可以使课文会话语篇编写的运思既不是盲目的，又不是随意的，可以带来编写操作的规范化，可以避免课文的编写质量出现忽高忽低、参差不齐的不稳定状况。

语篇结构分析所带来的编写手段的丰富多样，可以使编写者能够依靠的编写资源更加丰富多样，使整体的编写运行有了多方面的、立体的参考资源体系。这样，可以帮助教材编写者树立语篇结构意识，更好地利用语篇结构方面的编写手段。使教材编写者不单关注从内容方面搜集编写素材，也关注教材编写素材的语篇结构的特点和代表性。

6.1.3 汉语教材与自然会话中会话语篇结构的区别应引起注意

语篇分析理论有关会话语篇结构的许多研究成果，对于编写口语教材的会话课文有重要的参考价值。但是语篇分析理论的许多研究针对的是自然口语交际，其研究对象与汉语教学研究有所不同，因此，其研究结果也不能全盘照搬到汉语教学的有关领域。汉语教学中的教材编写是一个有自身特殊性的研究领域，可以吸收其他相关领域有益的研究成果，但是仍然要依靠本学科（汉语教学研究学科）的研究进展来解决所面临的问题。在口语教材会话课文的编写上，也同样有许多问题不能简单地只依赖其他学科的研究成果，因为在学科之间有许多差异，某学科的研究成果必然不能完全适用于另一学科领域，因此需要在参考其他学科研究成果的基础上，独立进行学科自身有关课题的研究。

在编写口语教材时，所采用的话语与自然话语必然有所差异，这一点会表现在许多方面。例如，话语的流畅性问题、交际中话语的重叠、重复问题、话语歧义的问题、交谈者的角色设置问题等。教材编写者因此要注意口语教材中的话语与自然会话的区别，如果把自然会话直接搬用到课堂教学和教材编写中必然会带来许多问题。

在会话语篇结构方面，同样在口语教材与自然会话之间也有许多差异性，这一点应当引起教材编写者的关注。通过本文的研究可以发现，自然会话中的许多常见的语篇结构现象并不适合在教材里出现。这些不适合在口语教材中出现的语篇结构现象，可以分为两个方面：一方面，教材会排除、过滤自然会话中一些不适合课堂教学的语篇结构现象；另一方面，自然会话中一些重要的语篇结构现象在编写教材时并无相应的重要性。

首先，课堂教学时讲练的需求，会限制一些自然会话语篇结构现象在教材中出现，例如，话轮中的"反馈项目"❶、"附属话轮"❷，话轮转换时的"重叠"、"停顿"和"沉默"等现象。这些会话语篇结构现象不适合（"反馈项目"、"附属话轮"、"重叠"等）或者不需要（"停顿"、"沉默"等）在课堂教学时操练。这些语篇结构现象在培养第二语言学习者的交际能力过程中不能起到重要的作用，有些语篇结构现象（如"重叠"、"停顿"和"沉默"等）也无需专门培养，可以通过自然习得或第一语言类似情况"转移"到第二语言来掌握。

---

❶ "反馈项目"有学者定义为："反馈项目是由听话者对说话者所说的话的反应形式，"包括言语性（典型的有"嗯"、"噢"、"啊"等）和非言语性（主要有点头、眼神和面部表情等）的两类。（刘虹，2004：52-53）

❷ 对"附属话轮"有学者提出的定义是："附属话轮即指那些在会话过程中，有两个人同时开口说话，其中一方马上退出后所形成的残缺的言语形式。"（刘虹，2004：60）附属话轮实际上是半话轮或者说是不完整话轮。

其次，自然会话中一些地位重要的语篇结构现象，在交际能力培养中并不占有重要的地位。例如，电话交谈现象、公共机构交谈❶等。电话交谈固然有其自身的语篇结构特点，但是总体上可以说是日常会话的一种延伸和变形，在会话语篇结构方面与日常面对面会话的区别不大。公共机构交谈与日常习见的会话交谈有很大的不同，在话语内容和语篇结构上都有很大的区别。汉语教学（尤其是初级阶段的汉语教学）主要培养的还是与学习者有密切关系和较强实用性的交际表达能力，公共机构交谈带有很强的特殊性，经常发生在一些特殊的场合，与第二语言学习者发生关系的概率不是很大，在满足学习者的交际需求和表达能力的培养方面并不占有重要的地位。

即使是与汉语初级口语教学有密切关系的一些自然会话中的语篇结构，也并不都能够直接采用到教材中，两者之间在许多方面还是有区别的，在编写教材时要进行取舍加工。

编写者应当把教学需求作为编写教材时取材的标准，而不能只为了顾及教材中话语的"真实"、"自然"，而对口语教材与自然会话中语篇结构的差异不加区分，并且放弃了对教学适用性的追求。

6.2 汉语初级口语教材会话课文语篇结构问题研究的展望

对于教材编写，过去提出过许多编写原则、编写路子，对编写经验也总结了不少，但对编写规律的总结和进一步深入研究，还需要更多地进行，有许多研究领域和研究课题还没有研究者涉足，已经进行的一些研究也有进一步深入的必要。

6.2.1 汉语初级口语教材会话课文语篇结构研究中有待解决的问题

汉语会话语篇的结构规律和特点是以往的研究所比较忽视的，也是比较难以把握的，而难以把握之处正是教材编写质量控制的关键之处，同时也是

---

❶ "公共机构交谈"包括法庭上的交谈、新闻访谈、求职面试、课堂教学、医患交谈、咨询、社会工作、服务场所、听众热线、报警电话交谈、问卷调查等。公共机构一般分为正式的（法庭、面试、采访等）和非正式的（医院、心理诊所、服务场所等）两类。（刘运同，2007：89）

薄弱环节。近年来，应用语篇分析理论探寻汉语语篇特点和结构规律的研究成果越来越多，但是汉语教学研究对这些成果的借鉴和利用还不是很多。本书试图利用有关汉语语篇分析的研究成果，选择了对汉语初级口语教材会话课文的编写问题从语篇结构的角度进行系统的研究，但是本书的研究也只是涉及一部分的研究课题，而且研究也不够深入，还有许多研究任务没有完成，还留有许多有待解决的问题。

在本书的研究中可以发现有许多汉语会话语篇结构的特点，在汉语初级口语教材的课文中没有得到展现。例如，在保持话轮的手段中使用语义重复的语句和总结性的语句、利用话轮中间和末尾的"了"字作为保持话轮的手段、利用总结性的固定话语表达式作为保持话轮的手段；相邻对第二部分中期待的和不期待的反应、相邻对第二部分反应中的"如意结构"、相邻对第二部分对陈述性话语的反应、削弱相邻对两个部分之间密切联系的一些语篇结构方面的手段；完全陌生型交谈者之间的会话开头；隐性连贯在口语教材课文中的表现等。

教材中的这些"缺环"，是教材编写今后要填补的空白和今后要努力的方向，也是本书的研究没有能够结合汉语初级口语教材中的实例加以研究的薄弱环节。这些研究课题也是可以给本书的研究带来深入的一些关键之处，有待于今后进一步努力去发现教材中的实例，并且结合这些实例进行深入探讨。

本书对于会话语篇结构中的各种基本单位和基本结构出现的频率，没有能够进行统计调查。而使用频率的统计调查结果，对编写口语教材时选择哪些会话语篇结构类型、优先安排哪些会话语篇结构类型、以什么样的顺序来安排这些会话语篇的结构类型更加有利于学习者的习得等问题的解决，有着重要的增强编写的科学性的作用，这些问题也有待解决。

实际上，如果要深入探讨和充分说明会话语篇结构在汉语初级口语教材会话课文编写中的作用，还必然应当涉及与会话语篇结构的编写相关的一些因素，例如，与会话语篇结构有密切关系的语境、交际能力的培养、跨文化交际中的言语行为等。但是为了使本书的论述能够集中在主要的论题上，这些相关的研究内容，在本书中没有充分展开论述，而是有意地把它们尽量排除在本书的论述之外，实际上，这些研究内容虽与本书的论题间接相关，但这并不表明他们缺乏研究的必要性和重要性。

本书对于会话语篇结构分析的有关理论，只是从国内的中文出版物间接地获得了一些有限的了解，对于这些有关理论在国外研究的最新进展和最新的研究与应用成果，缺乏第一手的了解。如果条件允许，应当多搜集有关的外文文献资料，了解和借鉴国外有关的研究成果，以使本书的研究视野得到开阔，使本书的研究课题得到深化。另一方面，本书的研究对国内的有关研究成果，也仅只局限于与汉语教学有关的一些研究成果方面。实际上在相关的研究领域。例如，外语教学界对国外有关研究成果的分析介绍、对汉语和外语中有关的语言现象的分析对比等方面，也都有着丰硕的研究成果，对本书的研究论述有着重要的启发作用和借鉴价值。

本书采用会话语篇结构分析的研究角度，也并非力求仅通过这一个研究角度就可以解决所有的汉语初级口语教材会话课文的编写问题。实际上，会话结构分析自身也仅只是语篇研究的一个方面，其研究领域和研究视角的有限性也带来了其研究结论的局限性。"会话分析方法主张'以活动为中心'，但会话分析的重点只集中在'话轮转换''邻近应对'等局部的结构上面，而对由行为组成的范围更广的社会活动过程却没有给与足够的关注。"（王彦，2007：102）要想更好地解决汉语口语教材的编写问题，还需要在更为广阔的领域进行研究，这方面的研究天地也是十分宽广的。

6.2.2 对汉语教材编写问题的研究要适应汉语教学学科的特点

在口语课堂教学和教材编写指导思想上的转变，就会带来口语课堂教学和教材编写上的改观，从而突破教材编写的"瓶颈"，改变徘徊不进的局面，取得口语教材编写的创新性的突破，使教材编写更上层楼。

对教材编写的研究，关注教材编写的指导原则当然也十分重要。但是这些原则不能只是一些空洞的原则，要具备落到实处的可能性，要有与教材编写实践相结合的便利性。而教材编写原则要具有实践性，这就要求这些原则的制定，要以对教材编写实践的认真研究和多方面的了解为前提。

只有教材编写原则是远远不够的，如果要解决教材编写的"瓶颈"问题，提高教材的编写水平，则需要更多的对教材编写具体操作的指导，而且这种指导不能只提供原则，要有可操作性，要具体化。对教材编写指导的具体化，必然要求教材编写有关研究的具体化，从具体的编写实践中，才能发现有具体指导作用的成果。汉语教学研究的学科特性，也要求其研究是具体化的。因为在汉语教学研究中，其研究目的是为了解决汉语教学实践中的具体问题，研究的成果要为教学实践服务，要能够有效地指导教学实践。因此，汉语教学学科是实践性的学科，是面向汉语教学的实际，直接为指导教学实践服务的学科。而且汉语教学的研究对象和研究内容，就是汉语教学实践，而汉语教学又是面向汉语学习的实践性活动，其本身也是一种实践性的活动。学科的实践性，要求其研究要具体化。

尽管在研究中，依照研究对象的形态进行"分类"和总结有关的"规律"也十分重要，但解决实际的问题，面对具体的教学实践则更为重要，是这一学科的本质和灵魂。概括化是人类把握认知对象的一种认知策略和认知习惯，在一般的认知活动中难以避免。但汉语教学和教材编写研究，作为一种科学性的研究活动，应当力避过度概括的情况发生，因为空洞的研究结论，无补于汉语教学的实际。

具体化的研究，可以采用分析性的研究方法，也可以采用整体性的研究方法。从整体性的观点出发来研究问题，同样可以得出科学性的研究结论。

语言实际上不是他人可以教给学习者的，而是主要靠学习者自己的训练才能够掌握。第一语言的习得和第二语言的学习，都是如此。他人只能起到帮助学习者训练的作用。尽管可以进行有效的指导，但是这种指导也要通过学习者的行动才能够起作用。因此，所有的课堂教学和学习材料的编写与准备，都应当向这个方向努力。首先应当努力设法有利于学习者自己进行的训练，其次要考虑如何帮助他们更好地进行训练。"精讲多练"的教学原则，就是依据这一规律而制定。"以学习者为中心"，当然也是如此，其实任何的学习都应当是如此。即使是知识的传授，也要考虑能够使学习者易于吸收这些知识，有所收获，也要注意发挥学习者主动性、积极性。何况是对语言这种实用的交际工具的掌握，就更要依靠训练才能够达到运用的熟练。不排除语言具有知识性的成分，但语言的知识不是语言学知识，不能采用与语言学的学习和教学相同的方法，语言本身主要还是一种思维和交际的工具。

对课堂教学和语言教材作用的有限性应当充分的认识，它们所能够起到的作用也仅限于帮助学习者，不能起到代替学习者自身努力的作用。课堂教学和教材编写也只有在学习者努力学习的前提下，围绕着学习者这个中心发挥一些有限的作用，因其有限，就更应当充分利用和发挥好其作用。

参考文献

[1] 常敬宇. 论言语交际义的表达和理解[J]. 语言文字应用, 1993, (3): 86–92.

[2] 常敬宇. 谈句子的语用研究[J]. 汉语学习, 2001, (2): 29–33.

[3] 陈晨. 对留学生篇章偏误的思考[J]. 海外华文教育, 2004, (1): 69–72.

[4] 陈晨. 培养初步成段表达能力的新型初级口语教材的编写[J]. 海外华文教育, 2005, (1): 67–71.

[5] 陈作宏. 语用分析在第二语言汉语教学中的运用[C]. //丛铁华主编. 汉语教学新理念. 北京: 北京大学出版社, 2004: 245–253.

[6] 程雨民. 语言系统及其运作[M]. 上海: 上海外语教育出版社, 1997.

[7] 褚佩如. 浅谈中高级汉语中的关联成分及其使用[C]. //中国对外汉语教学学会北京分会编. 中国对外汉语教学学会北京分会第二届学术年会论文选. 北京: 北京语言文化大学出版社, 2001: 153–164.

[8] 戴悉心. 谈口语教材的创新[J]. 广州华苑学术版·华文教学与研究, 2000, (1): 20–23.

[9] 戴悉心. 留学生汉语口头言语交际能力的层次及其训练标准[J]. 语言文字应用, 2001, (2): 37–41.

[10] 丁安琪、吴思娜. 汉语作为第二语言学习者实证研究[M]. 北京: 世界图书出版公司北京公司, 2011.

[11] 杜道流. 会话省略中的焦点控制及句法语义影响[J]. 语言教学与研究, 2000, (4): 32–37.

[12] 范开泰. 汉语语用分析三题[C]. //第一届国际汉语教学讨论会组织委员会编. 第一届国际汉语教学讨论会论文选. 北京: 北京语言学院出版社, 1986: 162–170.

[13] 傅由. 篇章关联词语分析[C]. //中国人民大学对外语言文化学院编. 汉语研究与应用(第一辑). 北京: 中国社会科学出版, 2003: 245–261.

[14] [美]甘柏兹,约翰. 会话策略[M], 徐大明、高海洋译. 北京:社会科学文献出版社, 2001.

[15] 高名凯. 汉语语法论[M]. 北京:商务印书馆, 1986.

[16] 戈玲玲. 教学语用学[M]. 长沙:国防科技大学出版社, 2002.

[17] 龚常庚. 语篇结构规律与话题表达教学[C]. //北京语言大学汉语学院编. 语言文化教学研究集刊(第四辑). 北京:华语教学出版社, 2000: 64-73.

[18] 关颖. 从陌生人之间会话的开头语看对外汉语教材会话的编写[J]. 暨南大学华文学院学报, 2006, (3): 24-32.

[19] 郭宏丰. 英语会话语用分析研究[M]. 杭州:浙江大学出版社, 2008.

[20] 郭颖雯. 篇章语言学与语段、语篇口语教学[J]. 语言教学与研究, 2003, (5): 64-69.

[21] 何兆熊主编. 新编语用学概要[M]. 上海:上海外语教育出版社, 2000.

[22] 何自然. 语用学概论[M]. 长沙:湖南教育出版社, 1988.

[23] 何自然. 语用学与英语学习[M]. 上海:上海外语教育出版社, 1997.

[24] 何自然. 语用学探索[M]. 广州:广东世界图书出版公司, 2000.

[25] 何自然. 非关联和无关联对话中的关联问题[J]. 外国语, 2002, (3): 11-17.

[26] 何自然、陈新仁. 当代语用学[M]. 北京:外语教学与研究出版社, 2004.

[27] 洪玮. 对言语行为"请求"的教学探讨[J]. 世界汉语教学, 1996, (2): 90-95.

[28] 胡庚申. 跨文化国际交流语言使用研究[M]. 北京:外文出版社, 2001.

[29] 胡庚申. 国际交际语用学——从实践到理论[M]. 北京:清华大学出版社, 2004.

[30] 胡壮麟. 语篇的衔接与连贯[M]. 上海:上海外语教育出版社, 1994.

[31] 黄方方、孙清忠. 浅析对外汉语初级口语教材的课文编排[J]. 华文教学与研究, 2010, (2): 42-46.

[32] 黄国文. 语篇分析概要[M]. 长沙:湖南教育出版社, 1988.

[33] 黄河. 汉语日常口语中打招呼的限制因素[J]. 汉语学习, 2003, (3): 56-59.

[34] 贾玉新. 跨文化交际学[M]. 上海:上海外语教育出版社, 1997.

[35] 姜望琪. 当代语用学[M]. 北京:北京大学出版社, 2003.

[36] 康家珑. 交际语用学[M]. 厦门:厦门大学出版社, 2000.

[37] [英]肯顿, 亚当(Kendon, Adam). 行为互动——小范围相遇的行为模式(Conducting Interaction: Patterns of behavior in focused encounters)[M], 张凯译. 北京:社会科学文献出版社, 2001.

[38] 匡小荣. 口语交谈中的基本运用单位[J]. 汉语学习, 2006, (2): 26-33.

[39] 李芳杰. 说"话头"[J], 语言教学与研究, 1992, (3): 88-107.

[40] 李岗. 交际语言学引论[M]. 北京：中国铁道出版社,1997.

[41] 李海燕. 从教学法看对外汉语初级口语教材的语料编写[J],语言教学与研究,2001,（4）：18-23.

[42] 李建国、顾颖. 对外汉语口语教学中的若干理论问题论略[C]. //中国对外汉语教学学会编. 中国对外汉语教学学会第七次学术讨论会论文选. 北京：人民教育出版社, 2002: 537-546.

[43] 李晋荃. 话题连贯和述题连贯[J]. 语言教学与研究,1993,（1）: 100-113.

[44] 李经伟. 语码转换与称呼语的标记作用[J]. 解放军外国语学院学报,1999,（2）.

[45] 李丽丽. 在对外汉语教学中培养学生的口语交际能力[J]. 云南师范大学学报（对外汉语教学与研究版）,2005, 3（1）: 72-76.

[46] 李泉. 对外汉语教学理论思考[M]. 北京：教育科学出版社, 2005.

[47] 李守纪. 试论语篇中的对立性连接成分——兼论对外汉语语篇教学[C]. //中国对外汉语教学学会编. 中国对外汉语教学学会第七次学术讨论会论文选. 北京：人民教育出版社, 2002: 395-407.

[48] 李小丽. 初级阶段口语教学应重视成段表达能力的训练[J]. 语言文字应用, 2001,（3）: 37-43.

[49] 李晓琪. 汉语第二语言教材编写[M]. 北京：北京师范大学出版社, 2013.

[50] 李燕. 任务型教学法与对外汉语初级口语教学[J]. 云南师范大学学报（对外汉语教学与研究版）,2006,（3）: 31-34.

[51] 李宇明. 拟对话语境中的"是的"[A].《第五届国际汉语教学讨论会论文选》编辑委员会编. 第五届国际汉语教学讨论会论文选[C],220-230. 北京：北京大学出版社,1997.

[52] 李宇明. 论语言运用与语言获得[C]. //《第六届国际汉语教学讨论会论文选》编辑委员会编. 第六届国际汉语教学讨论会论文选. 北京：北京大学出版社, 2000: 204-214.

[53] 李悦娥、范宏雅. 话语分析[M]. 上海：上海外语教育出版社, 2002.

[54] 李悦娥、申智奇. 自然会话中的打断现象分析[J]. 当代语言学,2003,（1）: 25-32.

[55] 刘伯奎. 口语交际策略[M]. 上海：汉语大词典出版社, 2002.

[56] 刘伯奎. 中华文化与汉语语用[M]. 广州：暨南大学出版社, 2004.

[57] 刘辰诞. 教学篇章语言学[M]. 上海：上海外语教育出版社, 1999.

[58] 刘德联. 汉语中级口语教材评述及编写尝试[C]. //北大海外教育（一）. 北京：北京大学出版社,1997.

[59] 刘虹. 会话研究与对外汉语教学[C]. //《第四届国际汉语教学讨论会论文选》编辑委员会

编.第四届国际汉语教学讨论会论文选.北京:北京语言学院出版社,1995:39-44.

[60] 刘虹.会话结构分析[M].北京:北京大学出版社,2004.

[61] 刘焕辉主编.言语交际学教程[M].北京:中央广播电视大学出版社,1995.

[62] 刘焕辉主编.言语交际学基本原理[M].南昌:江西教育出版社,1997.

[63] 刘荣、刘娅莉.辩论模式在中高级汉语口语课中的运用[J].暨南大学华文学院学报(华文教学与研究),2009,(3):14-19.

[64] 刘晓雨.对外汉语口语教学研究综述[C].//中国对外汉语教学学会秘书处、《语言文字应用》编辑部编.语言教育问题研究论文集(2000).北京:华语教学出版社,2001.

[65] 刘珣.对外汉语教育学引论[M].北京:北京语言大学出版社,2000.

[66] 刘珣.汉语教学大发展形势下学科建设的断想[J].国外汉语教学动态,2004,(2).

[67] 刘运同.会话分析概要[M].上海:学林出版社,2007.

[68] 卢万才.汉语会话的亲近表现[J].汉语学习,2001,(4):63-66.

[69] 卢伟."祝颂"言语行为的汉英跨文化对比[C].//张德鑫、李晓琪主编.对以英语为母语者的汉语教学研究——牛津研讨会论文集.北京:人民教育出版社,2002:158-171.

[70] 卢微一.谈初级汉语口语的话题教学[C].//胡有清主编.对外汉语教学与研究(第2辑).南京:南京大学出版社,2005:109-118.

[71] 吕明臣.现代汉语应对句的功能[J].汉语学习,2000,(6):25-28.

[72] 鲁忠义、彭聃龄.语篇理解研究[M].北京:北京语言大学出版社,2003.

[73] 吕必松.对外汉语教学探索[M].北京:华语教学出版社,1987.

[74] 吕必松.对外汉语教学研究[M].北京:北京语言学院出版社,1993.

[75] 吕必松.对外汉语教学概论(讲义)[M].北京:国家教委对外汉语教师资格审查委员会办公室,1996.

[76] 马箭飞.任务式大纲与汉语交际任务[J].语言教学与研究,2002,(4):27-34.

[77] 马欣华.(1987).关于汉语口语教材的编写问题[J].语言教学与研究,(4),143-147.

[78] 牟云峰.插入语的篇章语用价值分析[C].//中国人民大学对外语言文化学院编.汉语研究与应用(第一辑).北京:中国社会科学出版社,2003:233-244.

[79] 彭小川.关于对外汉语语篇教学的新思考[J].《汉语学习》,2004,(2):49-54

[80] 彭宣维.英汉语篇综合对比[M].上海:上海外语教育出版社,2000.

[81] 钱冠连.汉语文化语用学[M].北京:清华大学出版社,1997.

[82] 钱厚生.英汉问候语告别语对比研究[M].北京:商务印书馆,1996.

[83] 钱敏汝.篇章语用学概论[M].北京:外语教学与研究出版社,1999.

[84] 单力真. 汉语环境下请人帮助言语行动的对话结构类型和语列研究[J]. 语言文字应用, 2004, (2): 74–81.

[85] 沈开木. 现代汉语话语语言学[M]. 北京：商务印书馆, 1996.

[86] 盛炎. 语言教学原理[M]. 重庆：重庆出版社, 1990.

[87] 史尘封、崔建新. 汉语语用学新探[M]. 天津：天津古籍出版社, 2002.

[88] [美]斯考伦, 罗纳德、斯考伦, 苏珊·王. 跨文化交际：话语分析法[M], 施家炜译. 北京：社会科学文献出版社, 2001.

[89] 孙玉. 试论衔接与连贯的来源、本质及其关系[J]. 外国语, 1997, (1).

[90] 孙雁雁. "情景组合模式"与留学生语篇感塑造[J]. 云南师范大学学报（对外汉语教学与研究版）, 2006, (4): 44–47.

[91] 孙雁雁. 对外汉语口语教材编写与研究[J]. 云南师范大学学报（对外汉语教学与研究版）, 2010, 8(4): 23–29.

[92] 索振羽. 语用学教程[M]. 北京：北京大学出版社, 2000.

[93] 唐家珑. 交际语用学[M]. 厦门：厦门大学出版社, 2000.

[94] 陶红印. "交际语言译丛"总序[C]. //约翰·甘柏兹. 会话策略. 北京：社会科学文献出版社, 2001.

[95] 田然. 外国学生在中高级阶段口语语段表达现象分析[C]. //北京语言文化大学汉语速成学院编. 汉语速成教学研究（第一辑）. 北京：北京大学出版社, 1997.

[96] 田然. 从系统功能角度分析语篇教学[C]. //北京语言文化大学汉语速成学院编. 汉语速成教学研究（第二辑）. 北京：华语教学出版社, 1999:187–198.

[97] 田原. 试论汉语交际性操练[C]. //戴桂芙、刘德联编. 对外汉语教学法研究. 北京：北京大学出版社, 1996.

[98] 佟秉正. 汉语口语教学：从句构练习到交际练习[C]. //第一届国际汉语教学讨论会组织委员会编. 第一届国际汉语教学讨论会论文选. 北京：北京语言学院出版社, 1986: 388–395.

[99] 王福祥. 汉语话语语言学初探[M]. 北京：商务印书馆, 1989.

[100] 王福祥. 话语语言学概论[M]. 北京：外语教学与研究出版社, 1994.

[101] 王海峰、王铁利. 自然口语中"什么"的话语分析[J]. 汉语学习, 2003, (2): 21–29.

[102] 王建勤. 汉语国际推广的语言标准建设与竞争策略[J]. 语言教学与研究, 2008, (1): 65–72.

[103] 王若江. 对汉语口语课的反思[J]. 汉语学习, 1999, (2): 39–44.

[104] 王彦. 商品买卖互动话语的谈判策略研究——基于语料库的工作场所话语分析模式 [M]. 北京：外语教学与研究出版社，2007.

[105] 王志. 交谈中的问句连用现象[J]. 世界汉语教学，1997，（2）：30-34.

[106] 魏在江. 英汉语篇连贯认知对比研究[M]. 上海：复旦大学出版社，2007.

[107] 吴平. 汉语会话中的反馈信号[J]. 当代语言学，2001，（2）：119-126.

[108] 吴晓露. 论语段表达的系统训练[J]. 世界汉语教学，1994，（1）：52-57.

[109] [荷]维索尔伦，耶夫. 语用学诠释[M]. 北京：清华大学出版社，2003.

[110] "新华网". 突破教材和人才两大瓶颈 让更多海外群体喜爱中文——记同济大学"世界多元文化架构下的汉语国际推广论坛"[EB/OL]，发表时间：2007年7月10日.

[111] 熊学亮. 认知语用学概论[M]. 上海：上海外语教育出版社，1999.

[112] 徐子亮. 汉语作为外语教学的认知理论研究[M]. 北京：华语教学出版社，2000.

[113] 徐子亮. 汉语作为外语的口语教学新议[J]. 世界汉语教学，2002，（4）：96-103.

[114] 徐子亮. 口语教学法的认知原理分析[C]. //潘文国、Stephan Roddy 主编. 对外汉语教学的跨文化视角——旧金山对外汉语教学学术会议论文集. 上海：华东师范大学出版社，2004: 186-204.

[115] 许嘉璐. 在纪念《语言教学与研究》创刊10周年座谈会上的发言[J]. 语言教学与研究，1989，（3）.

[116] 许嘉璐. 关于"汉语热"的一点想法[J]. 语言文字应用，1997a.（增刊）：4-5.

[117] 许嘉璐. 汉语规范化与对外汉语教学[C]. //《第五届国际汉语教学讨论会论文选》编辑委员会编. 第五届国际汉语教学讨论会论文选. 北京：北京大学出版社，1997b.

[118] 许嘉璐. 语言文字学及其应用研究[M]. 广州：广东教育出版社，1999.

[119] 许嘉璐. 未成集——论新时期语言文字工作[M]. 北京：语文出版社，2000.

[120] 许嘉璐. 未了集——许嘉璐讲演录[M]. 贵阳：贵州人民出版社，2002.

[121] 许嘉璐. 未惬集——许嘉璐论文化[M]. 贵阳：贵州人民出版社，2005.

[122] 许嘉璐、王福祥、刘润清主编. 中国语言学现状与展望[M]. 北京：外语教学与研究出版社，1996.

[123] 许力生. 跨语言研究的跨文化视野[M]. 上海：上海外语教育出版社，2006.

[124] 杨德峰. 汉语与文化交际[M]. 北京：北京大学出版社，1999.

[125] 杨惠元. 汉语听力说话教学法[M]. 北京：北京语言学院出版社，1996.

[126] 杨翼. 培养成段表达能力的对外汉语教材的结构设计[J]. 汉语学习，2000，（4）：55-60.

[127] 杨石泉. 话语分析与对外汉语教学[J]. 语言教学与研究，（1984）.（3），68-76.

[128] 杨自俭. 语篇和语境——《语篇连贯与衔接理论的发展及应用》序[C]. //张德禄、刘汝山. 语篇连贯与衔接理论的发展及应用. 上海：上海外语教育出版社，2003.

[129] 姚剑鹏. 英语会话自我修补——元认知视角下的研究[M]. 上海：上海交通大学出版社，2007.

[130] 于国栋. 会话分析[M]. 上海：上海外语教育出版社，2008.

[131] 翟汛. 关于汉语口语成段表达能力训练的几点想法[J]. 海外华文教育，2002，(4)：31-37.

[132] 张宝林. 语段教学的回顾与展望[J]. 语言教学与研究，1998，(2)：108-118.

[133] 张德禄、刘汝山. 语篇连贯与衔接理论的发展及应用[M]. 上海：上海外语教育出版社，2003.

[134] 张德禄、苗兴伟、李学宁. 功能语言学与外语教学[M]. 北京：外语教学与研究出版社，2005.

[135] 张燚等编著. 语用学基础理论[M]. 乌鲁木齐：新疆科学技术出版社，2004.

[136] 张国辉. 说话课的地位及其训练方法[J]. 语言教学与研究，1992，(1)：111-118.

[137] 张和生. 试论第二语言学习中口语交际能力的培养[J]. 北京师范大学学报（社会科学版），1997，(6)：102-104.

[138] 张黎. 商业汉语口语研究——现场促销言语调查与分析[M]. 北京：中国传媒大学出版社，2007.

[139] 张永昱. 汉语句群的组合形式与成段表达能力的培训[J]. 汉语学习，2003，(2)：67-69.

[140] 张中华. 语言表达式透视——一个语用学的视野[M]. 乌鲁木齐：新疆人民出版社，2000.

[141] 赵金铭. 汉语研究与对外汉语教学[M]. 北京：语文出版社，1997.

[142] 赵金铭主编. 对外汉语教学概论[M]. 北京：商务印书馆，2004.

[143] 赵贤洲、陆有仪主编. 对外汉语教学通论[M]. 上海：上海外语教育出版社，1996.

[144] 赵雪. 电视访谈节目语篇研究[M]. 北京：中国戏剧出版社，2006.

[145] 赵燕皎. 走出语篇教学的盲区[C]. //赵金铭、施光亨、金天相等编. 对外汉语教学探讨集——北京地区第一届对外汉语教学讨论会论文选. 北京：北京大学出版社，1998.

[146] 赵毅、钱为钢. 言语交际[M]. 上海：上海文艺出版社，2000.

[147] 郑贵友. 汉语篇章语言学[M]. 北京：外文出版社，2002.

[148] 郑艳群. 多媒体技术与汉语口语教学[C]. //赵金铭主编. 汉语口语与书面语教学——2002年国际汉语教学学术研讨会论文集. 北京：北京大学出版社，2004.

[149] 朱敏. 句群表达能力训练[C]. //中国对外汉语教学学会编. 中国对外汉语教学学会第四次学术讨论会论文选. 北京：北京语言学院出版社，1993：427-437.

[150] 朱永生、郑立信、苗兴伟. 英汉语篇衔接手段对比研究[M]. 上海：上海外语教育出版社，2001.

[151] 祖人植. 对外汉语口语教学与语用含义的分析——以中级口语句式教学为例[C]. //赵燕皎、李晓琪主编. 北大海外教育（第三辑）. 北京：华语教学出版社，2000: 116-124.

[152] 祖人植. 应用·互动·中介——综观英美学者对第二语言教学理论学科定位的思考[C]. //中国对外汉语教学学会编. 中国对外汉语教学学会第七次学术讨论会论文选. 北京：人民教育出版社，2002: 562-576.

[153] 左思民. 汉语语用学[M]. 郑州：河南人民出版社，2000.

[154] 左岩. 汉英部分语篇衔接手段的差异[J]. 外语教学与研究，1995，（3）：37-42.

[155] [英]M. A. K. Halliday、Ruqaiya Hasan. 英语的衔接[M], 张德禄等译. 北京：外语教学与研究出版社，2007.

[156] Atkinson, J. M. & Drew, P. 1979. *Order in Court: the organisation of verbal interaction in judicial settings*. London: Macmillan.

[157] Brown, G. K, Curries, L. & Kenworthy, J. 1980. *Questions of Intonation*. London: Croom Helm.

[158] Brown, R. & Gilman, A. 1972. The pronoun of power and solidarity. In P. P. Giglioli（Ed.），*Language and Social Context*. Harmondsworth: Penguin.

[159] Brown, G. & Yule, G. 1983/2000. *Discourse Analysis*. Cambridge: Cambridge University Press/ Beijing: Foreign Language Teaching and Research Press.

[160] Coulthard, M. 1977. *An Introduction to Discourse Analysis*. London: Longman.

[161] Crystal , D. 1985. *A Dictionary of Linguistics and Phonetics*. Oxford : Blackwell.

[162] Draw, P. & Heritage, J. 1992. Analyzing talk at work: An introduction. In P. Draw & J. Heritage（Eds.），*Talk at work: Interaction in institutional settings*（pp.3-65）. Cambridge: Cambridge University Press.

[163] Grice, H. P. 1975. logic and conversation. In P. Cole & J. Morgan（Eds.），*Syntax and Semantics, Vol. 3: Speech Acts*（pp.41-58）. New York: Academic Press.

[164] Gu, Y. 1997. Five ways of handing a bedpan. *Text, 17*(4), 457-75.

[165] Gunperz, J. 1982. *Discourse Strategies*. New York: Cambridge University Press.

[166] Halliday, M. A. K. 1976/1985/1994. *Introduction to Functional Grammar*. London: Edward Arnold.

[167] Halliday, M. A. K. & Hasan. R. 1976. *Cohesion in English*. London: Longman.

[168] Halliday, M. A. K. & Hasan, R. 1985/89. *Language, Context, and Text: Aspects of Language in a Social-Semiotic Perspective.* Victoria: Deakin University Press.

[169] Hudson , R. A. 1980. *Sociolinguistics*, Cambridge University Press.

[170] Hymes, D. 1972. On communicative competence. In J. B. Pride & J. Holmes (Eds.), *Sociolinguistics*. Harmondsworth: Penguin.

[171] Labov, W. & Fanshell, D. 1977. *Therapeutic Discourse.* New York: Academic Press.

[172] Laver, J. D. M. H. 1981. Linguistic Routines and Politeness in Greeting and Parting. In F. Coulmas (Ed.), *Conversational Routine: Explorations in Standardized Communication Situations and Prepatterned Speech.* The Hague, Paris, New York: Mouton Publishers.

[173] Levinson, S. C. 1983. *Pragmatics.* Cambridge University Press.

[174] Long, Michael, H. & Charlene, J. Sato. 1983. Classroom foreign talk discourse: forms and functions of teacher's questions. In Selinger, H. W. and Long, M. H. (Eds.), *Classroom: originated research in second language acquisition* (pp.268- 285).Rowley, MA: Newbury House.

[175] Martinet, A. 1962. *A Functional View of Language.* Oxford: Clarendon Press.

[176] Pomerantz, A. 1978. Compliment responses: notes on the cooperation of multiple constraints. In Schenkein, J. (Ed.), *Studies in the organisation of conversational interaction.* New York: Academic Press.

[177] Pomerantz, A. 1984. Agreeing and disagreeing with assessments: some featurerrs of preferred/dispreferred turn shapes. In Atkinsson, J. and Heritage, J. (Ed.), *Structures of social action*(pp.57-101). Cambridge University Press.

[178] Sacks, H. 1992. *Lectures on Conversation.* Vol. 1-2. Oxford: Basil Blackwell.

[179] Sacks, H. , E. A. Schegloff, & G. Jefferson.1974. A Simplest systematics for the organization of turn-taking for Conversation. *Language* 150(4): 696-735.

[180] Schegloff, E. A. & Sacks, H. 1973. Opening up closings. *Semiotica 8* (4): 289-327.

[181] Scherer. K. R. & Wallbott, H. G. 1985. Analysis of nonverbal behavior. In van Dijk, T. A. (Ed.), *Handbook of Discourse Analysis: Vol, 2. Dimensions of discourse*. London: Academic Press.

[182] Sinclair, J. M. and Coulthard, M. 1975. *Towards an Analysis of Discourse.* London: Oxford University Press.

[183] Smith-Lovin, L. & Brody, C. 1989. Interruptions in Group Discussions: The Effects of Gen-

der and Group Composition, *American Sociological Review*, *54*: 424–435.

[184] Steiner, J. M. & Veltman, R.（Eds.）1988. *Pragmatics, Discourse and Text*. Norwood, NJ: Ablex.

[185] Van Dijk, T. A. 1977. *Text and Context: Explorations in the Pragmatics of Discourse*. London: Longman.

[186] Ventola, E. The Structure of Casual Conversation in English, *Journal of Pragmatics*, 3（4）, 267 –298.

[187] Young L. W. L. 1982. Inscrutability revisited. In J. J. Gumperz.（Ed.）, *Language and social identity*. Cambridge: Cambridge University Press.

研究材料

[188] 北京外交人员语言文化中心编. 生活在中国——外国人汉语口语教材[M]. 北京：北京语言大学出版社, 2000.

[189] 北京外交人员语言文化中心编. 魔力汉语——初级汉语口语（上）[M]. 北京：北京大学出版社, 2003a.

[190] 北京外交人员语言文化中心编. 魔力汉语——初级汉语口语（下）[M]. 北京：北京大学出版社, 2003b.

[191] 陈光磊主编. 汉语口语教程·初级·A种本（上）[M]. 北京：北京语言大学出版社, 2000.

[192] 陈如、王天慧.（1991）. 汉语情景会话[M]. 北京大学出版社。

[193] 戴桂芙、刘立新、李海燕. 初级汉语口语（上册）[M]. 北京：北京大学出版社, 1997a.

[194] 戴桂芙、刘立新、李海燕. 初级汉语口语（下册）[M]. 北京：北京大学出版社,1997b.

[195] 戴悉心、王静. 对外汉语本科系列教材·一年级教材·汉语口语教程[M]. 北京：北京语言大学出版社, 2001.

[196] 邓恩明主编. 相会在中国·实用汉语口语课本（第一册）[M]. 北京：北京语言大学出版社, 2003a.

[197] 邓恩明主编. 相会在中国·实用汉语口语课本（第二册）[M]. 北京：北京语言大学出版社, 2003b.

[198] 郭力.商用汉语会话[M]. 北京：北京大学出版社,1993.

[199] 何杰. 快乐交流——阶梯会话课本（上、下册）[M]. 北京：北京语言大学出版社, 2004.

[200] 黄为之. 经贸初级汉语口语1999年修订版（上册）[M]. 北京：华语教学出版社, 1999a.

[201] 黄为之. 经贸初级汉语口语1999年修订版（下册）[M]. 北京：华语教学出版社, 1999b.

[202] 金椿姬. 从韩国到中国·CA126航班——初级汉语口语[M]. 北京:北京语言大学出版社, 2003.

[203] 金乃逯、宋燕坤、郝 劼. 交际汉语40课[M]. 北京:华语教学出版社, 1993.

[204] 康玉华、来思平. 汉语会话301句(第2版)[M]. 北京:北京语言文化大学出版社, 1999.

[205] 康玉华、来思平. 汉语会话301句(第三版)[M]. 北京:北京语言大学出版社, 2005.

[206] 康玉华、祝秉耀、赵永新. 汉语交际[M]. 北京:华语教学出版社, 1991.

[207] 李德津、李更新主编. 现代汉语教程 说话课本(第二册)[M]. 北京:北京语言文化大学出版社, 1989.

[208] 李德津、李更新主编. 现代汉语教程·说话课本(第2版,第一册)[M]. 北京:北京语言文化大学出版社, 1999.

[209] 李克谦、胡鸿. 交际文化汉语(上)[M]. 北京:北京大学出版社, 1998.

[210] 刘乃华、王庆华、朱敏. 汉语风·口语篇·对外汉语与文化系列教材[M]. 台北:台湾文桥出版社, 1997.

[211] 刘珣主编. 新实用汉语课本(第2册)[M]. 北京:北京语言大学出版社, 2002.

[212] 马箭飞主编. 汉语口语速成(入门篇)(上册)[M]. 北京:北京语言文化大学出版社, 2000a.

[213] 马箭飞主编. 汉语口语速成(入门篇)(下册)[M]. 北京:北京语言文化大学出版社, 2000b.

[214] 马箭飞主编. 汉语口语速成(基础篇)[M]. 北京:北京语言文化大学出版社, 2000c.

[215] 王晓钧、张旺熹、孙德金. 基础商务汉语:会话与应用(上册)[M]. 北京:北京语言大学出版社, 2005.

[216] 吴叔平主编. 说汉语(上、下册)[M]. 北京:北京语言文化大学出版社, 1990.

[217] 张辉. 汉语普通话教程·口语课本(第一册)[M]. 北京:北京语言文化大学出版社, 1997.

[218] 赵金铭主编. 路——短期速成外国人汉语会话课本(上册)[M]. 北京:北京语言文化大学出版社, 2002a.

[219] 赵金铭主编. 路——短期速成外国人汉语会话课本(下册)[M]. 北京:北京语言文化大学出版社, 2002b.

[220] 朱旗. 实用汉语会话(二)[M]. 上海:上海外语教育出版社, 1985.

后 记

　　论文写作完成之后总觉得不尽如人意，尽管这是研究的一种阶段性的认识，但还是尽力想使之在此阶段得到完善。也许研究和写作活动的遗憾之处正是进一步改进的契机，在论文的"结论"部分已经说明了未尽之处和今后再努力的愿望，就看行动了。

　　本篇论文是从汉语教学和教材编写实践中生发出来的一些感觉，也可以说是"有感而发"，但在最初考虑以此为题作为毕业论文进行研究写作时，并未有目前如此清晰的一个轮廓。要把一个研究的意念发展成为一篇十几万字的博士论文，中间不消说要经历一个漫长而艰苦的过程，"过来人"也许都能有这样的体会，本文的写作者自然也不例外。而且，本人是在准备报考攻读博士学位期间，想结合所从事的汉语教学本职工作的需要而进一步深造，才转向汉语教学研究这一专业，语言学和语言教学的基础之差自然可以想象，而本人资质鲁钝又比他人备感艰难。

　　承蒙恩师许嘉璐先生不弃，收于门下，使我在备受鼓舞之外更有着非比寻常的压力和惶愧。先生学识的博大与精深，学生难以全般地领悟和学习，但先生在政务繁忙之余仍勤力于学术的精神令学生钦佩并受到了极大的激励。先生对本篇论文费心尤多，从定题到写作都进行了精辟的指导，使学生从一片混沌迷茫之中找到了研究的方向，而且论文写作的思路和结构也越来越清晰、集中起来。但由于本人能力的局限，对先生的指导还不能充分地领会，所以只能以这样一个不成熟的作品呈现于世人面前，许多遗憾只有通过今后的努力修改来弥补。

论文写作求教于许多方家，得到了耐心而有益的指导。朱小健教授对我的学习和论文的写作过程都进行了充分的帮助，没有他的指导论文是不能够顺利完成的。朱瑞平教授专门仔细阅读了论文的全稿，从论文的整体结构到具体的细节文字都提出了许多宝贵的修改意见，使论文的写作水平得到了很大的提升，也使论文的作者获益良多。在论文的开题阶段还得到了陈绂教授、董明教授、王魁京教授、张和生教授、贾放教授等的细心指导，对本文的写作和本人的研究帮助很大。在这里要特别感谢陈绂教授，我的开题报告得到了她的悉心修改。

另外，郭龙生、卢华岩、汝淑媛、阮福禄、杨丽娇、吕玉兰、朴教理、朴珉璟、吉飞、曹保平、孙炜、姜大珺、刘智颖、王宏丽等博士研究生同学的热心帮助令人难忘，与郭龙生、卢华岩、汝淑媛、吕玉兰、姜大珺等同学的切磋，也使本文作者得到了很多启发。

本文最后的完稿阶段，正值肩负国家汉办公派长期出国任教的工作任务期间，苦于图书资料条件受到的很大限制，只好把在国内购置的一些参考书和作为研究对象的汉语教材带到国外，以资研究。尽管在国外工作、生活艰苦，但可以得到大量不受家务、杂事干扰的研究和写作的时间，只是家里的事情和照顾孩子的重担就都落在了妻子一人肩上。因此还应提到的是，本论文的写作得到了家人的支持和奉献，尤其是妻子对论文写作的宝贵理解，以及女儿为此做出的贡献。

在这遥远的异国他乡，这些做出很大帮助而使本论文的写作得以完成的人们亲切的面容浮现在眼前，除却了本文作者身在异乡的孤独，使本人受到了极大的鼓舞，坚定了在汉语教学和研究的道路上继续走下去的信念。这些做出了很大帮助和贡献的人们，是本文作者要深深感谢的！

王丕承

2007年11月于德国柏林自由大学

这篇"后记"乃是原博士学位论文的"致谢辞"，7年的时光匆促而去，但是对于导师的恩情和各位老师、同学的帮助仍然时时难以忘怀。

2014年12月再记于京华